SCHERREBEK Wandbehänge des Jugendstils

Museumsberg Flensburg
01.12.2002 - 19.01.2003

Deutsches Textilmuseum Krefeld
02.02.2003 - 21.04.2003

Museum Künstlerkolonie Darmstadt
09.05.2003 - 31.08.2003

Altonaer Museum in Hamburg
17.09.2003 - 30.11.2003

SCHERREBEK

Wandbehänge des Jugendstils

hrsg. von Dorothee Bieske
im Auftrag des Museumsberges Flensburg

mit Beiträgen von Dorothee Bieske,
Axel Feuß, Brigitte Tietzel und H. E. Sørensen

Die Autoren:

Dr. Dorothee Bieske,
wissenschaftliche Mitarbeiterin
am Museumsberg Flensburg

Prof. Dr. Brigitte Tietzel,
Direktorin des Deutschen Textilmuseums
in Krefeld

H. E. Sørensen,
ehemaliger Leiter des Skærbæk Museums

Prof. Dr. Axel Feuß,
Direktor des Altonaer Museums
in Hamburg

Inhaltsverzeichnis

Vorwort 9

Dorothee Bieske 10
Die Webschule in Scherrebek

Brigitte Tietzel 24
„Hauch der heimischen Erde" -
Die Rolle Friedrich Denekens
für die Kunstwebschule in Scherrebek

H. E. Sørensen 32
Pastor Johannes Jacobsen

Axel Feuß 38
„Nach 100 Jahren werden
die Museen sich darüber freuen" -
Zu den Beziehungen zwischen
Scherrebek und Altona

Dorothee Bieske 52
Katalog der Scherrebeker Webarbeiten

Literaturverzeichnis 156

Fotonachweis 159

Impressum 160

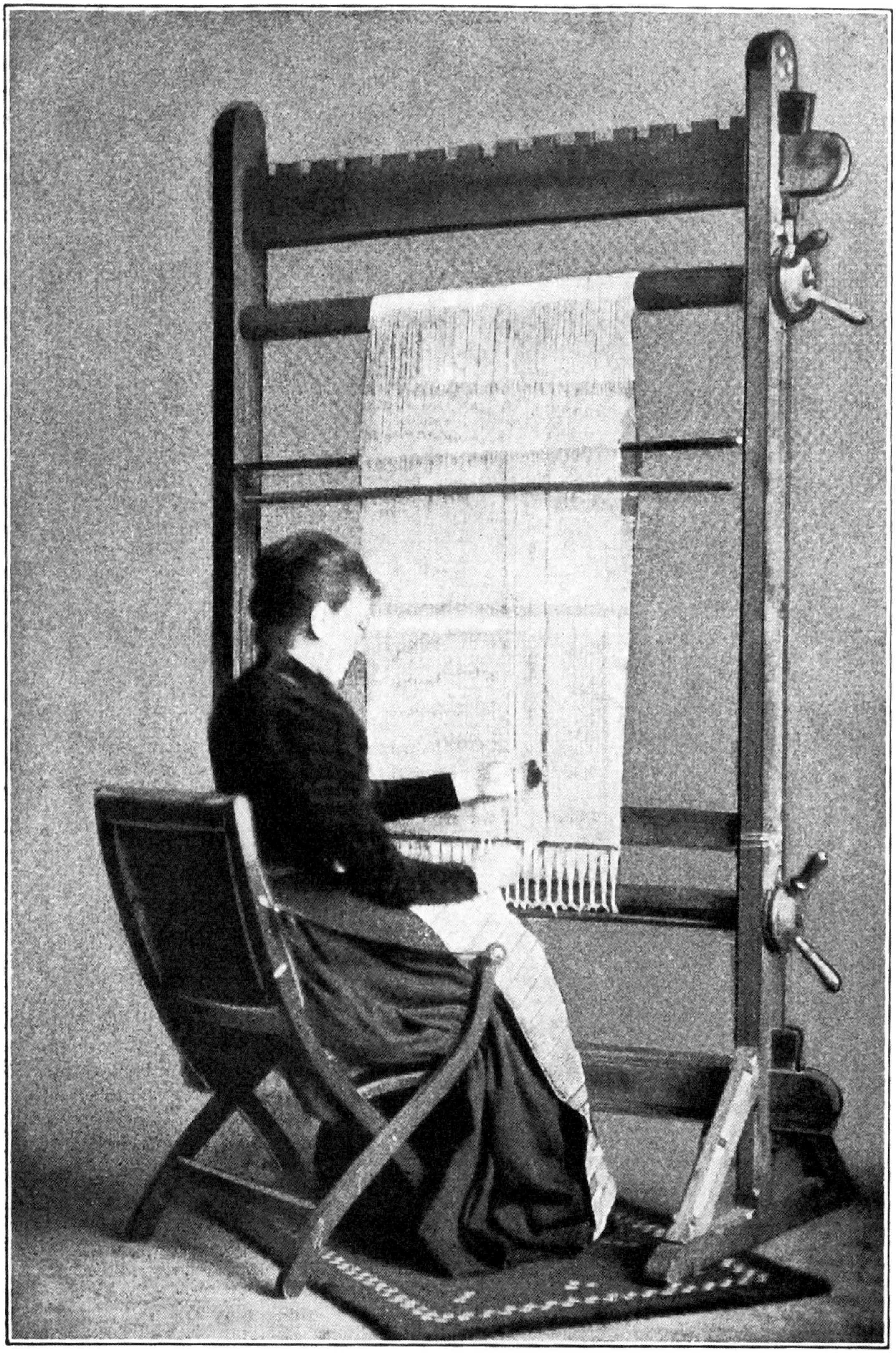

Marie Luebke am Hochwebstuhl, aus: Prospekt der Webschule vom 1901, S. 3

Vorwort

Der Museumsberg Flensburg besitzt eine einmalige Sammlung von Bildteppichen aus der Zeit des Jugendstils. Sie stammen aus der international bekannten und in ihrer Zeit gefeierten Webschule im damals zu Preußen gehörenden Ort Scherrebek, heute Skærbæk, in Dänemark. Die von führenden Köpfen der deutschen Kunstgewerbebewegung gegründete Webschule führte in der Zeit ihres Bestehens von 1896 bis 1903 Entwürfe der renommiertesten Künstler des Landes aus, von denen an erster Stelle Otto Eckmann, Hans Christiansen, Heinrich Vogeler, Henry van de Velde oder Walter Leistikow zu nennen sind. Von den 200 bekannten Motiven ist heute noch etwa die Hälfte in öffentlichem und privatem Besitz nachweisbar, allein 60 Webereien befinden sich auf dem Museumsberg Flensburg. Der größte Teil dieses Bestandes gelangte bereits kurz nach dem Konkurs der Webschule an das Flensburger Museum. Als für den Landesteil Schleswig zuständiges Regionalmuseum erhielt es die von den Gewinnern nicht abgeholten Wandbehänge und Kissenbezüge aus einer von der Webschule zur Minderung der finanziellen Verluste veranstalteten Lotterie.

30 Jahre später gingen die Bildwebarbeiten endgültig in den Besitz des Museums über. 1955 stellte die ehemalige Flensburger Museumsdirektorin Ellen Redlefsen die Sammlung in den Mittelpunkt einer Ausstellung über „Alte und neue Bildwirkereien in Schleswig-Holstein" und präsentierte sie damit erstmals der Öffentlichkeit. Seither erweitert der Flensburger Museumsberg seinen Bestand an Scherrebeker Wandbehängen, wann immer sich die Gelegenheit bietet.

Das vorliegende Katalogbuch ergänzt die grundlegende Forschung des ehemaligen Direktors des Schleswig-Holsteinischen Landesmuseums, Ernst Schlee, dessen in jahrzehntelanger Recherche zusammengetragene Erkenntnisse in seinem 1984 erschienenen Buch „Scherrebeker Bildteppiche" zusammengefasst sind. In den nahezu zwei Jahrzehnten seit dieser Publikation konnten einige der von ihm nicht mehr nachweisbaren Wandbehänge aufgespürt werden.

Die Ausstellung stellt den Flensburger Bestand erstmals in seiner Gesamtheit vor, ergänzt durch zahlreiche Leihgaben aus dem Altonaer Museum in Hamburg, der Stiftung Schleswig-Holsteinische Landesmuseen Schloß Gottorf und dem Museum für Kunst und Gewerbe Hamburg, so dass der Bestand der norddeutschen Museen nahezu vollständig präsentiert wird. Einem Teil der Wandbehänge können die Entwürfe und originalen Webvorlagen der Künstler gegenüber gestellt werden, die auf einzigartige Weise den Weg von der Ideenskizze auf dem Papier zum gewebten Bild verfolgen lassen.

Die Ausstellung wird anschließend im Deutschen Textilmuseum in Krefeld, im Museum Künstlerkolonie in Darmstadt und im Altonaer Museum in Hamburg gezeigt. Dieser Kooperation ist der vorliegende, reich bebilderte Katalog zu verdanken.

Ulrich Schulte-Wülwer
Museumsberg Flensburg

Die Webschule in Scherrebek

„SCHERREBEK ist ein kleiner Ort im äussersten Norden der preussischen Provinz Schleswig-Holstein, nahe der dänischen Grenze an der Bahn von Tondern nach Ribe gelegen. Dort hat der Pastor Jacobsen in Verbindung mit Dr. Deneken, dem Direktor des Crefelder Museums, eine Schule für Kunst-Weberei ins Leben gerufen. Die Weberei eignet sich bekanntlich vorzüglich als Hauskunst für die ländliche Bevölkerung. - Man übernahm in Scherrebek die uralte Technik der Norweger [...]. Die Entwürfe fertigt Otto Eckmann. Zunächst mussten einfache Motive gewählt werden, welche sich dem Verständnisse der Bauernmädchen anpassten, rasch aber konnte zu Darstellungen fortgeschritten werden, welche schon sehr hohe Anforderungen an die Geschicklichkeit und das Verständnis der Mädchen stellten. Da das Unternehmen, ohne Vortheil für die Gründer, lediglich dem idealen Zwecke dient, wird es auch von der Kgl. preussischen Regierung unterstützt. [...] Die Webereien dienen als Wandschmuck oder Kissen. Ihre tiefen, leuchtenden Farben sind ebenso unverwüstlich wie ihre körnigen, kräftigen Wollstoffe. In allen bedeutenden Kunstgewerbe-Museen sind sie zu sehen.“[1]

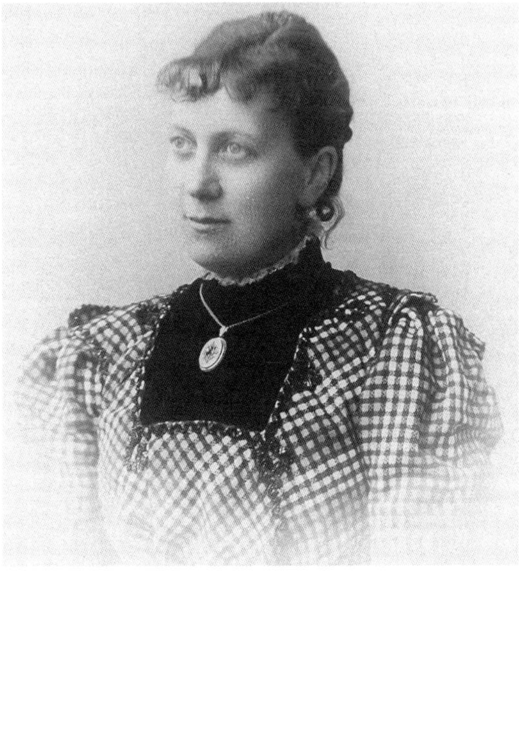

Abb. 1
Marie Luebke,
Scherrebek 1897/1898

Mit diesen Sätzen beginnt eine kurze Mitteilung in der Zeitschrift „Deutsche Kunst und Dekoration“ im Oktober 1897. Wie alle in der Stilbewegung führenden Zeitschriften stellte die „Deutsche Kunst und Dekoration“ die farbenprächtigen Wandbehänge, die in dem nahezu unbekannten Ort Scherrebek im Norden Preußens, heute Skærbæk in Dänemark, gewebt wurden, der breiten Öffentlichkeit in Wort und Bild vor und spiegelte damit die außerordentliche Resonanz auf die Scherrebeker Webschule in der Zeit ihrer kurzen Blüte wider.

Eineinhalb Jahre zuvor, am 18. Februar 1896, war die „Schule für Kunstweberei in Scherrebek“ feierlich eröffnet worden. Die Initiative ging von Hamburg aus, wo Justus Brinckmann (1843-1915) als Direktor des Museums für Kunst und Gewerbe für eine Erneuerung der Volkskunst eintrat. Anlässlich eines Vortrages über alte schleswigsche und skandinavische Handweberei vor dem Hamburger Kunstgewerbe-Verein kam Brinckmann mit dem in Hamburg weilenden Direktor des Kunstindustiemuseums in Trontheim (Norwegen), Jens Thiis (1870-1941), ins Gespräch. Schnell fasste man den Plan, die in Norwegen blühende Handweberei auch in Norddeutschland wiederzubeleben. Der aus Hadersleben in Nordschleswig stammende Mitarbeiter Brinckmanns, der Kunsthistoriker Friedrich Deneken (1857-1927)[2], der sich für diese Idee begeisterte, fand in seinem Schulfreund Johannes Jacobsen (1854-1919) den geeigneten Partner für die Realisierung der Pläne. Jacobsen war Pastor in der kleinen Gemeinde Scherrebek in Nordschleswig, das seit dem Krieg zwischen Deutschland und Dänemark 1864 als Teil der Provinz Schleswig zum Königtum Preußen gehörte und 1871 zum Deutschen Kaiserreich geschlagen wurde. Obwohl Jacobsen seine Kindheit in einem dänisch gesinnten Umfeld verbracht hatte, wurde er zunehmend von deutsch-nationalen Ideen beeinflusst und verfolgte bald eine Politik der aktiven Germanisierung.[3] Die Gründung der Webschule in Scherrebek betrieb er mit dem Bestreben, eine neue Erwerbsmöglichkeit für die weibliche Landbevölkerung im Grenzland zu schaffen und sie damit stärker an das Deutschtum zu binden.

Johannes Jacobsen, der die für die Gründung erforderlichen finanziellen Mittel aufbrachte, leitete als 1. Vorsitzender die genossenschaftlich organisierte Webschule. Ihm standen ab Februar 1896 für kurze Zeit drei Frauen zur Seite: Maria Brinckmann, die älteste Tochter von Justus Brinckmann, als künstlerische Leiterin; Katrina Dons, die Schwägerin von Jens Thiis, vermittelte als geübte Weberin nicht nur die Technik, sondern brachte auch Webstühle und pflanzengefärbte Wolle aus Norwegen mit; die Hamburgerin Marie Luebke (1860-1932, Abb. 1) als Weblehrerin, nachdem sie selber die verschiedenen Webtechniken beherrschte und sich auf einer Reise nach Schweden und Norwegen 1896 über die skandinavische Handweberei gründlich informiert hatte. Katrina Dons kehrte nach vier Wochen, in denen sie vor allem Marie Luebke unterrichtete, über Paris nach Norwegen zurück.[4] Schon nach etwa zwei Monaten gab Maria Brinckmann die künstlerische Leitung der Webschule auf und zog wieder nach Hamburg[5], so dass Marie Luebke fortan mit der technischen Leitung der Webschule alleine betraut war.

Man begann zunächst damit, in Anlehnung an die Volkskunst der skandinavischen Länder Kissenbezüge mit geometrischen Mustern zu weben, die sich wegen ihres relativ kleinen Formats besonders dazu eigneten, in unterschiedlichen Farbstellungen von Schülerinnen ausgeführt zu werden. Justus Brinckmann hatte in seiner Volkskunst-Sammlung zahlreiche alte norwegische und schleswig-holsteinische Kissen zusammengetragen, an denen sich die Weberinnen orientieren konnten. Ein Vorbild waren aber vor allem die aktuellen norwegischen Wandbehänge von Frida Hansen und Gerhard Munthe.

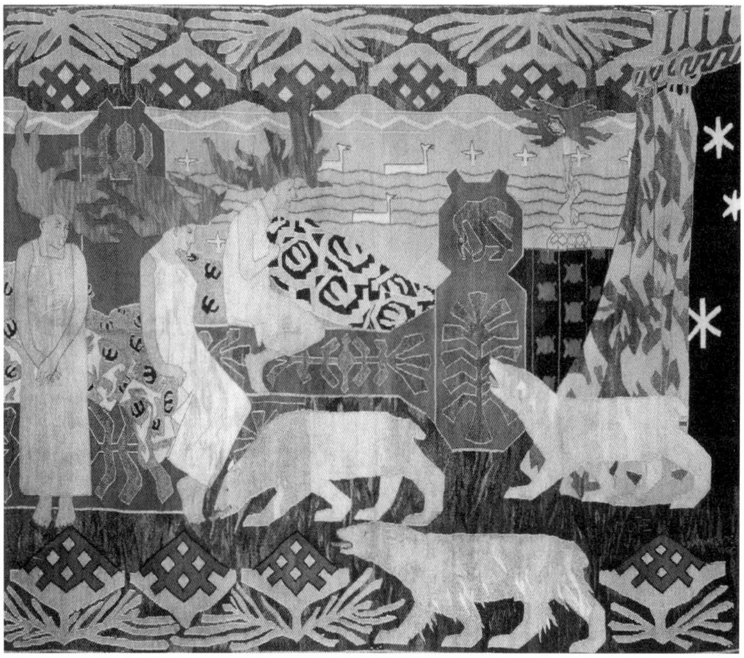

Abb. 2
Gerhard Munthe,
Die Nordlichttöchter,
Wandbehang, 1896,
185 x 226 cm,
Museum für Kunst und
Gewerbe Hamburg

So hatte Brinckmann 1896 Munthes Bildteppichentwurf „Die Nordlichttöchter" (Abb. 2) für das Hamburger Museum für Kunst und Gewerbe in Auftrag gegeben[6], der mit seiner märchenhaften Stimmung, seiner flächigen und dekorativen Wirkung und seinem eckigen Umrissverlauf typisch für die textilen Werke des Norwegers ist.

Die Künstler und ihre Entwürfe

Bildteppiche dieser Art regten Friedrich Deneken an, im Interesse einer Erneuerung des Kunstgewerbes und im Hinblick auf ein eigenes Profil für die Webschule junge deutsche Künstler, die an den internationalen Reformbestrebungen im Kunstgewerbe teilhatten, für das Scherrebeker Projekt zu begeistern. Als erste Künstler gewann Deneken 1896 Otto Eckmann und Alfred Mohrbutter, die er aus Hamburg kannte. Beide wurden Mitglied in der Genossenschaft, Mohrbutter gehörte zeitweise dem Vor-

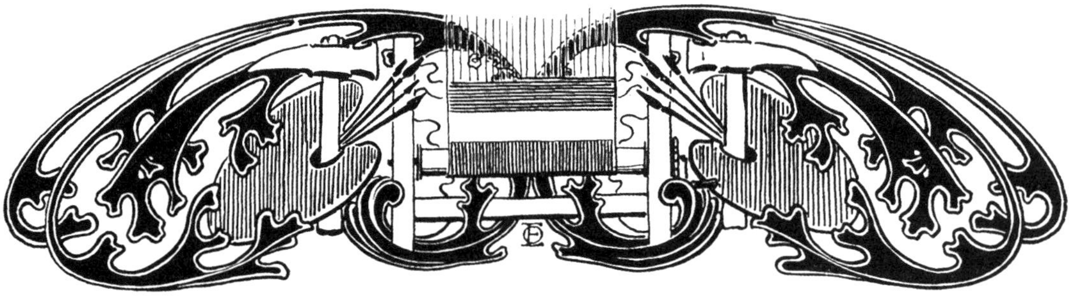

Abb. 3
Otto Eckmann, Vignette aus dem Prospekt der Webschule von 1901, S.1

stand der Schule an und erlernte auch selbst das Weben. Bereits zur Gründung der Webschule lagen erste Entwürfe von Eckmann vor, die zum Teil an das norwegische Vorbild anknüpften. Der in Schichtweberei ausgeführte Wandfries „Stille Fahrt" (Kat. S. 75) übernimmt ebenso wie der später entstandene Kissenbezug „Weiße Rose" (Kat. S. 76) den eckigen Umrissverlauf der Webarbeiten Munthes.

Aus dem Hamburger Kreis der Künstler um Justus Brinckmann, Friedrich Deneken und Alfred Lichtwark, dem Direktor der Hamburger Kunsthalle, stießen schnell weitere Künstler als Entwerfer für Scherrebek dazu. Im 1899 erschienenen „Illustrierten Verzeichnis von Originalmustern der Schule für Kunstweberei in Scherrebek (Nordschleswig)" (Abb. S. 53) werden neben dreizehn Arbeiten von Otto Eckmann und fünf Arbeiten von Alfred Mohrbutter fünfzehn weitere Textilien von Momme Nissen, Julius Wohlers, Henriette Hahn, Walter Leistikow, Hans Thoma, Ernst Nicolay, Willy von Beckerath, Gadso Weiland und Otto Westphal angeboten.[7] Die drei erstgenannten Künstler, Nissen, Wohlers und Hahn, kamen wie Eckmann und Mohrbutter aus dem Hamburger Kreis. Mehrere der anderen Künstler akquirierte Friedrich Deneken, als er 1897 von Hamburg nach Krefeld ging, wo er Direktor des neu gegründeten Kaiser Wilhelm Museums wurde. Hier schloss er zahlreiche Kontakte zu Künstlern, die für die Textilindustrie arbeiteten[8] und vermittelte einige von ihnen nach Scherrebek. Der gebürtige Krefelder Willy von Beckerath engagierte sich mit Deneken für eine Wiederbelebung des Krefelder Kunsthandwerks und auch Ernst Nicolay und Otto Westphal schufen in Krefeld Muster für Textilien. In Krefeld schloss Deneken außerdem Kontakt mit Henry van de Velde, dessen Entwurf für Scherrebek jedoch im Verzeichnis von 1899 noch nicht enthalten ist. Otto Eckmann wurde umgekehrt erst nach seinen ersten Arbeiten für Scherrebek auch für die Krefelder Textilindustrie tätig. Eckmann gewann Walter Leistikow für Scherrebek, mit dem er sich in Berlin angefreundet hatte. Damit wurden weitere namhafte Künstler für die Webschule tätig und sorgten für eine größere Produktvielfalt.

Die Künstlerkontakte zu Scherrebek vervielfältigten sich im Schneeballsystem, ein Künstler zog den anderen nach sich und auch die Webschule trat von sich aus an Künstler heran.[9] Namhafte Jugendstil-Künstler wie Hans Christiansen, der in Hamburg eine freundschaftliche Beziehung zu Justus Brinckmann hatte, Otto Ubbelohde oder Heinrich Vogeler wurden durch den Erfolg der Webschule zu eigenen Entwürfen veranlasst. Christiansen stand seit seiner Berufung an die Darmstädter Künstlerkolonie in engem Kontakt zu Scherrebek und ließ mehrere Wandbehänge für seine Villa „In Rosen" in der Webschule ausführen. Die französischen Künstler Orens Dénizard und Fernand Thibaut wurden durch die Weltausstellung 1900 in Paris auf Scherrebek aufmerksam. Thibaut, der in eine freundschaftliche Beziehung zu Johannes Jacobsen trat und zeitweise sogar nach Scherrebek zog, fertigte einige Entwürfe, die jedoch an das künstlerische Niveau eines Eckmann nicht heranreichen können. Zu dieser Zeit hatte Otto Eckmann seine Tätigkeit als Entwerfer für Scherrebek eingestellt. Schlee mutmaßt, dass vor allem die Parodien Heinrich Sperlings auf seinen Schwanenteppich ausschlaggebend dafür gewesen seien, dass Eckmann sich „beleidigt" zurückzog.[10] Wahrscheinlicher ist jedoch, dass Streitigkeiten mit der Geschäftsführung der Webschule um Honorar- und Ausstellungsvereinbarungen Eckmann dazu veranlasst hatten.[11]

Die Webschule hatte für die in den Verkaufskatalogen von 1899 und 1901 angebotenen Wandbehänge und Kissenbezüge die Rechte von den Künstlern erworben. Nicht alle in Scherrebek ausgeführten Wandbehänge wurden aber in die Verkaufskataloge aufgenommen. Einige Wandbehänge wurden als Unikate ausgeführt, wie z. B. vier Wandbehänge, die Alfred Mohrbutter für den Hamburger Senator Alexander Baur entwarf (Kat. S. 100-103). Andere Künstler, wie z. B. der Kieler Maler Ernst Vollbehr, ließen ihre Entwürfe in Lizenz in Scherrebek weben, ohne dass sie der Schule die Rechte für die Wiederholung übertrugen. Schutz vor illegaler Nachahmung sollte durch den Gebrauch eines Webzeichens erreicht werden, der blau-weiß-roten Fahne Schleswig-Holsteins. Sie durfte nur von lizensierten Weberinnen verwendet werden und wurde meist in der linken unteren Ecke der Wandbehänge eingewebt.

Eckmanns Bildteppiche trugen wie die Wandbehänge von Hans Christiansen, Heinrich Vogeler, Alfred Mohrbutter, Otto Ubbelohde und anderer dazu bei, dass die Bildweberei als künstlerische Ausdrucksmöglichkeit wiederentdeckt wurde. Keiner der Künstler hatte vor Gründung der Scherrebeker Webschule Entwürfe für Bildteppiche gefertigt. Alle wandten sich jedoch zumindest zeitweise und immer konsequent dem Kunstgewerbe zu. Gemeinsames Anliegen war, die Trennung zwischen „hoher" und angewandter Kunst aufzuheben.

Motive und Themen für Bildteppiche suchten die Scherrebeker Künstler vor allem im Bereich der Landschaft, in der Tierwelt und der Welt der Märchen. Bei den Landschaften ist ein Trend zur Verwendung heimatlicher Motive spürbar, wie z. B. in Alfred Mohrbutters „Heidemühle" (Kat. S. 99), Clarita Beyers „Bauernhaus" (Kat. S. 61) oder Momme Nissens „Friesenhaus" (Kat. S. 109). Regionale Anregungen gingen auch in die meist friesartigen Meereslandschaften ein, wie sie bei Eckmann, Mißfeldt, Emil Proch oder Thibaut zu finden sind. Da diese Wandbehänge ein mittleres Format haben, ist zu vermuten, dass man sie im Hinblick auf einen breiten lokalen Markt produzierte. Die großen, repräsentativen Formate hingegen entziehen sich in der Regel solcher Lokalisierung. Otto Eckmanns Wandbehänge „Frühlings-Einzug", „Weiher im Mondschein", „Fünf Schwäne" und „Das Märchen" (Kat. S. 79-83) sind für einen internationalen Markt wohlhabender Käufer geschaffen. Sie stellten wie der zweiteilige Klavierbehang „Frühlingsreigen" (Kat. S. 70) von Hans Christiansen und Heinrich Vogelers „Dornröschen"-Teppich (Kat. S. 137) Höhepunkte des textilen Kunstgewerbes auf der Pariser Weltausstellung dar.

Auffallend aber nicht überraschend ist die Hinwendung zu Motiven aus der Welt der Vögel. Otto Eckmanns Pfeilerbehang „Fünf Schwäne" wurde zum programmatischen Bildmotiv, das zahlreiche Nachahmer fand und zu Parodien aufforderte. Der Linienschwung, der im Körperbau der Tiere angelegt ist, verbindet sich auf einzigartige Weise mit dem Streben des Jugendstils nach schwingenden, kurvigen Linien und Stilisierung. Aus dem gleichen Grund wählte Otto Ubbelohde einen Pfau und Mohrbutter einen Flamingo. Ein besonders beliebtes Motiv waren Möwen. „In ihnen verkörperte sich in der Vorstellung der Entwerfer eine Form des Lebendigen, die durch Leichtigkeit, gleitende Bewegung, Meeresfrische gekennzeichnet ist [...]."[12] Andere Vögel wie Störche, Eulen oder Hühner muten dagegen vergleichsweise prosaisch an.

Für kleine Formate wie z. B. Kissenplatten wählten die Künstler, allen voran Otto Eckmann und Gadso Weiland, bevorzugt florale Motive, die in symmetrischem Aufbau das Bildfeld füllen. Kastanien, Tulpen, Rosen, Lilien waren im Jugendstil beliebte Pflanzen. Die Kissenbezüge verweisen auf das Bestreben, volkskundliche Motive aufzugreifen und in eine moderne Formensprache zu übersetzen. Im Gegensatz zu bildmäßig ausgeführten Wandbehängen, die in ihrer Verwendung Gemälden oder Wanddekorationen gleichgeordnet werden können, stellen die Kissenplatten einen ergänzenden Raumschmuck dar.

Thematisch nehmen die großfromatigen Bildteppiche „Ygdrasil" und „Nott und Mani" von August Wilckens (Kat. S. 147-149) eine Sonderstellung ein. Sie entstanden möglicherweise auf besonderen Wunsch von Johannes Jacobsen. Beide Wandbehänge behandeln die germanische Götterwelt, für die der Pastor schwärmte. Zeitgemäßer erscheinen dagegen die Entwürfe von Walter Leistikow, der einen Paravent und einen Stuhlbezug mit nordischen Themen versah (Kat. S. 93-95).

Selten folgen die Bildteppiche einem künstlerischen Programm. Die Webarbeiten für die Darmstädter Villa „In Rosen" von Hans Christiansen und die Mär-

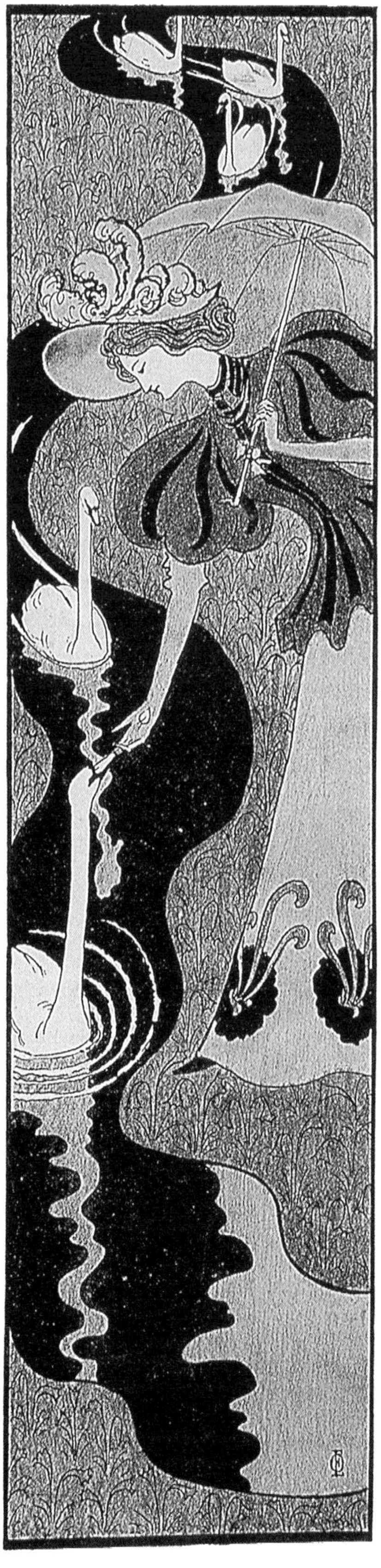

Abb. 4
Otto Eckmann,
Zierleiste aus der
Zeitschrift „Jugend",
Heft 10, 1896, S. 160

chenteppiche von Otto Ubbelohde bilden hier eine Ausnahme. Otto Ubbelohdes friesartige Wandbehänge mit Märchenmotiven zählen zu den besten Arbeiten der Webschule um und nach 1900 (Kat. S. 127-129). Ubbelohde verknüpfte die überlieferte Welt der Märchen mit einer zeitgemäßen Erzählform, der die Neigung des Jugendstils zu Abstraktion und Stilisierung entgegenkam. Er hatte ein vorwiegend jugendliches Publikum im Auge und entsprach damit den allgemeinen Bestrebungen im ausgehenden 19. Jahrhundert, auch dem Kind eine eigene Sphäre zu schaffen. Die Vorliebe für Märchenmotive, die sich nicht auf die Welt der Kinder beschränkte, spiegelt sich ebenso in Eckmanns Märchenteppich und Vogelers Wandbehängen „Spaziergang" und „Dornröschen" (Kat. S. 135-137).

Das Gemeinsame der Scherrebeker Bildteppiche besteht in der - auch technisch bedingten - vereinfachten Form, der Flächigkeit, dem Fehlen der Zwischentöne und dem Zurücktreten der Perspektive. Die Farbigkeit ist aufgrund der verwandten Pflanzenfarben nie grell, aber hell und lebendig. Dies gefiel dem Publikum, das der dunklen Farben der historistischen Raumausstattungen überdrüssig war. *„Zu den Zeiten unserer schummerigen Renaissance-Zimmer ward der ganze Raum in ein unbestimmtes Halbdunkel getaucht. Die helle Sonne aber will auf lebhafte, frische Farben scheinen […]."*[13] Gleich der erste größere Bildteppich aus der Scherrebeker Produktion schlug deshalb wie eine Bombe ein: Otto Eckmanns Pfeilerbehang „Fünf Schwäne" (Kat. S. 79) wurde seit 1897 ausgestellt und sofort in nahezu allen Kunstgewerbezeitschriften abgebildet. Peter Jessen bezeichnete ihn 1897/1898 *„vielleicht als das frischeste Erzeugnis der neuen Bewegung im deutschen Kunstgewerbe"*.[14] Heute ist er nicht nur ein Symbol für die Scherrebeker Webschule, sondern zählt zu den Inkunabeln des Jugendstils[15].

In Eckmanns Schwanenteppich - stellvertretend für das Gesicht der Scherrebeker Webschule - bündeln sich verschiedene Tendenzen der Kunst der 1890er Jahre: „Die Suche nach einer ‚neuen Volkskunst', die Vorliebe für japanische Kunst, die Vorbildlichkeit der modernen französischen Graphik, insbesondere der Plakatkunst, schließlich - zeitlich auch schon vorausgehend - das in England erneuerte Interesse für spätmittelalterliche Bild- und Dekorationsformen im Einklang mit dem Bestreben, die bis dahin das Kunsthandwerk beherrschenden historisierenden Stile (Neurokoko, Neubarock, Neugotik und Neurenaissance) abzulösen durch einen am Studium von Pflanzen und Blüten orientierten ‚floralen' Dekorationskanon."[16]

Für die Entwicklung und Verbreitung des „Scherrebek-Stils" spielte die in München erscheinende Zeitschrift „Jugend", die der Richtung ihren Namen gab, eine nicht unbedeutende Rolle. Viele Künstler, die für Scherrebek tätig wurden, veröffentlichten hier ihre Entwürfe und trugen zum Schmuck der Zeitschrift bei: Otto Eckmann, Hans Christiansen, Heinrich Vogeler, Bruno Paul, Otto Ubbelohde oder auch Ernst Vollbehr. Otto Eckmann hatte sich im Hamburger Museum für Kunst und Gewerbe intensiv mit der umfangreichen Sammlung japanischer Kunst auseinandergesetzt, die Justus Brinckmann zusammengetragen hatte und ließ sich zu eigenen Holzschnitten im „japanischen" Stil anregen. Die Idee zur Komposition des Schwanenteppichs geht auf Holzschnitte und Illustrationen zurück, die im ersten Jahrgang der „Jugend" 1896 veröffentlicht wurden und typisch für den Stil der Zeitschrift sind. Eine die ganze Seitenhöhe einnehmende Zierleiste mit dem Motiv der fünf Schwäne auf einem Bach, an dessen Ufer hier noch eine junge Frau steht, spiegelt die Japonismus-Mode der Jahrhundertwende wider (Abb. 4): die Betonung der Höhe, die Vermeidung von Tiefenräumlichkeit, die geschwungene Linienführung, die Konturierung der Farbflächen. Japanische Einflüsse machen sich auch in den Bildteppich-Entwürfen „Brandung" und „Schwäne unter Kastanien" von Hans Christiansen (Kat. S. 63) oder in Alfred Mohrbutters Bildteppichen für den Hamburger Senator Baur (Kat. S. 100-103) bemerkbar. Hans Christiansen, der mehrere Jahre in Paris verbrachte und von hier aus für die „Jugend" arbeitete, hat zusammen mit Otto Eckmann nicht nur maßgeblich zum Jugendstil, sondern auch zum „Scherrebek-Stil" beigetragen. Ihre Entwürfe verhinderten, dass die Webschule mit ihren anfangs aus der Volkskunst und der norwegischen Tradition entlehnten Kissenplatten und kleinformatigen Wandbehängen im Regionalen steckenblieb.

Webtechnik und WeberInnen

Nachdem anfangs pflanzengefärbte Wolle zum Weben aus Norwegen bezogen worden war, stellte man sie bald in Scherrebek selbst her. Aus dem Flachsanbau und der Schafzucht war das Rohmaterial vorhanden. Der Webschule waren eine Spinnerei und eine Färberei angeschlossen worden, in der eine als besonders farbecht und unverwüstlich eingestufte Wolle produziert wurde.[17] Die Technik des Webens am Hochwebstuhl (Abb. S. 8) erläuterte Justus Brinckmann 1897 ausführlich in seinem Bericht für das Hamburger Museum für Kunst und Gewerbe:

„Man webt auf dem norwegischen Webstuhl ohne Schiffchen, indem man von links nach rechts und zurückgehend, einen um den anderen Faden der senkrecht aufgespannten Kette hebt und die zu kleinen, von innen ablaufenden Knäueln aufgewickelten Wollfäden glatt einlegt. Man darf nicht zu locker und nicht zu fest weben, und muss jede eingelegte Reihe mit einer schweren Gabel anklopfen.
Nur an den Stellen, wo sie in dem Muster zu Tage treten, laufen die vorkommenden Farben der Wolle hin und her. Tritt eine Farbe aus, oder muss ein Faden derselben Farbe angesetzt werden, so lässt man die Fadenenden einfach auf der Rückseite hängen. Durch späteres Einziehen in den fertigen Stoff können sie befestigt und dem Gewebe ein gleichseitiges Aussehen gegeben werden.
Zwei Webeweisen sind durch die Muster bedingt. Die Muster der einen Webart, für die in Scherrebek der Ausdruck ‚Schichtweben' sich eingebürgert hat, bestehen aus senk- und wagrechten Linien; sie sind wie ein Kreuzstichmuster im kleinen Maassstabe auf quadratischer Grundlage gezeichnet. Die Muster der anderen Webweise bewegen sich in bildmässiger Freiheit; man könnte diese Weise einfach als ‚Bildweben' bezeichnen, da sich mit dem üblichen Worte ‚Gobelin-Weben' leicht falsche Vorstellungen verbinden, abgesehen von der historischen Bedeutung, die den Gobelins beizulegen ist.
Das Besondere der Webweise der gradlinigen Muster [Schichtweberei] besteht in Folgendem: Man arbeitet über die ganze Breite und wo zwei Farben zusammentreffen, werden sie vor dem Auseinandergehen durch einen Kreuzschlag verbunden; eine bestimmte Anzahl Kettfäden und eine angemessene Zahl Webreihen müssen den Quadraten des Musters entsprechen; dasselbe Muster kann ohne Umzeichnung grösser und kleiner hergestellt werden, wobei als kleinste Einheit sich das Quadrat ergiebt, dessen Seiten der Entfernung zweier Kettfäden entsprechen.
Das Entscheidende für die Ausführung der bildmässigen Muster ist, dass die Vorzeichnungen hinter der Kette befestigt, und unmittelbar in natürlicher Grösse ausgeführt werden, wobei man nicht in Schichten über die ganze Breite, sondern einzelne Formen, wie es ihre Lage erlaubt, vorweg webt. In die feinen Abstufungen, aus denen sich der Schwung ihrer Linien zusammensetzt, fügen sich dann die Nachbarformen fast lückenlos ein. Nur wo senkrechte Linien vorkommen, müssen auch bei diesen Mustern Kreuzschläge die verschiedenen Farben ver-

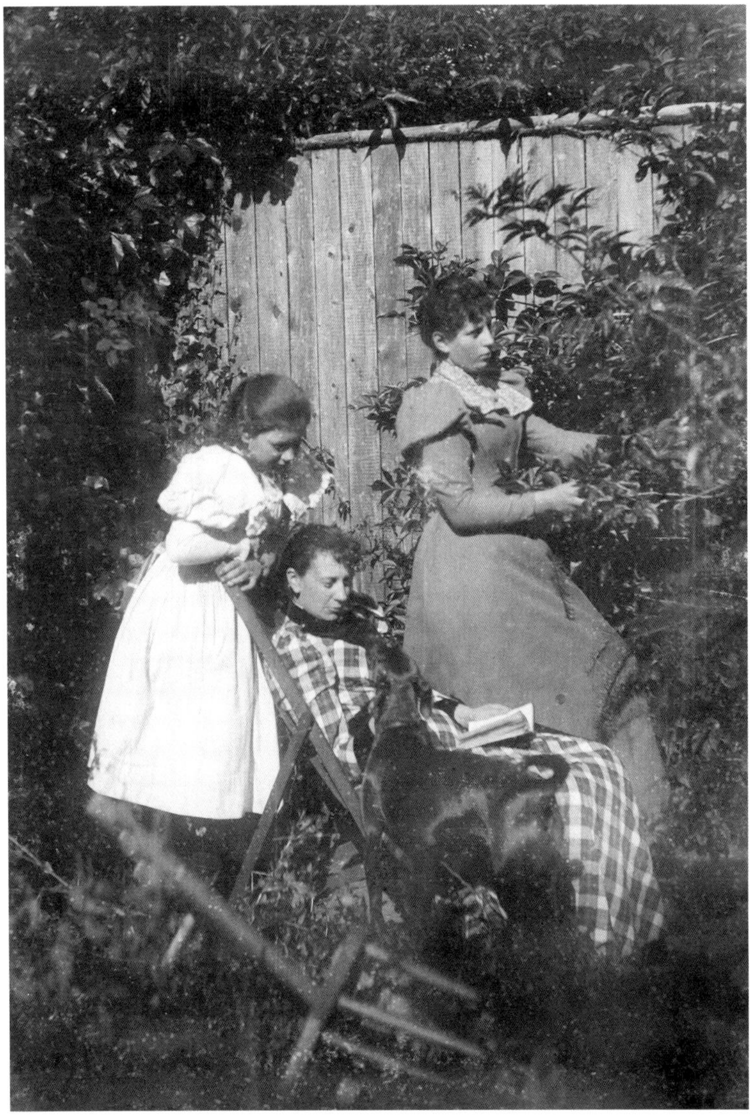

Abb. 5
Marie Luebke mit ihren Töchtern Paula und Erna im Garten, Scherrebek 1897/1898

binden. Dieses möglichst zu vermeiden, werden aufstrebende Muster vorzugsweise querliegend gewebt."[18]

Die Webschülerinnen kamen aus dem gesamten deutschsprachigen Raum, viele aus dem Herzogtum Schleswig und der Umgebung Scherrebeks. Maria Brinckmann berichtet, dass schon „*am zweiten und dritten Tag [...] zwei Damen aus Danzig und Gnesen als Schülerinnen*" eintrafen.[19] Die Schülerinnen belegten Webkurse von durchschnittlich vier Wochen. Die Ausbildung galt als abgeschlossen, wenn „*die betreffende Schülerin vollständig ausgebildet ist und selbstständig weben kann*", anschließend „*wird ihr vom Vorstand der Schule im Einverständnis mit der Lehrerin das Diplom ertheilt und die Schülerin wird in die Liste der Scherrebeker Kunstgenossenschaft eingetragen.*"[20] Unabhängig von der Dauer der Ausbildung zahlten die Schülerinnen 40 Mark für das Erlernen der Handweberei. Während der Ausbildungszeit webten sie auf eigene Rechnung und konnten auch eigene Entwürfe ausführen. Einige der Schülerinnen blieben als Arbeiterinnen in der Webschule, andere setzten ihre Webtätigkeit in Heimarbeit fort. Sie bezogen von der Webschule Muster und Wolle und konnten leihweise auch einen Webstuhl erhalten. Offenbar befriedigten die Ergebnisse der Heimarbeit jedoch nicht immer die Ansprüche der Schulleitung, die sich zur Abnahme der gewebten Stücke verpflichtet hatte, so dass man zunehmend dazu überging, weniger Schülerinnen auszubilden und mehr Stücke von den Arbeiterinnen in der Webschule unter Aufsicht herstellen zu lassen.[21] Damit reduzierte die Geschäftsleitung auch den stetig anwachsenden Lagerbestand. Die Zahl der Weberinnen ist nicht genau zu ermitteln.[22] Marie Luebke selber berichtete: „*Ich hatte über 200 Weberinnen täglich mit Arbeit zu versorgen, alle Pausen zu machen, die numerierten Wollen einzutragen und fast täglich Pakete nach Berlin, Königsberg, Österreich, Leipzig, Breslau, sogar nach Holland, wo auch eine Schülerin sehr fleißig webte, nach Hamburg, Lübeck, Dresden, überallhin zu schicken. Sogar von Rußland hatte ich Schülerinnen. Aus Spanien meldete sich eine. In Italien war unsere Weberei bekannt. Als unser Arzt sich in Italien ins Fremdenbuch einschrieb, sagte der Hotelier: Aus Scherrebek, wo die schöne Weberei ist?*" [23]

Zu den Schülerinnen und Arbeiterinnen zählten auch Marie Luebkes Töchter Paula (geb. 1881) und Erna (geb. 1885), die vor allem nach dem Konkurs der Webschule ihrer Mutter zur Seite standen (Abb. 5). Marie Luebke, die ihre Töchter alleine großzog[24], wies ihre ältere Tochter gleich nach der Ankunft in Scherrebek in das Weben ein, möglicherweise erlernte sie auch gemeinsam mit ihr das Weben von Frida Hansen, denn bereits im Juni 1896 erscheint der Name Paula Luebke in den Lohnlisten der Weberei.[25] Erna Luebke trat in Erscheinung, als sie im November 1919 den Scherrebeker Betrieb ihrer Mutter übernahm, die Auflösung abwickelte und im bescheideneren Umfang im Juli 1920 in Quickborn bei Hamburg wieder eröffnete.[26]

Die Idee, mit der Scherrebeker Webschule zu einer Erneuerung der Volkskunst beizutragen, schloss das Bestreben ein, Filialen zu gründen. Dieses Ziel sollte dadurch erreicht werden, dass einige der Schülerinnen zu Weblehrerinnen weitergebildet wurden.

Nach einer gründlichen Ausbildung, die z. B. das „Conturenzeichnen“[27] beinhaltete, das für die Umsetzung der Künstlerentwürfe in die Webvorlagen notwendig war, wurde für eine Gebühr von 30 Mark das Lehrerinnen-Diplom erteilt. Alle Filialschülerinnen mussten eine Prüfung in Scherrebek absolvieren, sofern sie im Auftrag der Webschule für den Verkauf arbeiten wollten. Die Webschule stellte die Versorgung mit Mustern, Webstühlen und Wolle sicher und garantierte die Abnahme der fertigen Stücke. Die Filialistinnen erhielten das Recht, das Scherrebeker Webzeichen zu verwenden.

Filialen der Scherrebeker Webschule entstanden unter anderem auf der benachbarten Insel Röm, in Niebüll, in Berlin, in Worpswede, wo Marie Bock, die zusammen mit Clara Rilke-Westhoff und Heinrich Vogeler 1899 in Scherrebek gewesen war, die Arbeit am Hochwebstuhl aufnahm, und in Krefeld, wohin Frau Deneken sich Webstuhl und Wolle liefern ließ.[28] Andere Absolventinnen hingegen machten sich von der Bindung an die Scherrebeker Webschule frei und mit eigenen Werkstätten selbständig. Die erste dieser Weberinnen war Maria Brinckmann, die bald nach ihrer Rückkehr nach Hamburg 1896 eine Weberei eröffnete, ehe sie 1899 den Webunterricht an der Schule des Lette-Vereins in Berlin übernahm. Auch ihre Schwestern Ida und Carlotta Brinckmann produzierten in Hamburg selbständige Webarbeiten auf eigene Rechnung. Einen Sonderfall stellt die Gründung einer Webschule in Laibach (Ljubljana) dar, die von einer Scherrebeker Schülerin betrieben wurde. Sie erhielt die Genehmigung, das Scherrebeker Webzeichen zu verwenden, verzichtete aber gegen eine Abfindungspauschale auf das Recht, Entwürfe der für Scherrebek tätigen Künstler zu beanspruchen und nur für die Scherrebeker Webschule zu weben. 1903 wurde Ernst Vollbehr als künstlerischer Berater der Laibacher Tochtergründung gewonnen. „Überall regte sich die Lust zur Betätigung ‚nach Scherrebeker Art‘.“[29] Nicht immer hielten sich jedoch die ehemaligen Scherrebeker Schülerinnen und Filialistinnen an die vertraglichen Vereinbarungen, sondern verbreiteten Technik und Textilien „wild“, so dass die Scherrebeker Mutteranstalt keinen Nutzen und finanziellen Gewinn daraus ziehen konnte.

Ausstellungen und Verkauf

„In allen bedeutenden Kunstgewerbe-Museen sind sie zu sehen“ heißt es im eingangs zitierten Text aus der „Deutschen Kunst und Dekoration“.[30] Die Scherrebeker Wandbehänge fanden ihre Käufer schnell in den Kunstgewerbemuseen. Noch im Jahre 1896 hatte das Kieler Thaulow-Museum aus der Landesausstellung drei Webarbeiten angekauft, darunter Eckmanns „Fünf Schwäne“. Im Jahr darauf erwarben die Museen in Hamburg, Berlin, Basel und Kopenhagen erste Scherrebeker Wandbehänge - alle, mit Ausnahme von Basel, wählten darunter ein Exemplar des Schwanenteppichs. Weitere Museen schlossen sich an, so dass heute in nahezu allen großen deutschen Museen mit kunstgewerblichen Schwerpunkten Scherrebeker Wandbehänge zum Bestand gehören.

In den großen deutschen Kunstmetropolen nahmen renommierte Kunsthandlungen die Wandbehänge in ihr Verkaufsprogramm auf. Die erste Kunsthandlung war der Hamburger Kunstsalon Louis Bock und Sohn, in der 1896 zehn Muster gezeigt wurden.[31] Im „Illustrierten Verzeichnis“ der Webschule von 1899 werden Verkaufsstellen in Berlin, Bremen, Dresden, Frankfurt a. M., Hamburg, Kiel, Leipzig, Münster, Breslau und Guben aufgezählt. Darunter ist als eines der international angesehensten Häuser das „Hohenzollern-Kunstgewerbehaus“ von Hermann Hirschwald in Berlin zu nennen. In ihrem Band von 1898/1899 berichtete die Zeitschrift „The Studio“ über eine Ausstellung angewandter Kunst in Hirschwalds Galerie. Eine der Abbildungen zeigt Scherrebeker Wandarbeiten von Henriette Hahn, Alfred Mohrbutter (Kat. S. 99), Otto Eckmann (Kat. S. 76) und Gadso Weiland (Kat. S. 142)[32] (Abb. 6). Nachdem Henry van de Velde 1899 nach Berlin übergesiedelt war, zog er mit seiner Werkstatt in Hirschwalds Institut ein und entwarf die Ausstattung für das im Frühjahr 1901 bezogene neue Geschäftshaus. Zum 25-jährigen Jubiläum des „Hohenzollern-Kunstgewerbehauses“ 1904 veröffentlichte die „Deutsche Kunst und Dekoration“ einen mehrseitigen Beitrag mit vielen Abbildungen. Auf fast allen sind neben anderen kunstgewerblichen Arbeiten Scherrebeker Wandbehänge zu sehen (Abb. 7).[33]

Im Prospekt der Webschule von 1901 sind weitere Verkaufsniederlassungen genannt, die nach dem Erfolg der Webschule auf der Weltausstellung in Paris 1900 hinzukamen: Karlsruhe, München, Dessau, Wiesbaden und Elberfeld sowie international Helsingfors in Finnland, Zürich, Wien, London, Nancy und Paris.[34] In Paris war es niemand geringeres als Siegfried Bing, ein Hamburger und Freund Justus Brinckmanns, der 1895 seinen Verkaufssalon mit

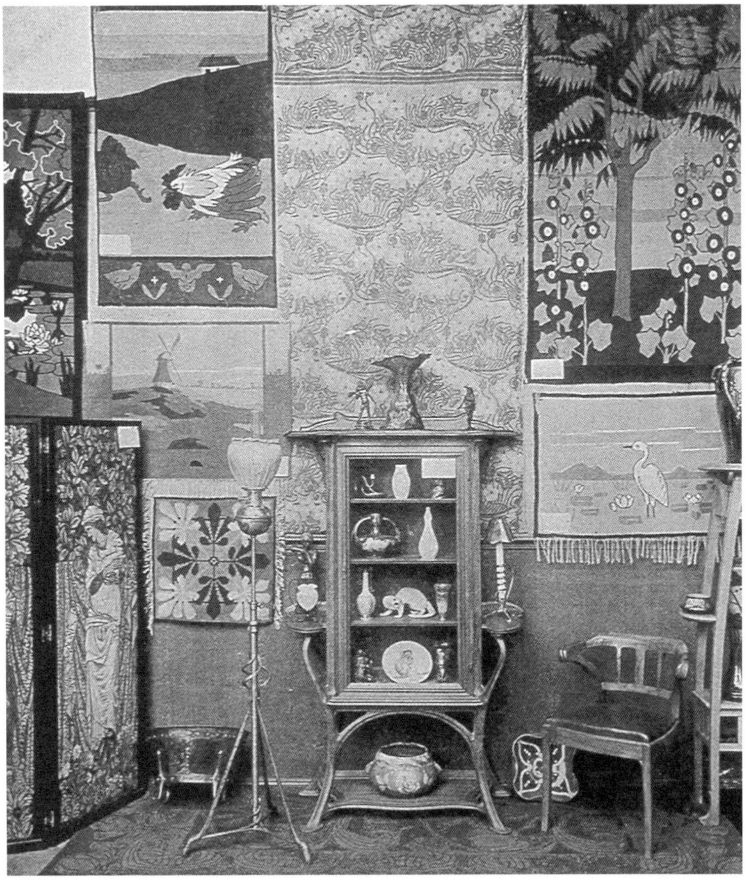

Abb. 6 Ausstellung angewandter Kunst in Hirschwalds Galerie, Berlin, aus: The Studio, Bd. 16, 1898-1899, S. 137

dem epochemachenden Namen „Art Nouveau" eingerichtet hatte. Bing, ein herausragender Kenner und Händler der japanischen Kunst, trug mit seinem Haus wesentlich zur Verbreitung und Anerkennung des Jugendstils bei. 1897 stellte er Scherrebeker Wandbehänge aus und gab Hans Christiansen, der zu dieser Zeit in Paris lebte, damit vermutlich den Anstoß, Textilien für Scherrebek zu entwerfen.

Das hohe Ansehen dieser Kunsthandlungen lässt auf die Käufer der Scherrebeker Webarbeiten schließen. Sicherlich hatte man bei der Verwendung von Motiven aus der Volkskunst für kleinformatige Stücke ein breites Abnehmerpotential vor Augen. Die großformatigen und anspruchsvollen Wandbehänge nach Entwürfen renommierter Künstler wie Eckmann, Christiansen, Vogeler, Mohrbutter oder Ubbelohde richteten sich jedoch von vornherein an ein wohlhabendes Publikum, das in der noblen Sphäre der Kunsthandlungen verkehrte. Der schleppende Absatz der Bildteppiche hängt nicht zuletzt mit dieser zwar kaufkräftigen, aber nicht sehr großen Zielgruppe zusammen. Ein zeitgenössischer Rezensent erkannte bereits 1897/1898: *„In einem wichtigen Punkte der heutigen Kunstbestrebungen versagt aber auch Scherrebek noch völlig. Was Scherrebek schafft, sind ‚Luxusartikel', sind keine unmittelbaren ‚Bedarfsartikel'. Nur das ‚elegante Heim' bietet seinen Erzeugnissen eine Freistatt dort, wo das rauhe Leben sich nicht unausgesetzt an seinen Wänden scheuert. Die ‚Kunst für das Volk', die heute nur noch die Fabrik liefern kann, hat noch keinen Vortheil davon."*[35]

Käufer fanden sich vor allem im Anschluss an die zahlreichen Ausstellungen, die von der Scherrebeker Webschule beschickt wurden.[36] Schon im Jahr der Schulgründung 1896 wurden erste Arbeiten ausgestellt, im Juli auf der Schleswig-Holsteinischen Landesausstellung in Kiel und im Dezember im Kunstsalon Louis Bock und Sohn in Hamburg, darunter Eckmanns Wandbehänge „Möwenschwarm" (Kat. S. 75), und „Fünf Schwäne" (Kat. S. 79) und Mohrbutters „Melancholie" und „Heidemühle" (Kat. S. 99). 1897 stellte Justus Brinckmann den für das Hamburger Museum erworbenen Schwanenteppich von Otto Eckmann zusammen mit Gerhard Munthes „Nordlichttöchtern" und weiteren Webarbeiten aus. In den großen Kunstgewerbemuseen folgte ihm u. a. Julius Lessing als Direktor des Kunstgewerbemuseums in Berlin und selbstverständlich stellte Friedrich Deneken Scherrebeker Wandbehänge im Krefelder Kaiser Wilhelm Museum aus. Bildteppiche aus Scherrebek waren bald auf allen großen nationalen und internationalen Kunst- und Kunstgewerbeausstellungen vertreten, in München, Dresden (Abb. 8) und Berlin, in Paris, Wien, Budapest und Turin. Sie wurden von der Fachpresse begeistert aufgenommen, auch wenn gelegentlich die Formensprache des Jugendstils noch auf Befremden stieß.

Beispielhaft für die lokale Rezeption der Scherrebeker Produktion kann Flensburg stehen. Hier engagierte sich der dem Museum angeschlossene Kunstgewerbe-Verein für eine Verbreitung der Ideen zu einer Erneuerung der Volkskunst und veranstaltete Vorträge und Ausstellungen, in deren Mittelpunkt mehrmals die Scherrebeker Webschule stand. Im Programm von 1897-1898 wurde für den Monat Februar ein Vortrag von Justus Brinckmann „Über neuere Richtungen im Kunstgewerbe" angekündigt.[37] Am 8. Dezember 1898 hielt Johannes Jacobsen einen Vortrag über die Scherrebeker Kunstwebschule. Tags darauf wurde eine Hausfleiß-Ausstellung eröffnet, auf der vor allem Scherrebeker Bildteppiche für Aufsehen sorgten: *„Das größte Interesse nehmen*

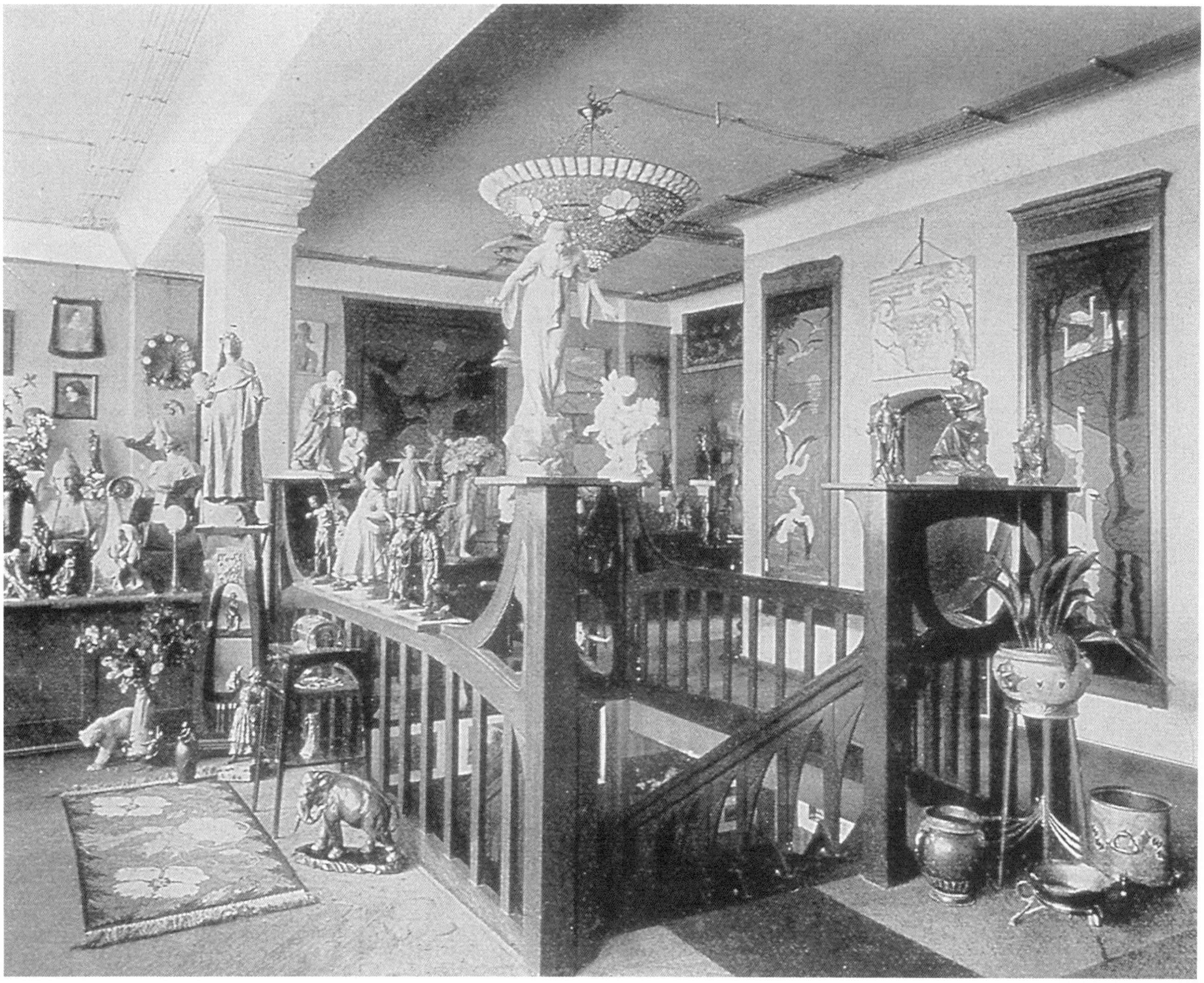

Abb. 7
Hohenzollern-Kunstgewerbehaus,
H. Hirschwald, Berlin,
Treppenhaus der
1. Etage von Henry van de Velde, aus: Deutsche Kunst und Dekoration, Bd. XV, Oktober 1904-März 1905, S. 171

die von der Scherrebeker Kunstwebschule ausgestellten Gobelinwebereien nach Entwürfen von Eckmann, Mohrbutter und Thomlal in Anspruch, namentlich erregt der große Wandfries ‚Der Einzug des Frühlings', nach einer Zeichnung des Professors Eckmann, die lebhafteste Bewunderung. […] Ein hübscher Zimmerschmuck ist auch ein in der staatlich unterstützten Fachschule für Kunsttischler und Bildschnitzer in Flensburg hergestellter friesischer Lehnstuhl mit Kissen und Rücklehne aus der Scherrebeker Kunstwebschule: dieser ist für die Pariser Weltausstellung bestimmt."[38] Wenige Tage später, am 13. Dezember 1898, heißt es in den Flensburger Nachrichten über die Scherrebeker Wandbehänge in der Hausfleiß-Ausstellung: „*Die Ausstellung der fertigen Arbeiten macht auf die meisten Besucher zuerst einen befremdenden Eindruck. Das beruht wohl hauptsächlich auf der durchaus neuartigen Durchbildung der Arbeiten. Jeglicher Symmetrie abhold, ist das ganze zur Anwendung gebrachte Linienspiel frei durchgeführt, und der künstlerische Effect der Zeichnung beruht auf einer unregelmäßigen, aber in seiner Detailbildung doch gut gegeneinander abgewogenen Zeichnung. Dazu kommt, daß die lebhaften Farben keck ausgewählt und ganz unvermittelt neben einander gesetzt sind, so daß das Auge sich erst nach und nach an diese ganz moderne Art und Weise der Flächenverzierung gewöhnen muß. Diese von England uns überkommene und auch von Frankreich beeinflußte sogenannte ‚Neue Richtung' hat neuerdings bei uns in Deutschland, und wohl mit Recht, vielfache Beachtung und Nachahmung gefunden.*"

Im Juli 1898 erhielt Johannes Jacobsen die Zusage, dass die Scherrebeker Webschule sich in der deutschen Abteilung der Weltausstellung in Paris im Jahr 1900 darstellen könne.[39] Damit bestand für die Web-

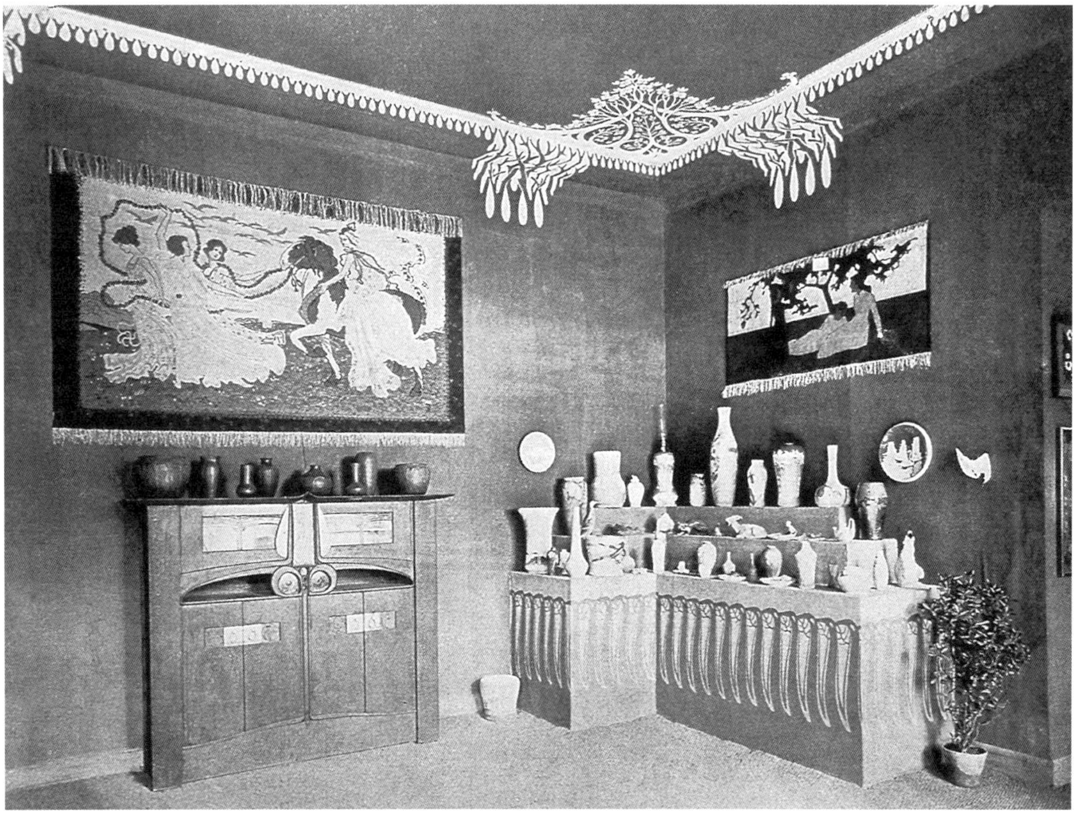

Abb. 8
Internationale Kunst-Ausstellung zu Dresden 1901, aus: Deutsche Kunst und Dekoration, Bd. VIII, April-September 1901, S. 415

schule die Hoffnung und Chance, einen größeren internationalen Absatz der Webarbeiten als bisher zu erzielen. Mit hohem Aufwand wurden zur Weltausstellung Bildteppiche in großem Format hergestellt, so Otto Eckmanns Wandbehang „Das Märchen“ (Kat. S. 83), der mit einem Preis von 2500 Mark zum teuersten Teppich der gesamten Scherrebeker Produktion wurde. Marie Luebke, die Französisch sprach, war während der gesamten Weltausstellung, die vom 14. April bis zum 12. November dauerte, in Paris anwesend, nachdem der Ende 1898 eingestellte Geschäftsführer der Webschule, Christian Petersen, den Aufbau der Ausstellung betreut hatte. Auch Pastor Jacobsen verbrachte zwei Wochen in Paris. Die Ausstellung der Scherrebeker Bildteppiche führte zu Auszeichnungen - Eckmanns Wandbehang „Das Märchen“ erhielt eine Goldmedaille - und hoher künstlerischer Anerkennung, die sich in einem lebhaften Pressecho niederschlug, der erwünschte Absatz der Webarbeiten stellte sich hingegen nicht ein. Öffentliche Aufträge, auf die man gehofft hatte, kamen nicht zustande.

Pastor Jacobsen, der schon mehrfach in den ersten Jahren seit der Schulgründung zu Werbevorträgen gereist war, dehnte seine Vortragstätigkeit nun aus. Ernst Schlee zählt zahlreiche Reisen durch den deutschsprachigen Raum auf,[40] auf denen Jacobsen für seine vielfältigen Unternehmungen warb, die das Deutschtum in Nordschleswig stärken sollten. Hierzu gehörte neben der Webschule in Scherrebek das Seebad Lakolk auf Röm, das ein Gegengewicht zum Nordseebad Westerland auf Sylt werden sollte. „Optisch aber standen die Produkte der Webschule im Vordergrund. Sie wurden im Vortragssaal aufgehängt und verfehlten ihren Eindruck nicht, obwohl die Zuhörerschaft im allgemeinen auf künstlerische Eindrücke wenig gefaßt war. Christian Petersen, der als Begleiter mitreisen mußte, berichtet, auch Jacobsens große Gestalt vor dem absichtsvoll ausgewählten Teppich von August Wilckens mit der Weltesche Ygdrasil als Hintergrund und seine enthusiastische Beredsamkeit, nicht zuletzt seine gewaltige Stimme, mit der er auch die nordische Götterwelt beschwor, hätten die Zuhörer im allgemeinen stark beeindruckt.“[41]

Erfolg versprechend war für Pastor Jacobsen nach der Beteiligung an der Pariser Weltausstellung vor allem die Gelegenheit, die Webschule auf der Ausstellung „Ein Dokument Deutscher Kunst" der Darmstädter Künstlerkolonie im Jahr 1901 zu präsentieren, auf der Wandbehänge nach Entwürfen von Hans Christiansen für seine Villa „In Rosen" im Mittelpunkt standen. Obgleich von der Ausstellungsleitung mehrere Wandbehänge angekauft wurden[42], stellten sich auch jetzt keine nennenswerten Verkaufserfolge ein. „In Scherrebek aber wuchs der Bestand unverkaufter Gewebe bis ins geschäftlich nicht mehr Vertretbare, was gewiß nicht einfach Unverkäuflichkeit bedeutete, sondern mit den Versandverhältnissen, Angebotserfordernissen und anderen mehr technischen Schwierigkeiten zusammenhing."[43] Auf wirtschaftlich soliden Füßen hatte die Webschule offenbar nie gestanden, beklagt wurden immer wieder die mangelnden betriebswirtschaftlichen Kenntnisse und die Arroganz des Pastors, der sich nicht belehren ließ.[44] Schon am 9. Dezember 1898 hatte die Flensburger Norddeutsche Zeitung über einen Vortrag Pastor Jacobsens berichtet, in dem es heißt: *„Bei allem erfreulichen Fortgange hätte das junge Unternehmen indessen beständig mit finanziellen Schwierigkeiten zu kämpfen gehabt."*

Das Ende der Webschule

Im Sommer 1902 wurde die finanzielle Lage der Webschule so beunruhigend, dass Johannes Jacobsen eine über das gesamte Reichsgebiet ausgedehnte Lotterie veranstaltete, die dazu beitragen sollte, die Lagerbestände zu reduzieren und dringend notwendige Einnahmen zu erzielen. Als Gewinne wurden in einer Broschüre Scherrebeker Bildteppiche und andere, am Flachwebstuhl hergestellte Textilien ausgewiesen, der Hauptgewinn war ein Exemplar von Eckmanns Wandbehang „Das Märchen". Noch während der Verkaufsfrist der Lose meldete die Scherrebeker Webschule am 1. April 1903 Konkurs an. Zuvor hatte man bereits im Frühjahr 1902 eine große Zahl der auswärts tätigen Weberinnen entlassen und auch in der Webschule selbst innerhalb weniger Monate die Zahl von 20 Weberinnen (im Sommer 1902) auf zehn reduziert, bis im Sommer 1903 nur noch fünf Frauen angestellt waren.[45] Gleichzeitig waren auch die anderen wirtschaftlichen Unternehmungen Jacobsens zusammengebrochen, so dass der Webschule unter anderem die finanzielle Unterstützung der Scherrebeker Kreditbank fehlte, die ebenfalls eine Gründung Jacobsens war. Auch die Einnahmen aus der Lotterie konnten den Betrieb nicht retten. Ein Konkursverwalter nahm die Abwicklung der Webschule in die Hand, die sich, begleitet von mehreren Prozessen, über mehrere Jahre hinzog. Zahlreiche Gewinne aus der Lotterie wurden nach Bekanntgabe der Ziehungsergebnisse im Frühjahr 1904 nicht abgefordert. Sie wurden 1905 in die Verwahrung des Flensburger Museums gegeben. Nach Ablauf einer vereinbarten Frist von 30 Jahren gingen sie in den Besitz des Museums über und bildeten den Grundstück zur größten Sammlung von Scherrebeker Bildteppichen. 1934 wurden aus dem Lotteriebestand 41 Scherrebeker Wandbehänge inventarisiert, darunter Otto Eckmanns Wandbehang „Das Märchen". In den folgenden Jahrzehnten konnten weitere Scherrebeker Wandbehänge für die Flensburger Sammlung erworben werden, u. a. Eckmanns Schwanenteppich, Sperlings „Möpseteppich" (Kat. S. 122), Vogelers „Spaziergang" (Kat. S. 135), Bruno Pauls „Affen und Papageien" (Kat. S. 111) und zwei Märchenteppiche von Otto Ubbelohde. Fünf Entwürfe für Wandbehänge von Hans Christiansen gelangten mit dem Nachlass des Künstlers in die Flensburger Sammlung. 1955 machte die ehemalige Flensburger Museumsdirektorin Ellen Redlefsen die zahlreichen Wandbehänge zum Mittelpunkt einer Ausstellung über „Alte und neue Bildwirkereien in Schleswig-Holstein" und präsentierte sie damit erstmals der Öffentlichkeit.[46]

Nach dem Ende der Scherrebeker Webschule erwarb Marie Luebke die Rechte, die künstlerischen Entwürfe unter Verwendung des Scherrebeker Webzeichens weiter auszuführen. Sie webte, mit Unterstützung ihrer Töchter Paula und Erna, weiterhin auf Bestellung nach den künstlerischen Entwürfen der Blütezeit und erzielte auf Ausstellungen und Wettbewerben Auszeichnungen. Künstler wie Friedrich Mißfeldt und Bruno Paul traten erst jetzt mit Entwürfen an die „Kunstweberei in Scherrebek", so die Bezeichnung der Werkstatt Marie Luebkes, heran. Endlich erhielt die Scherrebeker Weberei auch offizielle Aufträge, auf die Jacobsen immer gehofft hatte und die sich, abgesehen von den Aufträgen des Deutschen Reiches für die Weltausstellung in Paris, nie eingestellt hatten. Marie Luebke webte für die Stadt Bremen einen dreiteiligen Bildteppich nach einem Entwurf von Leonhard Gunkel und mehrere Wandbehänge für das Bremer Standesamt.[47] Marie Luebke hielt ihren Betrieb, der zumindest zeitweise so gut lief, dass sie neben ihren Töchtern weitere Weberinnen beschäftigen konnte, bis 1919 aufrecht. Mit der bevorstehenden Abtretung Nordschleswigs an Dänemark 1920 gab sie die Werkstatt in Scherrebek auf.

Zu dieser Zeit hatte sich die Kunst des Jugendstils längst überlebt. Der Name „Scherrebek“ hatte jedoch nach wie vor „einen guten Klang“[48]. Die Scherrebeker Webschule gab den Anstoß zur Gründung ähnlicher Einrichtungen, die von hier ihren Ausgang nahmen oder sich zumindest auf das Vorbild beriefen. Dazu zählen unter anderen die 1902 gegründeten Meldorfer Museumswerkstätten, die unter der langjährigen Leitung der Weberin Lisbeth Lindemann, der späteren Frau des Künstlers Wenzel Hablik, stand, sowie der 1908 in Flensburg gegründete „Nordschleswigsche Verein zur Förderung der Hausweberei“. Dieser wurde von dem Kunsthistoriker Ernst Sauermann, der 1905 die Nachfolge seines Vaters Heinrich Sauermann als Direktor des Kunstgewerbemuseums übernommen hatte, geführt. Keines der Unternehmen konnte jedoch an die Kraft und Ausstrahlung der Scherrebeker Webschule heranreichen.

Die Gründung der Webschule stand unter dem glücklichen Stern des internationalen Strebens nach Erneuerung im Kunstgewerbe, einer Bewegung, in der die stärksten künstlerischen Kräfte zusammenfanden. Der Webschule kommt das Verdienst zu, die Bildweberei wiederentdeckt und europaweit zur Blüte gebracht zu haben. Nicht nur das Kunstgewerbe des Jugendstils, sondern die gesamte Bildweberei seither verdankt „Entscheidendes jener weltabgelegenen Scherrebeker Gründung.“[49]

1 Deutsche Kunst und Dekoration, Bd. I, Oktober 1897-März 1898, S. 51.
2 Zur Biographie Denekens s. Danielsen 1962. Zu Friedrich Deneken siehe auch den Beitrag von Brigitte Tietzel im vorliegenden Katalogbuch.
3 Zu Johannes Jacobsen siehe den Beitrag von H. E. Sørensen im vorliegenden Katalogbuch.
4 Schlee 1984, S. 32 f.
5 Schlee 1984, S. 54.
6 Schlee 1984, S. 29.
7 Illustriertes Verzeichnis von Originalmustern der Schule für Kunstweberei in Scherrebek (Nordschleswig), Tondern 1899, S. 13. Ein Exemplar befindet sich in der Sammlung des Museumsberges Flensburg.
8 Gerda Breuer schreibt: „In der Tat haben fast alle bedeutenden Künstler des Jugendstils für das Krefelder Gewerbe gearbeitet.“ In: Henry van de Velde - Ein europäischer Künstler seiner Zeit, Kat. Hagen/Weimar/Berlin/Gent/Zürich/Nürnberg 1992/1993, S. 207.
9 Redlefsen, Ellen, Hans Christiansen und die Scherrebeker Webschule, in: Kunst in Schleswig-Holstein, 1960, S. 24-34, hier S. 25.
10 Schlee 1984, S. 72.
11 Savigny 1993, S. 102.
12 Schlee 1984, S. 92. Siehe dazu: Schlee, Ernst, „Möwenschwarm“-Bildteppiche des Jugendstils, in: Schleswig-Holstein, 1974, S. 206-208.
13 Max Osborn, Otto Eckmann's kunstgewerbliche Thätigkeit, in: Deutsche Kunst und Dekoration, Bd. VI, April-September 1900, S. 314.
14 Jessen, Peter, Scherrebek, in: Berliner Kunstgewerbeblatt 1897-1898, S. 153-156, hier S. 154.
15 Heydorn, Volker Detlev, Maler in Hamburg, Bd. 1, 1886-1945, Hamburg 1974, S. 36.
16 Schlee, Ernst, Norddeutsche Bildteppiche seit 1900, in: Schleswig-Holstein, 1974, S. 316-318, hier S. 317.
17 „Die Farben sind daher unverwüstlich und werden durch keine Lauge und keine noch so intensive Belichtung zerstört oder auch nur verändert, denn die mit reinen Pflanzenexudaten gefärbte Wolle behält ihre tiefe volle Farbe Jahrhunderte hindurch, wie unsere nachweislich aus dem 17. und 18. Jahrhundert stammenden, an der schleswigschen Westküste gewebten alten Bildwebereien beweisen.“ Prospekt der Webschule von 1901, S. 2.
18 Brinckmann, Justus, Museum für Kunst und Gewerbe Hamburg. Bericht für das Jahr 1897, Hamburg 1898, S. 48.
19 Brinckmann, Maria, Die Geschichte der neuzeitlichen Handweberei in Schleswig-Holstein, in: Schleswig-Holsteinisches Jahrbuch, 19. Jg., 1930/1931, S. 105-122, hier S. 108.
20 Prospekt der Webschule von 1901, S. 3.
21 Schlee 1984, S. 100.
22 Schlee ermittelte aus den Akten der Webschule etwa 90 Namen von Schülerinnen bzw. Arbeiterinnen, die einen

Abschlussschein erworben hatten oder Honorare erhielten. Schlee 1984, S. 101 ff.

23 Zitiert nach: Brinckmann, Maria, Die Geschichte der neuzeitlichen Handweberei in Schleswig-Holstein, in: Schleswig-Holsteinisches Jahrbuch, 19. Jg., 1930/1931, S. 105-122, hier S. 109.

24 Marie Luebke, geb. Craul, heiratete 1878 den Postbeamten Franz Luebke, der das Vermögen der Familie verspielte und sie verließ, um bald darauf eine wohlhabende Frau zu heiraten. Später heiratete er Marie Luebke noch einmal und hinterließ ihr das Haus in Quickborn, in dem sie im Alter lebte.

25 Schlee 1984, S. 56.

26 Schlee 1984, S. 134. Zu Erna Luebke siehe auch den Beitrag von Axel Feuß im vorliegenden Katalogbuch.

27 Prospekt der Webschule von 1901, S. 3.

28 Schlee 1984, S. 108 und 148.

29 Schlee 1984, S. 113.

30 Siehe Fußnote 1.

31 Schlee 1984, S. 317.

32 The Studio, Bd. 16, 1898-1899, S. 137.

33 Deutsche Kunst und Dekoration, Bd. XV, Oktober 1904-März 1905, S. 169-194.

34 Prospekt der Webschule von 1901, S. 2 f.

35 Ernst Zimmermann, Scherrebeker Kunstwebereien, in: Kunst und Handwerk, Bd. 47, 1897-1898, S. 79-85, hier S. 85.

36 Eine Auflistung von Ausstellungen ist bei Schlee 1984, S. 317 f. publiziert.

37 Programm in den Akten des Museumsberges Flensburg.

38 Kieler Zeitung vom 9.12.1898. Mit dem „friesischen Lehnstuhl" ist Heinrich Sauermanns Armlehnstuhl für das sog. Pariser Zimmer gemeint, siehe Kat. S. 115.

39 Schlee 1984, S. 64.

40 Februar 1899 Essen und Magdeburg; Oktober 1899 Lübeck; Dezember 1899 Münster-Langenberg; Januar 1900 Westfalen; 1901 Rundreise nach Mainz, Köln, Bremen, Barmen und Münster; Oktober/November 1901 Rundreise nach Hamburg, Berlin, Dresden, Pirna, Zittau, Annaberg, Zwickau, Plauen, Eibenstadt, Reichenbach, Werdau, Leipzig, Meißen, Jena, Weimar, Eisenach. Schlee 1984, S. 65.

41 Schlee 1984, S. 65.

42 Schlee 1984, S. 120.

43 Ebd.

44 Siehe z. B. Schlee 1984, S. 131 und 133 und Peters, H., Die Kunstwebeschule in Scherrebek, in: Berliner Kunstgewerbeblatt, Bd. XIV, 1903, S. 225-227.

45 Schlee 1984, S. 130.

46 Kat. Alte und neue Bildwirkereien in Schleswig-Holstein, Flensburg 1955.

47 Schlee 1984, S. 119 und 220 ff.

48 Schlee 1984, S. 140.

49 Redlefsen, Ellen, Alte und neue Bildwirkereien in Schleswig-Holstein, in: Schleswig-Holstein, 1955, S. 219-221, hier S. 220.

Brigitte Tietzel

„Hauch der heimischen Erde“ -

Die Rolle Friedrich Denekens für die Kunstwebschule in Scherrebek

Die Fakten sind bekannt. Den grundlegenden Arbeiten von Gabriele Howaldt[1], Ernst Schlee[2], und Gerda Breuer[3] kann hier wenig hinzugefügt werden. Trotzdem mag es von Interesse sein, die unterschiedlichen und teilweise widersprüchlichen Beweggründe noch einmal zusammenzufassen, die Friedrich Deneken in Zusammenhang mit der Kunstwebschule in Scherrebek motivierten und die seine Rolle zu einer im Grunde verwirrenden machen.

1895 hielt Justus Brinckmann, der damalige Direktor der Museums für Kunst und Gewerbe in Hamburg einen Vortrag über die alten skandinavischen und auch die ehemaligen schleswig-holsteinischen Webarbeiten und verlieh dabei seinem Wunsch Ausdruck, es möge auch in Deutschland die Möglichkeit bestehen oder geschaffen werden, solche alte Volkskunst wiederzubeleben.[4] Vorausgegangen war wenige Jahre zuvor, 1891, die Gründung der norwegischen Hausfleißbewegung, in der man genau das versuchte: in besonderen Kursen die Technik zu unterrichten und mit Hilfe alter norwegischer Muster und besonderer Themen zur norwegischen Sagenwelt alte Traditionen wieder aufleben zu lassen. In den Folgejahren hat es dort bekanntermaßen mit Gerhard Munthe und Frida Hansen zwei Künstlerpersönlichkeiten gegeben, die auf sehr unterschiedliche Weise diese Bewegung gefördert und letztlich zu einem großen Erfolg geführt haben.

Der norwegische Kunsthistoriker Jens Thiis, seit 1895 Leiter des Kunstindustrimuseums in Trondheim, der Brinckmanns Vortrag hörte, bot begeistert seine Mithilfe bei einer möglichen Lösung für dessen Vorschlag an. Der Dritte im Hamburger Bunde war Friedrich Deneken, seit 1894 als Assistent Brinckmanns in Hamburg tätig, später, 1897, zum Direktor des neu gegründeten Kaiser Wilhelm Museums in Krefeld berufen.

Man kann sich vorstellen, wie die Idee der Wiederbelebung einer alten, im Schwinden begriffenen, oder vielmehr: bereits verschwundenen Volkskunst die Männer an jenem Nachmittag inspirierte und wie aus der Übereinstimmung, die sie empfanden in einer für wichtig und wesentlich erachteten Einsicht, ihr Handeln erwuchs, das wenig später zur Gründung der Kunstwebschule in Scherrebek führen sollte.

Es war ja die Zeit eines großen gesellschaftlichen Umbruchs, in dem industrielle Erneuerungen zu wirtschaftlichen Unsicherheiten führten und in der sowohl Handwerker als auch Künstler ihre Maßstäbe zu verlieren drohten. William Morris in England hatte einerseits die Zeichen der Zeit erkannt, indem er bewusst gute Entwürfe für die Industrie lieferte - dies führte vor allem für seine Möbel und Textilien zu einer qualitätvollen Produktion, die auch für den einfachen Mann erschwinglich war -, und andererseits wandte er sich in bewusst anachronistischer Weise mittelalterlichen Handwerkskünsten zu, wie in seiner Kelmscott Press, deren Produkte geradezu abenteuerlich hohe Preise erzielten. Nicht umsonst nannte man Morris „Das irdische Paradox“.[5]

Allenthalben mussten Handwerker erleben, dass Maschinen ihnen ihre Arbeit wegnahmen. Ganze Berufszweige veränderten sich bis zum tatsächlichen Verlust handwerklicher Kenntnisse.[6] Es zeugt von einem verständlichen Idealismus, wenn die genannten Männer in Hamburg, Brinckmann, Deneken und Thiis, damals an einen Weg glaubten, oder glauben wollten, wie sie in der abgelegenen Region Schleswig-Holstein durch die Wiederbelebung solcher Kenntnisse den dort ansässigen Menschen eine neue Verdienstmöglichkeit schaffen könnten. In diesem besonderen Fall ging es außerdem um die Arbeit und Verdienstmöglichkeit von Frauen. Und es ging, dies wird vor allem in der vierten Person deutlich, die für die Gründung der Webschule in Scherrebek eine Rolle spielte, Pastor Jacobsen, um die Förderung und Stützung einer deutschen Kunst, die das deutsche Nationalgefühl stärken sollte. Scherrebek liegt heute in

Dänemark und war damals eine deutsche Enklave in einem von einer dänisch sprechenden Mehrheit bewohnten Gebiet. Hier gegenzuhalten, war die Bestrebung des darin auch recht erfolgreichen Pastors seit 1884.[7]

Auch Friedrich Deneken war sehr deutsch-national gesinnt, was zur damaligen Zeit noch nicht den unguten Beigeschmack einer späteren Epoche hatte, uns heutige jedoch in Kenntnis der Entwicklung eher zurückhaltend stimmt.[8] Deneken gehörte den „Agrariern" an, einer politischen Partei, die sich die Volkstumspflege und Heimatideologie zur Erhaltung der nationalen Identität zum Ziel gesetzt hatte.[9]

Nun ist dies alles in mehrfacher Hinsicht verwirrend und widersprüchlich. Es hatte zwar im Nordwesten von Schleswig-Holstein in früheren Zeiten tatsächlich eine einigermaßen erfolgreiche Spitzenklöppelei gegeben, und Deneken hatte mit Jacobsen schon bevor Brinckmann seinen Vortrag hielt darüber nachgedacht, wie diese alte Hausindustrie wiederzubeleben sei. Die sehr komplizierte Klöppelarbeit eignete sich allerdings nicht gerade für eine Wiederaufnahme auf breiter Basis in eher bäuerlichem Umfeld, wenn man sozusagen bei Null anfangen musste. Außerdem war den Initiatoren sehr wohl bewusst, dass man mit der belgischen Konkurrenz der Spitzenklöppelei zu rechnen hatte, die in ununterbrochener Tradition fortbestand und die man praktisch nicht einholen konnte.[10]
Webereien sind aus dem Norden Deutschlands allerdings eher in Form von Beiderwandgeweben bekannt, die auf einem viel komplizierteren Webstuhl hergestellt wurden als die ziemlich einfachen Bildwirkereien, um die es in Scherrebek gehen sollte. Man kann nicht gänzlich ausschließen, dass es daneben auch einfache gewirkte Arbeiten in Schleswig-Holstein gegeben hat, und Howaldt schreibt, es sei nicht unwahrscheinlich, dass diese dann „ähnliche geometrische Formen" gehabt haben mögen, aber sie fährt bezeichnenderweise für den uns hier interessierenden Zusammenhang fort: „so weist doch nichts darauf hin, daß irgendwelche Denkmäler dieser Art als Vorbild [für die Scherrebeker Teppiche, B.T.] gedient haben."[11]

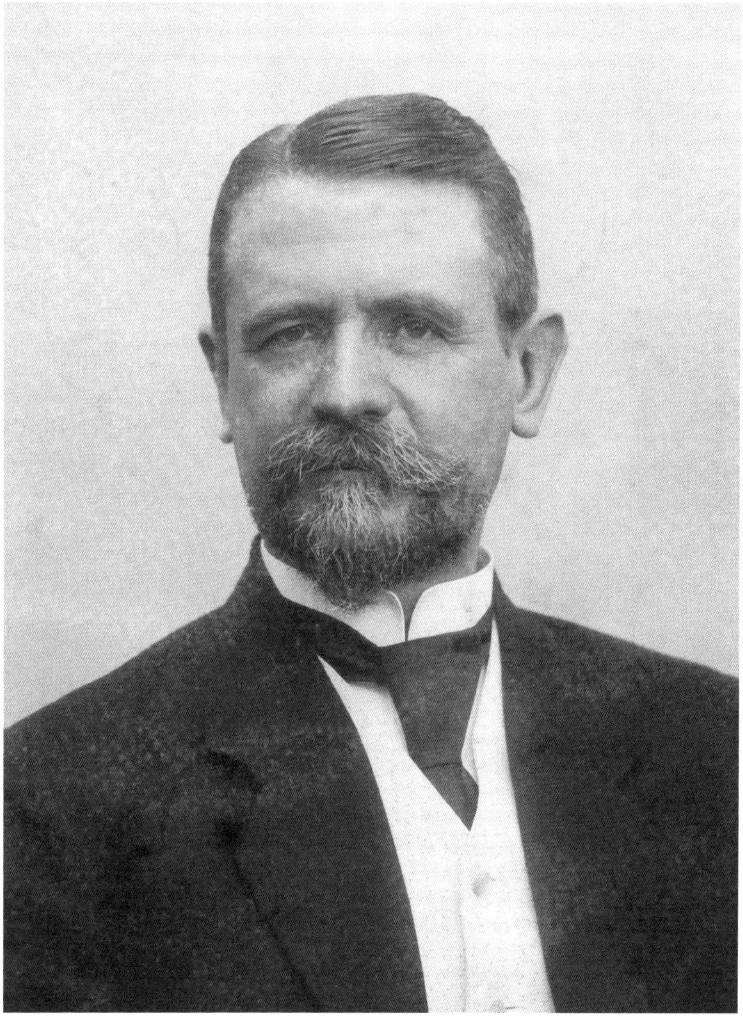
Friedrich Deneken

In der Tat gibt es nirgendwo erhaltene frühe schleswig-holsteinische Bildwirkereien. Als Prof. Seelig, der 1899 zusammen mit seiner Frau Henriette eine eigene private Webschule in Kiel, im Grunde als Konkurrenz zu Scherrebek, eröffnete, im Jahr darauf einen Aufruf in der Zeitschrift „Die Heimat" veröffentlichte, um zu erfahren, wo noch im Hause gesponnen und gewebt würde, erhielt er keine einzige Antwort.[12] Es steht zu vermuten, dass es tatsächlich in dieser Region in dieser Hinsicht sehr wenig wiederzubeleben gab. Vielmehr sind es die norwegischen Vorbilder, die nachzuahmen man sich in Scherrebek anschickte. Die erste Weblehrerin, Katrina Dons,

Thiis Schwägerin, kam ebenso aus Christiania (Oslo), wie der erste Webstuhl in Scherrebek oder auch die Wolle, die man zunächst von dort bezog.

So beruht die Förderung einer „nationalen Bildweberei" zunächst auf einer entschiedenen Anlehnung an die nationale Kunst anderer Länder, vor allem Norwegens. Man bezog aber auch die schwedische Hausfleißbewegung mit ein. So reisten Pfarrer Jacobsen und Marie Luebke, die als Lehrerin nach Scherrebek gekommen und nach dem Weggang von Maria Brinckmann künstlerische Leiterin der Schule wurde, bereits 1896 durch Schweden und Norwegen, um sich zu informieren. Zusammenfassend waren es also die skandinavischen oder „nordischen" Künste, die als Vorbild für Scherrebek herangezogen wurden.

Es entbehrt nicht einer gewissen Ironie, dass Frida Hansen Thiis Bitte zu Beginn des Jahres 1896, sie möge die Leitung der Scherrebeker Schule übernehmen, abschlug mit der Bemerkung, sie halte es für „verrückt", „daß das Ausland an ‚unserer nationalen Weberei' Anteil haben sollte".[13] Frida Hansen hatte in Oslo bereits 1892 eine Webschule gegründet und engagierte sich in einer weiteren Firma, der Norwegischen Wandbehang- und Bildteppichweberei, die von 1897 bis 1904 existierte.[14]

War also bereits das von Deneken und Jacobsen dezidiert angestrebte Ziel einer „Wiederbelebung der nationalen Kunsthandweberei"[15] oder „Wiederbelebung der Handweberei als nationale Aufgabe",[16] mehr als fraglich, so erwies sich auch die Vorstellung, es könne der armen schleswig-holsteinischen Bevölkerung hiermit eine neue Erwerbsmöglichkeit gegeben werden, von Anfang an als Selbsttäuschung.

Maria Brinckmann, älteste Tochter des Hamburger Museumsdirektors, die als erste Leiterin der Scherrebeker Webschule eingesetzt wurde, diese jedoch wohl wegen persönlicher Schwierigkeiten mit der Person des Pfarrers Jacobsen bereits im April 1896 wieder verließ,[17] schrieb 1930 in ihren Erinnerungen,[18] dass bereits „am zweiten und dritten Tag...zwei Damen aus Danzig und Gnesen als Schülerinnen ein(trafen)." So sollte es bleiben. Damen, zumeist der oberen Gesellschaftsschicht aus ganz Deutschland, aus Österreich, Holland, selbst aus Rußland[19] lernten in Scherrebek die Kunst der Bildweberei, nicht die Bäuerinnen der Umgebung. Übrigens lernten die Damen durchaus mit unterschiedlichem Erfolg. Die fertigen Teppiche gehörten laut den Verträgen, die man mit den Schülerinnen abgeschlossen hatte und die nicht unwesentlich zum Untergang der Schule beigetragen haben dürften, der Webschule. Diese ihrerseits verpflichtete sich, die Schülerinnen mit Material und Entwürfen zu versorgen. Nicht selten waren die Endprodukte von unbefriedigender Qualität. So ist etwa überliefert, dass der Direktor des Thaulow-Museums in Kiel einen fehlerhaften „Möwenschwarm"-Teppich nach dem Entwurf von Otto Eckmann für 50 Mark privat erwerben konnte, da er viel zu locker gewebt und deswegen im Grunde unverkäuflich war.[20]

Deneken und Jacobsen hatten mit dem Entwurf eines „Gobelin-Webrahmens für Dilettanten" versucht, die Herstellung kleinerer Bildwirkereien durch Frauen im häuslichen Bereich zu fördern. Sie mögen gehofft haben, hiermit den unmittelbar in und um Scherrebek lebenden Personen eine Hilfestellung zu geben.[21] Andererseits weist Schlee sehr zu Recht darauf hin, dass die Wahl des Materials für den 1898 patentierten Webrahmen, den man in Krefeld aus Mahagoni-Holz anfertigen ließ, nicht auf ein bäuerliches Klientel, sondern auf „Damen der Gesellschaft" zielte.

So sehr Deneken in Scherrebek auch immer daran gelegen sein mochte, eine alte Volkskunst wiederzubeleben - die dort entweder gar nicht existiert hatte oder wenn, von sehr untergeordneter künstlerischer Bedeutung gewesen war -, wie sehr wünschenswert es erscheinen mochte, den Frauen der Umgebung[22] oder interessierten Damen irgendwo in Deutschland eine Verdienstmöglichkeit zu geben, die Gefahr des Scheiterns wegen mangelnder Qualität der Entwürfe und ihrer Ausführung schwebte über dem Ganzen und war Deneken sehr wohl bewusst.

Ein anonymer Berichterstatter hatte die Gefahr von Dilettantenarbeit in einem Artikel über die „Norwegische Webkunst", 1901, in der Zeitschrift Dekorative Kunst[23] mit einem Zitat von Hermann Muthesius auf den Punkt gebracht. Dieser schrieb über die Dilettantismus-Bewegung in England: „Das Ergebnis ist, wenn nicht allzu große Vorsicht waltet, nur zu häufig der schleunige Untergang des alten Volkskunstgeistes gewesen, der sich in dieser Bauernkunst aussprach und uns gerade in seiner Ursprünglichkeit so sehr entzückt hat."

Gerhard Munthe hatte solche Schwierigkeiten bereits in den frühen 1890er Jahren gesehen. Schon

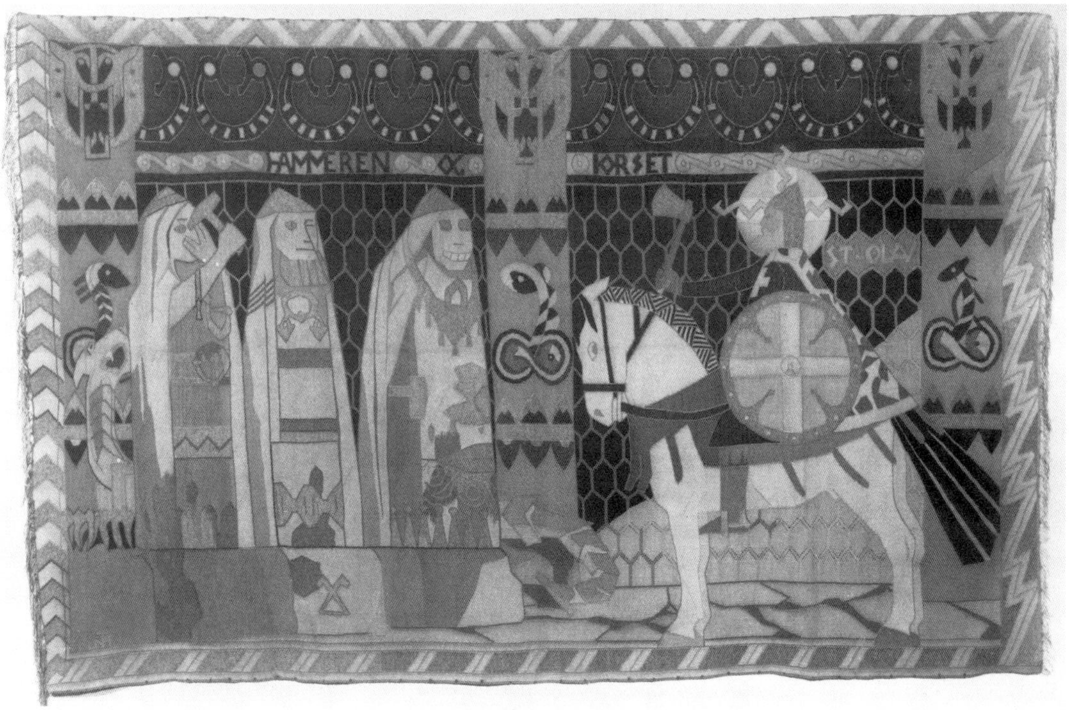

Gerhard Munthe, „Hammer und Kreuz", Wandbehang, 1899, Deutsches Textilmuseum Krefeld

1894 ließ er seine Aquarelle nicht mehr weben, da seine Frau die Ausarbeitung nicht mehr übernahm.[24] Von ihm stammt der bezeichnende Satz: „Ich möchte nicht von Damen gewebt werden." „Seiner Meinung nach", so berichtet Jan-Lauritz Opstad[25], „hatten diese Damen einen Ladengeschmack, und es fehlte ihnen an Urteilskraft." Munthe ließ seine Entwürfe außer von seiner Frau Sigrun nurmehr von Kristina Johannesen in Bergen und von Augusta Christensen ausführen,[26] die später in der von Thiis 1898 in Trondheim gegründeten Webschule arbeiteten.

Es war außerdem klar, dass wirklich bäuerliche Kunst nicht als Vorbild für das Scherrebeker Vorhaben dienen konnte und dass selbst die norwegischen Anregungen schnellstens überwunden werden mussten, wenn die Webschule „zu eigener künstlerischer Bedeutung gelangen wollte".[27]

Deneken war einer der ersten, dem das bewusst wurde und derjenige, der zur Hebung der künstlerischen Ansprüche darauf drängte, wirklich große Namen als Entwerfer zu gewinnen. Er war es, der Otto Eckmann bewegen konnte, sich für Scherrebek zu engagieren, der Alfred Mohrbutter ansprach, Walter Leistikow, Otto Ubbelohde, Hans Christiansen und viele andere.

In Krefeld, wo Deneken die von Brinckmann und Alfred Lichtwark propagierte Idee der Dilettantismusbewegung verschiedentlich auf die dort heimischen Industriezweige anzuwenden versuchte, stellten sich ihm vergleichbare Probleme. Die Gründung einer keramischen Werkstatt in Krefeld in Anlehnung an eine dort (im Stadtteil Hüls) ehemals heimische niederrheinische Bauerntöpferei scheiterte aus ähnlichen Gründen: Es gab keine heimische Töpferei von nennenswertem Niveau, die man hätte wiederbeleben können, und als 1913 Paul Dressler auf Betreiben Denekens die Töpferei Grotenburg gründete, lag ihm nichts ferner als bäuerliche Irdenware herzustellen. Der künstlerische Anspruch zeigte sich in der Orientierung Dresslers an der japanischen oder der persischen Keramik. Dies hatte mit dem Niederrhein nicht das geringste zu tun. Deneken hat die mangelnde künstlerische Qualität der alten „Tonbacker" wie sie um Krefeld herum arbeiteten, übrigens selber angesprochen: „Ihre Darstellungen verraten ungeschulte Hände und lassen oft erkennen, daß eilig und flüchtig gearbeitet wurde."[28] Der Widerspruch ist nicht aufzulösen.

Deneken schätzte Munthe sehr. Der heute im Deutschen Textilmuseum befindliche Teppich „Hammer und Kreuz“ (Abb.) wurde in Denekens Nordischer Kunstausstellung von 1902 im Kaiser Wilhelm Museum in Krefeld ausgestellt und ist damals offensichtlich angekauft worden, da er bereits 1903 von dort der Königlichen Gewebesammlung (heute Deutsches Textilmuseum) übergeben wurde.

Munthe wollte den volkstümlichen Charakter seiner Teppiche nicht verhehlen. Im Gegenteil, er bevorzugte grobe Wolle, die eine einfache und bäuerliche Anmutung seiner Arbeiten unterstreichen sollte.[29] Außerdem glaubte er daran, dass Farbwerte grundsätzlich Ausdruck einer bestimmten nationalen, das heißt in seinem Fall norwegischen Tradition sei. Er war überzeugt davon, dass es einen norwegischen „Farbinstinkt“ gäbe, und zu der Skala der von ihm als norwegisch erachteten Farben gehörten Krebsrot, ein rötliches Lila, ein bestimmter Blauton, ein bläuliches Grün und ein kräftiges Maisgelb, dazu Grauschwarz und Grauweiß.[30]

Dabei war es Munthe grundsätzlich gleichgültig, ob Farben mit natürlichen oder chemischen Farbstoffen erreicht wurden. Für Deneken, der im übrigen Munthes Ansichten über die Aussagekraft von Farben teilte, war das Echtfärben mit Pflanzenfarben dagegen von immenser Wichtigkeit, hing daran doch die Qualitätsverbesserung die er für das Kunstgewerbe allgemein anstrebte. 1902 warb er in seiner Ausstellung „Farbenschau“ im Krefelder Kaiser Wilhelm Museum dafür, und auch Jahre nachher engagierte er sich mit Hermann Muthesius als Verbündetem für dieses Ziel. Das Färben mit Anilinfarben lehnte er dagegen kategorisch ab.

In der Scherrebeker Färberei, die man dort neben einer Spinnerei 1897 eingerichtet hatte, wurde ebenfalls mit Pflanzenfarben gefärbt. Für Deneken war dies eine „produktmoralische Forderung“[31]. Die Farben der Textilien, so drückte es ein Berichterstatter der Hamburger Nachrichten über eine Ausstellung der Webteppiche dort im Dezember 1896 aus, vermittelten den „Hauch der heimischen Erde“[32]. Es war genau dieses Warme, Wahre, Natürliche, das Deneken forderte. Man richtete sich in Scherrebek nach der sogenannten „norwegischen Farbenkordel“ des Hausfleißvereins von Christiania, das heißt einer Skala von 72 naturgefärbten Textilfarben. Deneken versuchte solche Farbskala auch in Deutschland einzuführen und konnte 1910 schließlich die Farbenfabrik Bayer in Elberfeld gewinnen, eine entsprechende „Deutsche Farbenkordel“ zu produzieren.[33]

Als Marie Luebke, die nach dem Konkurs der Scherrebeker Webschule 1903 eine Zeitlang, von 1905-1919,[34] im eigenen Atelier weitergearbeitet hatte, sich 1908 händeringend an Deneken in Krefeld wegen Unterstützung und möglicher Aufträge wandte, wurde sie zunächst mit einigem Bedauern abgewiesen. Kurze Zeit später schrieb Denken ihr entsetzt über einen Teppich, den sie für Herrn Lichtenberg gewebt habe, und bemängelte die „schlechten Farben des Wollgarns, das Sie benutzt haben. Besonders die blauen und die violetten Farben sind hässlich und das Blau ist sicher mit Anilin gefärbt“. Auf eine Rechtfertigung seitens Marie Luebkes antwortet er frostig: Wenn sie die norwegischen Naturfarben neben die harten scheußlichen hielte, mit denen sie färben lässt, müsse sie den Unterschied sehen. Danach brach der Kontakt ab.[35]

Denekens Bemühungen zur Verbesserung des Kunsthandwerks in Krefeld scheiterten nicht zuletzt deswegen, weil er nicht begreifen wollte, dass die Industrie nicht unabhängig von finanziellen Überlegungen handeln wollte und konnte, und letztlich auch am mangelnden Interesse der Verbraucher. Nach der „Farbenschau“ von 1902, auf der Munthe noch einmal die „völkerspezifische Ausdruckskraft der Farben und den ausgesprochen „männlichen“ Farbsinn der Norweger betont hatte,[36] gründete man in Krefeld eine Echtfärberei, die man der bereits bestehenden Färberei in der Preußischen Höheren Fachschule für Textil-Industrie angliedern wollte. Für die Echtfärberei, so war es geplant, sollten ökonomische Überlegungen keine Rolle spielen müssen. 1914, auf der Kölner Werkbund-Ausstellung, überwarf sich Deneken mit Muthesius, vielleicht weil letzterer sich den Erfordernissen einer Wirtschaftlichkeit nicht widersetzen wollte, während Deneken immer noch glaubte, Qualität müsse sich um jeden Preis gegen alle widrigen Umstände durchzusetzen versuchen. „'Wirtschaftlichkeit' und ‚Industrie' sind hübsche Worte, haben aber oft verzweifelt wenig mit wirklicher Kultur zu tun“, so äußerte sich Deneken 1914. Und van de Velde gegenüber hatte er sich schon früher beklagt, dass den Fabrikanten an künstlerischen Entwürfen nicht gelegen sei, da sie viel Geld mit solchen aus Paris, Lyon und Krefeld verdienten, „die alle künstlerisch eher wertlos seien“. Aus einem Vortrag, den Deneken 1897 vor Industriellen und Kunstfreunden im Kaiser Wilhelm Museum hielt, ging hervor, dass er die Schwierigkeiten bei der Umsetzung von am Handwerk orientierten Entwürfen für die tatsächliche Produktion nicht verstand.[37]

Auch der sehr verdienstvolle, aber ebenfalls mit eher geringem Erfolg beschiedene Versuch, Künstler als Entwerfer für die Krefelder Seidenindustrie zu gewinnen, scheiterte aus ähnlichen Gründen.[38] Firmen wie Deuss & Oetker und C. Lange in Krefeld haben Künstlerseiden nach Entwürfen von Henry van de Velde, Georges de Feure, August Endell, Peter Behrens und Richard Riemerschmid angefertigt. Berlepsch-Valendas, Peter Behrens, Josef Maria Olbrich und Bernhard Pankok lieferten Entwürfe für Möbelbezüge. Die Firma C. Lange hatte 1901 Entwürfe von Peter Behrens abgelehnt, „da dieselben zu viele Einzelheiten in den Linien haben und daher im Weben undeutlich hervortreten würden".[39] Große Namen waren kein Garant für Erfolg - und nicht einmal für Qualität.

War das in Scherrebek anders? Die Qualität der erhaltenen Entwürfe, auch verschiedener Entwürfe von denselben Künstlern, ist unterschiedlich, das braucht hier nicht näher erläutert zu werden. Manche Künstler mögen sich schließlich von ihren Arbeiten distanziert haben.

In dem erwähnten Brief Denekens an Marie Luebke vom 14. Oktober 1908, als Scherrebek fast schon vergessen war, antwortete er auf ihr Ansinnen, neue Aufträge zu erhalten, mit dem bezeichnenden Satz: „Herr Thorn-Prikker mag seinen Entwurf mit dem Mädchen in Eselshaut nicht mehr leiden und wünscht weder, daß er ausgeführt wird, noch daß unser Museum ihn als Kunsterzeugnis ankauft."

Grundsätzlich war Denekens Idee, zeitgenössische Künstler für das junge Unternehmen zu gewinnen, sicher richtig. Auch reagierte die Presse und die Kunstwelt im Großen und Ganzen positiv und aufmunternd. 1959 schrieb Martin Urban in der ersten kleinen Monographie über die Webschule in Scherrebek,[40] ihre Gründung sei zu einer glücklichen Stunde erfolgt. „Mit Scherrebek wurde die ‚Renaissance' des Bildteppichs eingeleitet. Eine ganze Generation junger Künstler sagte begeistert ‚ja'." Und auch viele Museumsdirektoren und Kunstkenner: Julius von Lessing und Peter Jessen in Berlin, Otto von Falke in Wien, Siegfried Bing in Paris, Gustav Pazaurek in Böhmen „wurden sogleich für die Sache Scherrebeks gewonnen".[41]

Aber es gab doch auch frühe Gegenstimmen. Der bedeutende Kunstkritiker Julius Meier-Graefe urteilte über die Ausstellung Scherrebeker Produkte auf der Pariser Weltausstellung von 1900[42] „Ein matter Abglanz dieser Kunst [der norwegischen, B.T.] ist in Deutschland die Schule für Kunstweberei in Scherrebek, die... abgesehen von technischen Unvollkommenheiten, namentlich an dem Mangel eines Munthe leidet." Trotz Eckmann, trotz Mohrbutter, Ubbelohde und Christiansen? Das ist bitter. Noch deutlicher war bereits 1898 ein G.W. Stuckart in der „Deutschen Teppich- und Möbelstoff-Zeitung" vom 10.01.1898 geworden[43], der im Vergleich mit den wundervollen flandrischen, französischen oder italienischen Wandbehängen früherer Jahrhunderte urteilte, dazu verhielten sich die Scherrebeker Webereien „wie die Götzenbilder der wilden Völker zu den Werken eines Bildhauers der Renaissance."

Stuckart bezeichnet die Scherrebeker Produktion als „moderne Kunstperversität" und „nicht nur naiv, sondern ‚unsinnig'". Namen wie Otto Eckmann beeindruckten ihn nicht. In Berlin sei ein Teppich von diesem ausgestellt gewesen „Spinat mit Ei oder Frühling mit Mädchen". Wie das Lächeln eines Schwachsinnigen abschreckend wirke und Bedauern auslöse, „ebenso wirkt die Mehrzahl der Scherrebeker Wandteppiche nach den Entwürfen der genialen Hände [gemeint sind Eckmann und andere, B.T.] Bedauern erregend. Thatsächlich bedeuten sie eine von Scherrebek ausgehende Schädigung der deutschen Kunst."

Das sind starke Worte, aber Stuckart war nicht der einzige, der die Bildwirkereien läppisch und sogar schädlich fand. Anlässlich der Ausstellung in der Königlichen Webschule wenig früher in Krefeld, hatte bereits ein Krefelder Kritiker, den Stuckart zitiert, in der Niederrheinischen Volkszeitung geschrieben: „Diese Entwürfe bedeuten eine Bankerotterklärung der Kunst."[44]

Und Deneken? Anfänglich stellte er die Scherrebeker Erzeugnisse immer wieder in Krefeld aus. Schon bald scheint sein Engagement an dem Unternehmen jedoch zurückgegangen zu sein, verständlicherweise, denn die Krefelder Aufgabe als Direktor des neuen Museums nahm ihn natürlich mehr und mehr gefangen.

Das Deutsche Textilmuseum besitzt heute zwei schöne Munthe-Teppiche, deren Ankauf auf Deneken zurückgeht. Aus Scherrebek hat er keinen einzigen Entwurf für Krefeld erworben.

1 Gabriele Howaldt: Bildteppiche der Stilbewegung. Schriften der Hessischen Museen 4, Kunst in Hessen und am Mittelrhein, Darmstadt 1964, S. 71 ff.

2 Ernst Schlee: Scherrebeker Bildteppiche, Neumünster 1984.

3 Gerda Breuer: „Geschmacksveredelung am Ort - Auswirkungen einer restaurativen Kulturutopie. Friedrich Denekens Programm der Gewerbeförderung durch das Kaiser Wilhelm Museum Krefeld", dieselbe: „Deneken und die Krefelder Textilindustrie", dieselbe: „Revitalisierung von Volkskunst", alle in: Der westdeutsche Impuls 1900-1914, Kaiser Wilhelm Museum Krefeld, Essen 1984, S. 23 ff., S. 89 ff. und S. 132 ff.

4 Howaldt 1964, S. 97; Schlee 1984, S. 30.

5 In Anlehnung an sein großes Gedichtswerk: „Das irdische Paradies".

6 Auch in der Textilindustrie und vor allem in den 90er Jahren des 19. Jahrhunderts in Krefeld führte dies zu dramatischen Veränderungen.

7 Schlee 1984, S. 14. Zu Pastor Johannes Jacobsen siehe den Aufsatz von H. E. Sørensen im vorliegenden Katalog.

8 Vor allem die Art und Weise, wie sich sein Unmut gegen die „französischen Kindereien" richtete (Breuer 1984, S. 28), klingt uns heute stark in den Ohren, insbesondere, wenn er sich über die Fremdartigkeit in der Mode ausließ: „Ist nicht die Französelei in unserer Frauenkleidung ein beschämendes Zeugnis geistiger Armut?" (ibid., S. 39).

9 Ibid., S. 27 f.

10 Ibid., S. 25 zitiert Brief von Deneken an die Gesellschaft für Kunstarbeit in Schleswig Holstein vom 15. Feb. 1896, in dem er diese Überlegungen mitteilte.

11 Howaldt 1964, S. 99.

12 Martin Urban: Bildteppiche der Webschule in Scherrebek 1896 - 1902, Ausstellung, Schleswig-Holsteinisches Landesmuseum Schleswig, Schloß Gottorf, 1959, o. Seitenangaben.

13 Schlee 1984, S. 31.

14 Ibid., und: Norwegische Bildweberei und Email von der Jahrhundertwende bis zur Gegenwart, Münster 1982, S. 11.

15 So Pastor Jacobsen auf der Gründungsfeier der Webschule am 18.02.1896 laut Pressebericht, zitiert nach Schlee 1984, S. 10.

16 Urban 1959, o. S.

17 Schlee 1984, S. 53.

18 Zitiert nach Alen Müller-Hellwig: „Die Erneuerung der deutschen Bildweberei" in: Der Wagen, 1984, S. 182 f.

19 Ibid., S. 183.

20 Schlee, 1984, S. 129.

21 Ibid., S. 22.

22 Nach Schlee 1984, S. 39 schrieb Deneken noch 1916, Scherrebek sei in der Absicht gegründet worden, bei der bäuerlichen Bevölkerung die Bildweberei einzuführen.

23 Dekorative Kunst, Bd. VII, 1901, S. 30 ff.

24 Gert Reisig, „Bildteppiche", in: Ein Dokument Deutscher Kunst. Darmstadt 1901-1976, Darmstadt 1976, Bd. 2, S. 65 ff.

25 Jan-Lauritz Opstad: Gerhard Munthe 1849-1929. Bildteppiche, Villa Stuck, München 1989, S. 16.

26 Kat. Münster 1982, S. 12.

27 Howaldt 1964, S. 98.

28 Zitiert nach Breuer 1984, S. 134.

29 Opstad 1989, S. 20.

30 Nach Opstad, ibid.

31 Breuer 1984, S. 36.

32 Zitiert nach Breuer ibid., S. 27, siehe dort auch S. 36.

33 Ibid., S. 37. Diese Farbenkordel galt für das Material Wolle. Später sollten eine für Seide und Baumwolle hinzukommen.

34 Sie kaufte die Scherrebeker Entwürfe, um sie weiter verarbeiten zu können. Urban 1959, o. S.

35 Briefwechsel im Kaiser Wilhelm Museum Krefeld, Akte 47, Briefe vom 14. Oktober 1908, vom 19.04. und 23.04 1909.

36 Breuer 1984, S. 133.

37 Das Vorhergehende nach ibid., S.91.

38 Ibid., S. 89 ff.

39 Ibid., S. 93.

40 Vgl. Anm. 12.

41 Schlee 1984, S. 57.

42 Nach ibid., S. 86.

43 Zitiert nach einem „Deutsche Gobelins" betitelten Artikel in der Niederrheinischen Volkszeitung, Nr. 80, vom 14.02.1898, Abendausgabe, vorhanden im Kaiser Wilhelm Museum Krefeld, Akte 47, Scherrebek.

44 Bei solchen negativen Äußerungen ist natürlich in Betracht zu ziehen, dass eine allgemeine Ablehnung von zeitgenössischer Kunst, wie wir sie ja auch aus unserer Zeit kennen, eine Rolle gespielt haben mag.

Pastor Johannes Jacobsen

Die Gründung der Webschule in Scherrebek erfolgte vor dem Hintergrund der nationalen Gegensätze zwischen Deutschland und Dänemark im 19. Jahrhundert. Nach dem Krieg von 1864 zwischen Deutschland und Dänemark wurde der dänische Gesamtstaat, der bis nach Altona reichte, zerschlagen. Die ehemaligen Herzogtümer Schleswig und Holstein wurden als neue Provinz zunächst in das Königtum Preußen und 1871 in das deutsche Kaiserreich einverleibt. Der dänische gesinnte Bevölkerungsanteil, der in Nordschleswig besonders hoch war, hat gegen diese Annektion aufbegehrt. Bei den Reichstagswahlen 1871 optierten in Scherrebek, einen Ort mit rund 1500 Einwohnern, 212 Stimmen für Dänemark und nur 13 für Deutschland. Nach einer Volksabstimmung, die auf Anordnung der Alliierten auf Grund des Versailler Vertrages 1920 in Nordschleswig und in Flensburg durchgeführt werden musste, kam es zu einer Korrektur des Grenzverlaufs. Nordschleswig und damit auch Scherrebek musste an Dänemark zurückgegeben werden.

Der dänisch gesinnten Bevölkerung war Preußen anfänglich besonnen begegnet, doch unter dem Oberpräsidenten Ernst Mathias von Köller hatte eine rigorose Politik der „Eindeutschung" begonnen. In Scherrebek und Umgebung wurde diese Politik der Germanisierung von Johannes Jacobsen getragen, der von 1884-1904 Gemeindepastor in Scherrebek war.

Christian Johannes Jacobsen wurde am 1. Mai 1854 in Hadersleben geboren, wo sein Vater Lehrer an der Lateinschule war.[1] Während Jacobsens Kindheit und Jugend wurde zu Hause wahrscheinlich Dänisch gesprochen, mit etwa sieben Jahren hatte er einen dänischen Hauslehrer. Er war also von klein auf mit dänischer Sprache und Kultur vertraut, aber nachdem er 1865 als 11-jähriger an der überwiegend schleswig-holsteinisch orientierten Lateinschule in Hadersleben aufgenommen worden war, eignete er sich eine deutsche Haltung an und wurde von den schleswig-holsteinischen Idealen beeinflusst. Es war eine Mischung aus Freiheitsdrang, Lokalpatriotismus und Dänenfeindlichkeit. 1876 kam er auf das Gymnasium in Eutin. Im folgenden Jahr immatrikulierte er sich in der theologischen Fakultät der Universität Kiel, später studierte er auch in Leipzig, Berlin und Bonn. 1882 legte er in Kiel sein Examen ab und wirkte zunächst als Hilfspastor bei seinem Vater in der Gemeinde Starup unweit von Hadersleben. Ungefähr zur gleichen Zeit heiratete er Helene Julie Emma Valentiner, die aus einem alten schleswigschen Pastorengeschlecht stammte.

In seiner Studienzeit war Jacobsen Mitglied im Verein Deutscher Studenten, der politische Anschauungen vermittelte, die am besten mit den Worten antiliberal, antisozialistisch, antisemitisch und pangermanisch umschrieben werden können. Dieser Verein hatte sich 1881 zum Kyffhäuser-Verband zusammengeschlossen, der seine Versammlungen auf dem Kyffhäuser in Sachsen abhielt, jenem Berg, in dem der Sage nach Friedrich Barbarossa schläft und auf das Wiedererwachen Deutschlands wartet. Jacobsen hatte Reden über „die Wichtigkeit der germanischen Rasse" und über die wachsende Sehnsucht „in der Tiefe der Volksseele nach einem zukünftigen großen pangermanischen Weltreich" gehalten und 1881 auf dem Kyffhäuser über „deutsche Treue" gesprochen.

Pastor in Scherrebek

Als 1884 ein neuer Pastor in Scherrebek gesucht wurde, bewarb sich Jacobsen um dieses Amt und wurde als einer der ersten drei Bewerber genommen. Eine Anekdote berichtet, dass er, als sich eine Deputation der Kirchenältesten in Starup einfand, um den Bewerber zu „begutachten", seine Ehefrau dänische Melodien auf dem Klavier vorspielen ließ. Mit Eifer begann Jacobsen seine Arbeit in Scherrebek. Er war ein beliebter Prediger, der tadellos Dänisch sprach.

Er konnte „reden, dass die Tränen flossen". Einer seiner Konfirmanden, erinnert sich, dass „seine Predigten häufig einfach zu begreifen waren , ... und nur selten Anlass zu Diskussionen in den Familien gaben." Anfang der 90er Jahre erbte seine Ehefrau eine größere Summe, von der 1892 ein Teil für den Bau eines neuen, großen und sehr prunkvollen Pastorats verwendet wurde, welches das alte strohgedeckte Pastorat aus der Zeit um 1690 ersetzte.

Zunächst gründete er einen Verein für Jünglinge und Männer, dessen Ziele sowohl christlich als auch deutsch-national waren. Sehr bald folgte eine Reihe weitere Maßnahmen und Unternehmungen, die der Geistliche der Nachbargemeinde G. Horstmann folgendermaßen bewertete: „Jacobsen befürwortete eine Politik gegen die nordschleswiger Dänen, die darauf ausging, alle Machtmittel gegen sie zu gebrauchen, die man nur hatte: Ausweisungen von Familien, die vielleicht jahrhundertelang in Nordschleswig ansässig gewesen waren, aber durch Option eines Ahns ihr preußisches Staatsbürgerrecht verloren hatten; Verdrängung der dänischen Sprache, Besetzung aller öffentlichen Stellen mit schroffen Verdeutschungsmännern...je länger er Pastor in Scherrebek war, desto mehr überwog seine Arbeit im Dienst der Germanisierung diejenige im Dienst des Christentums."[2]

Als Jacobsen 1885 den Apotheker Wilhelm Jäger in die oberste Schulaufsicht einsetzte, brach ein Sturm der Entrüstung aus. Jäger war nämlich nicht nur Deutscher, sondern auch Katholik und von daher nicht die naheliegendste Wahl eines Schulvorsteher in einer rein protestantischen Gemeinde mit dänischer Mehrheit. Führende Männer der Gemeinde, die den Pastor bisher unterstützt hatten, gingen zum Widerstand über, der von dem mächtigen und reichen Bauern Peter Timmermann angeführt wurde. Er war sowohl Kirchenältester und Leiter der Sparkasse als auch Mitglied des Gemeinderates und Kreistages.

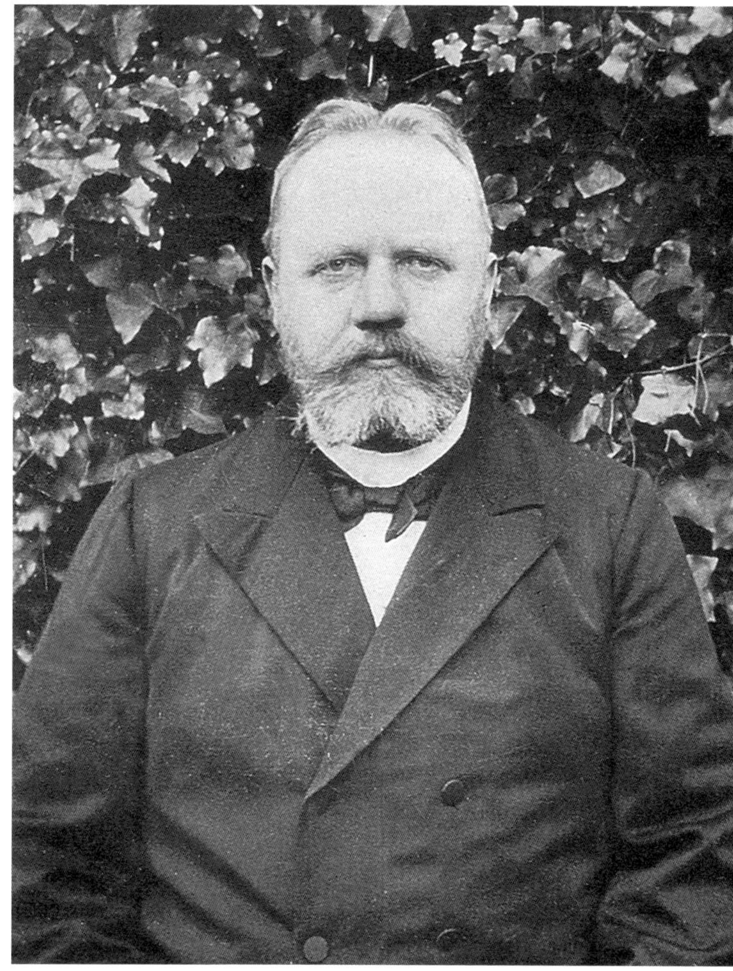

Johannes Jacobsen

Jacobsens labile Lebensführung bot darüber hinaus Grund zur Kritik. 1887 war er bei der Einweihung der Eisenbahn Tondern-Hviding durch erhöhten Alkoholkonsum aufgefallen, was zu einer wenig schmeichelhaften Erwähnung in der Presse führte. Als „Flensborg Avis" einen satirischen Artikel mit der Überschrift „Eine Spritztour mit der Westbahn" brachte, erhielt der Journalist R. P. Rossen wegen „groben Unfugs" eine dreimonatige Gefängnisstrafe. Im gleichen Jahr gründete Jacobsen in Scherrebek eine Abteilung des Deutschen Kriegervereins, dessen oft feuchtfröhliche Treffen im alten Melby Kro abgehalten wurden, der nun „Zur deutschen Eiche" hieß.

Politische Tätigkeit

Als am 19. November 1890 der Deutsche Verein für Nordschleswig gegründet wurde, trat Jacobsen als Versammlungsleiter und Redner in Erscheinung. Die von Jacobsen in Scherrebek ins Leben gerufene lokale Gruppe des Vereins zählte im Laufe eines Jahres bereits 104 Mitglieder. 1892 erklärte er in Toftlund, der „Deutsche Verein" sei gegründet worden, weil man selbst 25 Jahre nach 1864 noch das dänische Joch fühle, „und sein Druck wird von Tag zu Tag schlimmer." Sein Tonfall gegenüber den Dänen nahm mit den Jahren an Schärfe zu und wies häufig hysterische Züge auf. Bei der Enthüllung eines Denkmals für zwei schleswig-holsteinische Soldaten, die vor 50 Jahren bei dem Gefecht bei Bröns (22.1.1849) gefallen waren, sagte Jacobsen 1899, dass die Nordschleswiger froh sein müssten, einen Kaiser zu haben, der „bei Druck von außen nicht nachgeben werde", wobei er auf die dänische Opposition anspielte. Er fuhr fort : „Der Mensch muss wählen, ob er Hammer oder Amboss sein will. Der alte Kaiser (Wilhelm I.) entschied sich, Hammer zu sein. Heil dir Kaiser, schwinge den Hammer! Zerdrücke den Kopf des Feindes. Führe dein Volk zu Herrlichkeit und Größe!" Als der aus Scherrebek stammende Redakteur der dänischen Zeitung „Heimdal" gegen die sehr unchristliche „Kopfzerdrückerei" protestierte, antwortete Jacobsen mit einem Leserbrief, in dem er „das verweichlichte, marklose Limonadenchristentum verwarf", ... „denn gesunde Burschen mit stahlfester Hand und frohem Mut, die für die gute Sache in den Streit ziehen, sind dem Herrgott lieber als heulende Memmen, denen der Mut fehlt, zu sprechen und zu handeln."

Wirtschaftliche Tätigkeiten und politische Karriere

1890 gründete Jacobsen die Creditbank Scherrebek. Mit dieser Aktion wollte er der Sparkasse für Scherrebek und Umgebung das Rückgrat brechen, die das Geld der dänisch gesinnten Großbauern der Gegend betreute und die von seinem Widersacher Timmermann geleitet wurde. Mit der Creditbank im Rücken errichtete Jacobsen in den folgenden Jahren eine ganze Reihe an Betrieben und Einrichtungen. 1895 kaufte er Boden, um eine deutsche Landwirtschaftskolonie zu gründen. 1896 folgte die Scherrebeker Webschule, 1897 die Ziegelei Frifelt und die Dampfschiffreederei Scherrebek, die die Verbindung zwischen Röm und dem Festland sicherstellen sollte, und im Jahr darauf das Nordseebad Lakolk auf Röm. Zur gleichen Zeit hatte er Pläne für eine Forellenzuchtanstalt, die allerdings erst einige Jahre später als Karpfenteiche verwirklicht wurde. In einem nahe gelegenen Moor errichtete er eine Presstorfgesellschaft, auch kaufte er den Krug in Gonsacker und benannte ihn um in das „Gasthaus zum Goldenen Karpfen". Außerdem war er in den Aufkauf von Höfen verwickelt.

Durch diese vielfältigen Unternehmungen ermutigt, versuchte Jacobsen eine politische Karriere. 1897 hatte er sich ohne Erfolg als Reichstagskandidat für den antisemitischen Deutsch Sozialen Reformverein im Wahlkreis Tondern/Husum aufstellen lassen. Im Jahr darauf versuchte er es ebenfalls erfolglos als Kandidat der Mittelstandspartei im Wahlkreis Schauenburg-Lippe. Kurz darauf hoffte er für den Wahlkreis Tondern in den Landtag gewählt zu werden. Im Winter 1902 wurde er als deutscher Kandidat bei einer Ergänzungswahl im Wahlkreis Hadersleben-Sonderburg aufgestellt, aber auch diesmal klappte es nicht. Der dänische Kandidat, der Redakteur Jens Jessen von der „Flensborg Avis", bekam mehr als zwei Drittel der Stimmen, wohingegen Jacobsen und der sozialdemokratische Kandidat, Schlachter Mahlke, sich den Rest teilen mussten. Jacobsen hatte jedoch den Triumph, dass er in Scherrebek 124 deutschen Stimmen aufzuweisen hatte gegenüber 93 dänischen und 3 für die Sozialdemokratie. Dieses Ergebnis wurde jedoch relativiert durch die Stimmen der Landgemeinde, die eine deutliche dänische Mehrheit aufwies, so dass in der Gesamtgemeinde ein leichtes dänisches Übergewicht vorlag: 156 dänische Stimmen gegen 142 deutsche und 10 für die Sozialdemokraten. Jacobsen erreichte nichtsdestotrotz, dass Kaiser Wilhelm auf sein Wirken aufmerksam wurde und ihm den Orden Roter Adler 4. Klasse verlieh. Bei den nächsten regulären Reichstagswahlen 1903 wurde er als Kandidat von den deutschen Organisationen abgelehnt. Auch kirchenpolitisch machte Jacobsen von sich reden. 1899 war er kurzzeitig als Generalsuperintendent in Schleswig im Gespräch.

Die vielen Eisen im Feuer hatten zur Folge, dass Johannes Jacobsen in erheblichen Umfang sein Amt als Pastor vernachlässigte und gleichzeitig in immer größerem Umfang durch übergroßen Alkoholkonsum von sich reden machte. Bereits 1894 hatte einer der Kirchenältesten aus Scherrebek dem Bischof in Schleswig gemeldet, dass Jacobsen an einem Markttag betrunken gewesen sei, und sein Auftreten „ in der Gemeinde Anstoss erwecke". Bis in die 80er Jahre des vorigen Jahrhunderts wurden regelmäßig Geschichten in Scherrebek über die Trunksucht des Pastors erzählt. Allein die Handschrift im Scherrebeker Kirchenbuch könnte darauf hinweisen, dass einiges davon der Wahrheit entsprach. 1901 wurde die junge Lehrerin der Scherrebeker Schule, Maria Landtreter, von heute auf morgen versetzt, und es entstanden Gerüchte über ein unsittliches Verhältnis zwischen ihr und dem Pastor.

Wirtschaftlicher Ruin

1901 fing Jacobsens Imperium an zu wackeln. Die Bank war insolvent und dem Pastor selbst wurde klar, wohin dies führte. Als im selben Jahr in Scherrebek der Grundstein für ein neues Postgebäude gelegt wurde, hielt Jacobsen eine sehr eigentümliche Rede in Versform, die hinter der ironischen Oberfläche den Untergang prophezeite. Hierin hieß es u.a.:

Das Postamt ist wirklich zu klein!
Das sagte auch Herr Lauenstein.
Das seien die Folgen der Reederei,
das angeblich ohne Schiffe sei.
Das Bad ohne Wasser sei auch mit Schuld
Und dann die Bank ohne Geld und Gold
Mit ihrer grosse Ziegelei,
die auf sandiger Heide gebauet sei.

Ironie beseitigte jedoch nicht die Probleme. Nur eine kräftige Kapitalspritze rettete die Bank (und den Pastor) dieses Mal vor dem Ruin. Die Freude war nur von kurzer Dauer. Am 3. Juli 1902 verbrannte das Hauptbuch des Nordseebades Lakolk im Tresor der Bank! Keiner konnte diese merkwürdige Begebenheit erklären, der Pastor und mehrere andere Großaktionäre mussten jedoch 54.000 Mark zurückzahlen, die sie als Gewinn aus dem Badeort gezogen hatten, um einen Konkurs abzuwenden.[3] Zwei Jahre später war der Konkurs Realität geworden. Der Pastor wurde suspendiert und eine gerichtliche Untersuchung wurde eingeleitet, die seinen Verlust mit 198.000 Mark (6,5 Millionen EUR) bezifferten. Am 27. Juni 1904 wurde das Urteil in Flensburg verkündet, es lautete auf zwei Jahre Gefängnis, eine Geldstrafe von 900 Mark (30.000 EUR) und die Entlassung ohne Pensionsansprüche zum 31.12.1904. Die Geldstrafe wurde vom Oberlandesgericht in Kiel auf 300 Mark (10.000 EUR) herabgesetzt und die Freiheitsstrafe fiel fort. Die Entlassung blieb jedoch gültig. Auch die beiden Mitangeklagten (die verantwortlichen Angestellten des Konzerns) wurden zu jeweils einem Monat Gefängnis und einer Geldstrafe von 600 Mark (20.000 EUR) verurteilt. Ihre Geldstrafe wurde auf 200 Mark herabgesetzt und die Freiheitsstrafe fiel auch hier fort.

Die letzten Jahre

Nach seiner Entlassung reiste Pastor Jacobsen nach Süddeutschland, wo er von seinem Amtskollegen Pastor Möller, wahrscheinlich ein Studienkamerad, aufgenommen wurde. Auch Möller hatte Kureinrichtungen errichtet - mit größerem wirtschaftlichen Erfolg als Jacobsen. Jacobsen verfasste eine Verteidigungsschrift mit dem Titel „Gewalt geht vor Recht“ und er schrieb seine Autobiographie mit dem Titel „Zwischen zwei Meeren“. 1907 erhielt er ein Amt als Pastor in der evangelischen deutschen Gemeinde in Arco in Südtirol, fünf Kilometer nördlich des Gardasees. In der lutherischen Kirche der Stadt hängt noch heute eine Marmortafel mit den Namen von Jacobsens beiden Söhnen und dem eines Vetters, die alle drei im 1. Weltkrieg gefallen sind.

Als 1915 der Krieg zwischen Italien und Österreich ausbrach, musste Jacobsen mit seiner Familie Arco Hals über Kopf verlassen. Er ließ sich bei Pastor Friedrich von Bodelschwingh in Eckartsheim bei Bielefeld häuslich nieder und genoss seinen Ruhestand, bis er am 19. Februar 1919 verstarb. Seine beiden Töchter Johanne und Helene waren im Rahmen der Volksabstimmung am 10. Februar 1920 in Scherrebek. Seine Ehefrau verstarb 1941 nach langjähriger schwerer Krankheit. Johanne hingegen lebte noch 1966. Sie besuchte in den 1930er Jahren mehrfach ihre alte Heimat.

Jacobsen war eine interessante und schillernde Person und ein einfallsreicher Unternehmer. Seine Beweggründe wurzelten zu gleichen Teilen im Christentum, im kaisertreuen Nationalismus und in Profitgier - ohne Priorität in der Aufzählung. Sein Geschäftsimperium war beeindruckend. Auf dem Hohepunkt um das Jahr 1900 beschäftigten die Betriebe, die zu den bedeutendsten Einrichtungen in Nordschleswig gehörten, weit über hundert Menschen. Jacobsen konnte gut Dinge in Gang setzen, verfügte aber nicht über genügend Ausdauer und Durchhaltevermögen. Die Gesellschaften und Geschäfte ruhten auf einem schwachen Fundament und es fehlte ihm an Realitätssinn. Seine Unternehmen hätten von großem Nutzen für Nordschleswig sein können, wenn sie solider gewesen wären. Gleichzeitig schaffte die Verkettung zwischen Politik und Wirtschaft einen verständlichen Widerwillen in der dänischen Mehrheitsbevölkerung sowohl gegen die Person Jacobsens als auch gegen die Betriebe. Man kann sagen, dass sein Niedergang in dänischen Kreisen ohne Trauer aufgenommen wurde.

Literatur

G. Horstmann, Erinnerungen aus verlorenem Land, Bordesholm o. J
Japsen, Gottlieb, Pastor Jacobsen i Skærbæk og hans foretagender, Aabenraa 1980.
Jensen, H. P., Karpedammene i Renbæk plantage ved Gånsager, in: Fra gamle dage, Toftlund 1986.
Jensen, H. P., De danske konger i Skærbæk, Hans og Peter Timmermann. in: Fra Vesterkanten, Skærbæk 1989.
Schlee, Ernst, Scherrebeker Bildteppiche, in: Kunst in Schleswig-Holstein, Bd. 26, Neumünster 1984.
Sørensen, H. E. Rømøs historie, Skærbæk 1977, 1982.
Sørensen, H. E., Håndværk og handel i Skærbæk gennem 100 år, Skærbæk 1981.
Sørensen, H. E., Billedtæpper fra Skærbæk Væveskole. Ausstellungskatalog, Skærbæk Museum 1987.
Sørensen, H. E., Lakolk 1898 - 1998, Skærbæk 1998.
Sørensen, H. E., Fire billedtæpper fra Skærbæk Væveskole 1898, in: Nordslesvigske Museer 1998.
Sørensen, H. E., Hammer og ambolt, in: Sønderjyske Museer 1999.
Sørensen, H. E., Svanetæppet, in: Sønderjyske Museer 2000.
Sørensen, H. E., „Hedemøllen" - et billedtæppe fra Skærbæk Væveskole på Skærbæk Museum, in:
Sønderjysk Månedsskrift, Bd. 11, 2001.

Übersetzung aus dem Dänischen: Christian Wolf

1 Dieser war Theologe und wurde etwas später in diesem Jahr Pastor für die deutsche Gemeinde der Frederikskirche in Kopenhagen. 1861 kam er in die sprachlich geteilte Gemeinde Böel in Südschleswig, und 1864-94 wirkte er in den Gemeinden Starup und Grarup bei Hadersleben Næs. Er kann am ehesten als schleswigscher Gesamtstaatsmann angesehen werden, der keine deutliche Präferenz für eine nationale Seite hatte. Vor 1864 brachte er in seinen Briefen eine dänische Gesinnung zum Ausdruck, nach der Einverleibung Schleswig-Holsteins durch Preußen wirkte er als loyaler preußischer Beamter als Pastor in Starup.

2 G. Horstmann, Erinnerungen aus verlorenem Land, Bordesholm o. J., zitiert nach Schlee 1984, S. 14.

3 Will man diese Summen in Euro umrechnen, multipliziert man sie mit 33. Die 54.000 Mark sind so, geht man von Lohn und Baupreisen aus, ca. 1,8 Millionen Euro.

Axel Feuß

„Nach 100 Jahren werden die Museen sich darüber freuen“[1]

Zu den Beziehungen zwischen Scherrebek und Altona

Von Hamburg ging die Gründung der Scherrebeker Webschule aus. Justus Brinckmann, der Gründer des seit 1877 bestehenden Museums für Kunst und Gewerbe, griff 1896 die Erneuerungsbewegung in der norwegischen Bildweberei auf. Unmittelbarer Anlass waren Brinckmanns Gespräche mit dem jungen Direktor des drei Jahre zuvor eröffneten „Kunstindustrimuseums“ in Trondheim, Jens Thiis, der zu Forschungszwecken am Hamburger Museum weilte und der auch bei einem Vortrag von Brinckmann über schleswigsche und skandinavische Handweberei anwesend war.[2] Außerdem waren Brinckmann auf der Großen Berliner Kunstausstellung Kartons des norwegischen Malers Gerhard Munthe für Bildteppiche aufgefallen.[3] Thiis, so berichtet Brinckmann, „konnte von den in Norwegen betriebenen Versuchen, die Bildwirkerei künstlerisch zu beleben, von den unter Munthes Leitung entstandenen Werken und von dem Fortleben des einfachen nordischen Webstuhles für dergleichen Arbeiten erzählen.“[4]

Für die Idee, nach norwegischem Vorbild auch in Deutschland eine Webschule ins Leben zu rufen, konnte Brinckmann seinen Assistenten Friedrich Deneken begeistern, der wiederum in seinem Schulfreund vom Haderslebener Gymnasium und Ortsgeistlichen von Scherrebek, Johannes Jacobsen, den künftigen Leiter der Webschule fand. Deneken brachte mit dem in Hamburg geborenen Maler Otto Eckmann und dem Altonaer Maler Alfred Mohrbutter, mit denen er befreundet war, die ersten entwerfenden Künstler in die Arbeit der Webschule ein[5] und war neben Pastor Jacobsen, der den Aufsichtsrat der Genossenschaft leitete, dessen zweiter Vorsitzender.

Im Hause Brinckmann gab es zu diesem Zeitpunkt bereits eine mehrjährige Tradition in der Bildweberei. Die Töchter Ida und Carlotta hatten wohl zu Beginn der neunziger Jahre nach Vorbildern alter japanischer Weberei, nach mittelalterlichen englischen Millefleurs-Gobelins und nach Vorlagen der modernen französischen Plakatkunst zu weben begonnen und brachten es bald zu großer Meisterschaft. Bereits 1892 schenkten die beiden jungen Weberinnen einen von ihnen gemeinsam signierten Wandbehang mit blühenden Pflanzen dem Museum für Kunst und Gewerbe.[6] Außerdem haben sich von Ida Brinckmann japonisierende Entwürfe für Bildgewebe nach Vorlagen aus dem Museum für Kunst und Gewerbe sowie eine Bildweberei nach einem im Museum befindlichen Plakat von Eugène Grasset aus der Mitte der neunziger Jahre erhalten.[7] Auch nach späteren Berichten von Ida und Carlotta Brinckmann[8] darf man wohl dem Resümee von Ernst Schlee folgen: „Das Konzept für die Scherrebeker Produktion und ihre künstlerische Linie waren in Hamburg schon gefunden und praktisch erprobt, bevor das konkrete Projekt in Scherrebek in Angriff genommen und wohl noch bevor der Ort dafür ausgemacht war.“[9]

Die dritte Tochter, Maria Brinckmann, trat im Februar 1896 die Werkstattleitung in Scherrebek an, fühlte sich aber bereits im April von den dortigen Verhältnissen überfordert und übernahm bald darauf den Webunterricht an der Schule des Lette-Vereins in Berlin. Justus Brinckmanns Schwester Hulda betrieb als Ehefrau des 1888 aus Kiel nach Königsberg berufenen Astronomen Karl-Friedrich Peters eine Handweberei und war kurzfristig auch als Werkstattleiterin für Scherrebek im Gespräch. So hatte sich Justus Brinckmanns seit 1863 entwickeltes Gründungskonzept für das Museum für Kunst und Gewerbe in idealer Weise in der Profession der weiblichen Familienmitglieder und in der Gründung der Scherrebeker Webschule verwirklicht: nämlich mit einer Museumssammlung der technisch und stilistisch besten Handwerkszeugnisse auch und vor allem der Volkskunst sowohl den „Hausfleiß der höheren Stände“ - wie ihn der 1885 ins Amt berufene Direktor des Österreichischen Museums für Kunst und Industrie in Wien, Jacob von Falke, in seinen Schriften propagierte - zu fördern als auch erneuernd und stilbildend auf das zeitgenössische Handwerk und Kunstgewerbe einzuwirken.

In der Nachbarstadt Altona war das Museum in den Jahren, in denen die Scherrebeker Webschule arbeitete, erst im Entstehen begriffen. Das aus den Sammlungen der „Altonaer Sonntagsschule" hervorgegangene und mit Privatmitteln 1863 an der Palmaille 112 eingerichtete „Öffentliche vaterstädtische Museum" war noch 1888, als es in städtische Verwaltung überging, weit von den zukunftsweisenden Konzeptionen entfernt, nach denen in diesen Jahren überall in Europa Museen als Vorbilder- und Lehrsammlungen entstanden. Es enthielt Hunderte von ethnographischen Objekten, die Seefahrer aus allen Teilen der Welt mitgebracht hatten, vorgeschichtliche Funde, Gegenstände aus der neueren Geschichte Altonas und naturkundliche Sammlungen.[10] Anfang der neunziger Jahre begann der nach dem Studium bei Ernst Haeckel in Jena promovierte Naturwissenschaftler und an der Schlee-Schule in Altona tätige Gymnasiallehrer Otto Lehmann ein Konzept für das inzwischen fast vollständig verwaiste Museum zu entwickeln. Es sollte künftig als Institut der Volksbildung die Kulturgeschichte, Landes- und Naturkunde Schleswig-Holsteins in ihren Wechselbeziehungen darstellen.

Lehmann konnte die 1888 errichtete städtische Museumskommission von seinem Konzept überzeugen, die seine Reisen in Schleswig-Holstein zum Studium der Landeskunde und der Bevölkerung sowie Ankäufe von „Truhen, Trachtenstücken oder Geräten des bäuerlichen Lebens"[11] finanzierte. 1896 wurde der Architektenwettbewerb für das künftige Museumsgebäude an der Kaiserstraße in Altona ausgeschrieben, 1899 der Grundstein gelegt und Lehmann zum ersten Direktor des Altonaer Museums ernannt, 1901 das Gebäude mit seinen Sammlungen eröffnet.[12] Lehmanns Interesse galt in den Jahren der Konzeption und der tatsächlichen Einrichtung des neuen Museumsgebäudes, die zwischen 1896 und 1901 fast genau den Zeitraum des Bestehens der Scherrebeker Webschule umfassten, alle Landschaften Schleswig-Holsteins und ihre Eigenarten kennen zu lernen und charakteristische Objekte zusammenzutragen. Für den Bereich der kunstgewerblichen Arbeiten holte er sich Rat bei Justus Brinckmann, den er als „den anerkannten Fachmann im Museumswesen" beschrieb[13] und der ihn offenbar mit den Methoden und Qualitätskriterien der handwerklichen Produktion bekannt machte.[14]

So war für Lehmann auch die Weberei ein wichtiger, aber neben der Gestalt der Bauernhäuser, dem Brauchtum, der Tracht, der Sprache, der Fayence, Küchengeräten aus Messing und Kupfer doch nur einer unter zahlreichen volkskundlichen und kunstgewerblichen Bereichen: „Alle Einzelbeobachtungen suchte ich dann in größere allgemeine Begriffe der Landes- und Volkskunde einzuordnen, ging es mir doch darum, das Einzelne im Gefüge des Allgemeinen innerlich zu begreifen."[15] „Das Spinnrad und den Webstuhl", so schreibt Lehmann über seine Fahrten durch Schleswig-Holstein, „konnte ich nur hier und da noch in Tätigkeit sehen; doch wo der Webstuhl noch ging, wie bei Anna Petersen in Viöl, wurde jede Stunde des Tages genutzt, und manchen Taler löste die gute, fleißige Alte aus den selbstgefertigten Noppenkissen und legte ihn mit heimlichem Stolz zu den anderen."[16] Schon in der ersten Phase der Einrichtung des Museumsgebäudes erhielt die Weberei ihren festen Platz im Altonaer Museum. Der Aufseher Heinrich Michel beherrschte als gelernter Weber die Beiderwandweberei, richtete einen alten Zampelwebstuhl her und webte „eine ganze Wand mit Stoffen nach alten Beiderwandmustern".[17] Lehmann selbst erlernte „nicht nur die recht umständliche Technik der Bildweberei, sondern auch der übrigen Webarten, was mir für die Beurteilung der Erzeugnisse dieses Handwerks auch noch später von großem Nutzen geworden ist. Man pflegte von kunstwissenschaftlicher Seite nur den Mustern und ihrer

Herkunft Beachtung zu schenken. Mir schien es ebenso notwendig, auch in die Technik der Gewebe einzudringen, um daraus über wirtschaftliche Beziehungen Klarheit zu erlangen."[18]

Angesichts von Lehmanns offenbar ausschließlich historischem und volkskundlichem Interesse an der Weberei verwundert es nicht, dass in Schlees Standardwerk über „Scherrebeker Bildteppiche" kaum ein Hinweis auf Otto Lehmann und die frühe Zeit des Altonaer Museums zu finden ist. Allerdings lassen sich schon in der frühen Zeit der Scherrebeker Webschule einige wichtige Verbindungen nach Altona ziehen, in den Jahren um 1900 mit über 160.000 Einwohnern immerhin größte Stadt der Provinz Schleswig-Holstein,[19] zu der auch das hauptsächlich von dänischer Bevölkerung besiedelte Scherrebek bis zur Volksabstimmung 1920 gehörte. So hatte die Altonaer Bank zum Gründungskapital der Webschule beigetragen[20] und der Maler Alfred Mohrbutter aus Altona war seit 1896 Mitglied der Genossenschaft. Sein Name erscheint daher auch 1903 in den die Scherrebeker Webschule betreffenden Konkursakten des Amtsgerichts Toftlund in der Liste der Genossen,[21] und im Januar 1904 berichtete er in einem Brief an Meta Baur, die Frau des Altonaer Senators Alexander Baur, dass er sich - inzwischen schon seit vier Jahren in Berlin ansässig - „als ehemaliger Vorstand der Genossenschaft in einer Voruntersuchung wegen Concursverfahrens ... befinde. Ich war nur ahnungsloser künstlerischer Beirat, der niemals gefragt wurde, und habe jetzt dieses interessante Vergnügen."[22]

Otto Lehmann erwarb, so Schlee, 1897 aus der Scherrebeker Webschule zwei Exemplare von Otto Eckmanns „Schwanenteppich" (Kat. S. 79), „davon eines für das Museum", eine Nachricht, die möglicherweise aus den Verkaufsunterlagen der Webschule stammt.[23] Das im Altonaer Museum befindliche Exemplar ist jedoch nicht in den Inventaren des Museums sondern lediglich in einem Magazinbuch ohne das Erwerbsjahr verzeichnet, so dass die Herkunft ungewiss bleibt. Dass es während der Amtszeit Otto Lehmanns in das Museum kam, scheint jedoch sicher. Denn im Januar 1920 schrieb der Museumsdirektor an Erna Luebke, die gerade im Begriff war, wegen der im Abstimmungsgebiet in Nordschleswig für Deutsche schwierig gewordenen Situation die „Kunstweberei in Scherrebek" ihrer Mutter Marie Luebke nach Quickborn zu verlegen, sie möge für einen Freund, Carl Meyer in Altona, „den Eckmannschen Wandbehang 'Schwäne'" in einer vergrößerten Version anfertigen: „Es ist nämlich notwendig für den Raum, daß dort zwei Wandbehänge angebracht werden. Dieser Eckmannsche Entwurf muß aber an jeder Seite etwa 10 cm breiter sein. Ich habe das uns gehörige Exemplar als Probe hingehängt und sehe ein, daß es unbedingt breiter sein müßte. Vielleicht läßt sich auf die Weise leicht erreichen, daß der blaue Fluß, der sich durch das Bild hindurchzieht, an der linken Seite voll durchgeführt wird, so daß 10 cm dabei herauskommen, und ebenso an der rechten Seite ungefähr 8 cm auf diese Weise gewonnen würden. Das würde genügen. Wollen Sie mir, bitte, umgehend mitteilen, ob Sie die Anfertigung zum Preise von 1200 M. übernehmen können und der Teppich möglichst bald gemacht werden kann."[24]

Der aufgrund des Umzugs nach Quickborn und persönlicher Umstände erst im Mai 1921 fertiggestellte „vergrößerte Schwanenteppich"[25] - ein kurioses Beispiel für den von den entwerfenden Künstlern immer wieder beklagten laxen Umgang mit ihren Entwürfen - fand offenbar tatsächlich seinen privaten Abnehmer, ebenso wie der mit dieser Bestellung verbundene Wandbehang „Engel" von Max Seliger (Kat. S. 119), nicht aber der ebenfalls zur Ansicht nach Altona geschickte „Reigen" von Friedrich Mißfeldt (Kat. S. 97).[26] Wenn Lehmann den originalen Pfeilerbehang „Fünf Schwäne"[27] von Otto Eckmann tatsächlich bereits 1897 für das Altonaer Museum erworben hat, dann sicher auf Empfehlung seines „gütigen Freundes"[28] Justus Brinckmann, der das erste Exemplar des Eckmann-Entwurfs in diesem Jahr in Scherrebek für das Museum für Kunst und Gewerbe hatte weben lassen.[29]

Lehmann, der immer in der Hauptsache Naturwissenschaftler und Landeskundler blieb, hatte sich durch sein Amt als Museumsdirektor und den engen Kontakt zu Brinckmann auch schnell in die moderne Kunstszene eingearbeitet. Brinckmann berief ihn in einen Verband von Museumsdirektoren „zur Abwehr von Fälschungen und unlauterem Geschäftsgebaren im Kunsthandel", zu dem auch Brinckmanns ehemaliger Assistent, der 1897 als Direktor ans Kaiser Wilhelm Museum in Krefeld berufene Friedrich Deneken gehörte.[30] Lehmann stellte einen Saal des Museums regelmäßig Künstlern für Ausstellungen zur Verfügung, auch, „um das Museum in den Mittelpunkt des geistigen Lebens der Stadt zu stellen".[31] Der seit 1905 bestehende Altonaer Künstlerverein konnte hier regelmäßig seine Ausstellungen zeigen,[32] und 1906 beteiligte sich die Stadt Alto-

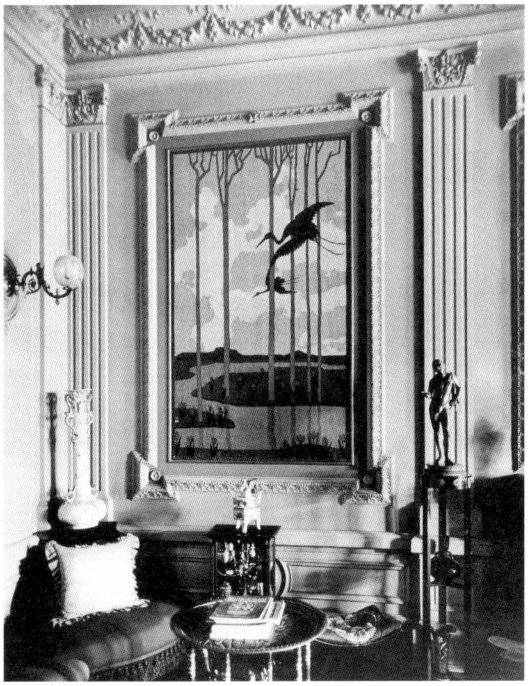

Abb. 1

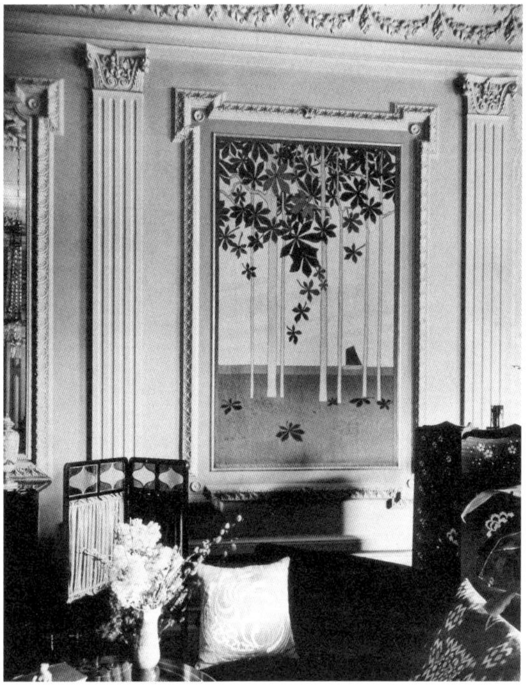

Abb. 2

na aufgrund von Lehmanns Anregung und Vermittlung an der Dresdener Kunstgewerbe-Ausstellung mit einem von Architekten und Künstlern der Altonaer Handwerker- und Kunstgewerbeschule entworfenen und ausgestatteten modernen „Empfangsraum".[33]

Das gesellschaftliche Klima schien also in Altona für die moderne Kunst durchaus günstig. Mit dafür verantwortlich war die an der Palmaille und an der Elbchaussee ansässige gebildete Schicht Altonaer Kaufleute und Reeder, in der sich in den Jahren um 1900 Senator Alexander Baur und seine Frau Meta durch besonderes öffentliches Ansehen auszeichneten.[34] Baur hatte zusammen mit Senator Ernst Meyer den Vorsitz in der Museumsbaukommission. Eigentlich waren die beiden Senatoren, so Otto Lehmann in seinen Lebenserinnerungen, in der Altonaer Verwaltung die einzigen, die die Errichtung eines neuen Museums mit Nachdruck betrieben und die dafür Verständnis hatten, die „Landes- und Volkskunde ... in den Mittelpunkt der Museumsaufgabe zu stellen".[35] Während es eigentliche Sammler von Scherrebeker Bildteppichen nicht gab, war Baur neben dem mit Pastor Jacobsen befreundeten Gutsbesitzer Hans Hansen aus Dollrott in Angeln der einzige Privatmann, der eine größere Anzahl von Wandbehängen aus Scherrebek erwarb.[36]

Der absolut moderne und außergewöhnliche Kunstgeschmack des Ehepaars Baur dokumentierte sich vor allem darin, dass es um die Jahreswende 1897/98 bei Alfred Mohrbutter Entwürfe für vier Wandbehänge bestellte, mit denen der Salon in dem 1803-05 von C.F. Hansen errichteten Baurschen Haus an der Palmaille 49 ausgestattet werden sollte. Im Februar 1898 fertigte Mohrbutter die ersten Skizzen an, im Juli wurden die Wandbehänge bereits nach Altona geliefert und dort in den vorhandenen Rahmen der 1868 nach klassizistischen Vorbildern neu stuckierten Wandgliederung[37] montiert. Möglicherweise hatte das Ehepaar Baur zuvor schon Eckmanns „Schwanenteppich" erworben (das zweite der beiden von Lehmann bestellten Exemplare?), denn Pastor Jacobsen rechtfertigte die hohen Kosten für diese exklusive Anfertigung mit einem Vergleich zu dem inzwischen schon mehrfach ausgeführten Eckmannschen Entwurf.[38] Auf historischen Aufnahmen aus dem Baurschen Salon, die offenbar anlässlich der neuen Wandbehänge gemacht wurden (Abb. 1-4),[39] sind in den Wandfeldern neben den Bildteppichen ebenfalls neu angebrachte florale Dekorationen in der Art des Jugendstils (Abb. 3), neben Hausrat und Lampen der Gründerzeit auch Vasen, Paravents und Sofakissen der Stilkunst um 1900 zu sehen. Auf einem Beistelltisch liegen die neuesten Ausgaben der führenden Kunstgewerbezeit-

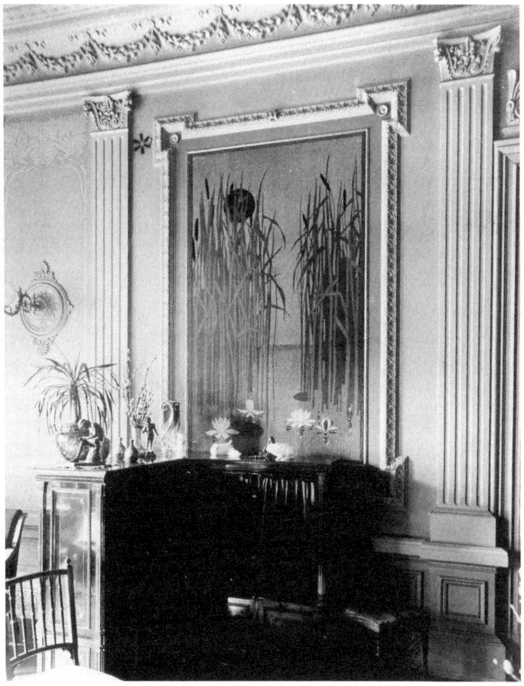

Abb. 3

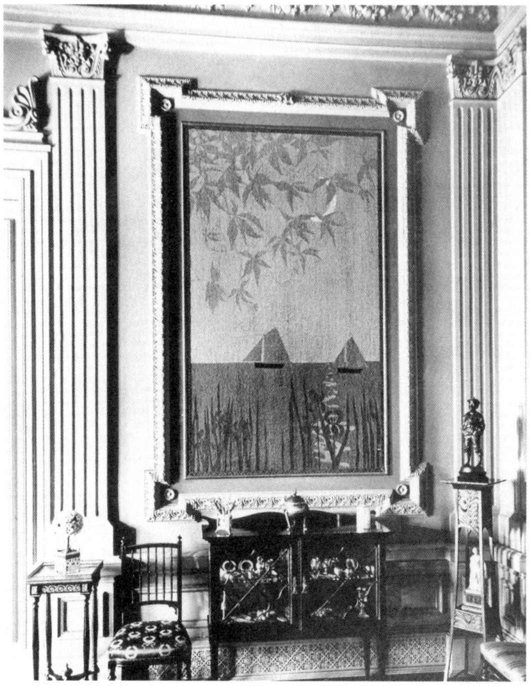

Abb. 4

schrift „Deutsche Kunst und Dekoration“ (Abb. 1). Senator Baur engagierte sich außerdem in einem „Verein zur Förderung der Kunstarbeit in Schleswig-Holstein“, der anlässlich einer Ausstellung über „Webereien aus alter Schleswig-Holsteinischer Überlieferung“ und „Ansätze zur Erneuerung der volkstümlichen Kunstübung“ gegründet wurde und zu dessen erstem Vorstand er im Januar 1899 gehörte.[40] 1902 erwarb das Ehepaar Baur die Scherrebeker Wandbehänge „Die Prinzessin und der Froschkönig“ und „Aschenputtel“ nach dem Entwurf von Otto Ubbelohde,[41] die wiederum in merkwürdig ungeklärtem Zusammenhang zum Altonaer Museum stehen: Von beiden Bildteppichen befinden sich Exemplare im Museum, die wie der „Schwanenteppich“ nicht inventarisiert wurden und deren Herkunft und Erwerbsjahr unbekannt sind (Kat. S. 128, 129).

Alfred Mohrbutter, in Altona aufgewachsen, Schüler von Leopold von Kalckreuth an der Weimarer Kunstschule und der Académie Julian in Paris, gehörte zu den von Alfred Lichtwark, dem ersten Direktor der Hamburger Kunsthalle, geförderten Malern des 1897 gegründeten „Hamburgischen Künstlerclubs“. Er erlernte bei Aufenthalten in Scherrebek und in Pastor Jacobsens Haus auf Amrum das Weben und entwarf bis 1902 zwölf Wandbehänge für die Webschule. Sein Interesse an Bildteppichen, Stoffen und Kleidern war wohl während seiner Studienzeit in Paris und durch die enge Freundschaft zu Deneken entstanden. Er folgte Deneken sogar für einige Zeit nach Krefeld und engagierte sich am Kaiser Wilhelm Museum bei der Gestaltung von Ausstellungen sowie mit Plakat-, Textil- und Kleiderentwürfen.[42]

Briefe, die sich in Hamburger Privatbesitz erhalten haben, beleuchten eindrucksvoll die Entstehungsgeschichte der Baurschen Teppiche und die Einbindung des Senatorenehepaars in den künstlerischen Prozess.[43] Insbesondere wird deutlich, dass entgegen der Ansicht von Gabriele Howaldt[44] und Ernst Schlee[45] die bildlichen Darstellungen in engem Zusammenhang mit den zuvor von Meta Baur ausgesuchten und auf den Behängen vermerkten Bibelstellen stehen und dass die Plazierung im Salon einem künstlerischen Programm folgte.

So schreibt Mohrbutter im Februar 1898 an Meta Baur: „Sehr geehrte gnädige Frau, es sind 4 Skizzen entstanden, von denen mich die eine - Und alles Fleisch es ist wie Gras - so interessierte, daß ich sie schon in der späteren Größe angefangen habe. Links beim Eintritt: Sehet die Lilien etc. und die Vögel unter dem Himmel: Eine Frühlingslandschaft; schlanke Birken stehen am Wasser, vor einer großen weißen Wolke ziehen 2 rote Kraniche und überall sprießen weiße Lilien. Gegenüber rechts: Und alles Fleisch usw. Ein milder Herbstabend mit rosa und grünem Himmel, vor dem von jungen Kastanienbäumen langsam alle Blätter zu Boden fallen. In der Ferne verschwindet ein Segel. Dieses Motiv können Sie als Wirkung schon fertig sehen. Das dritte wird beim Kamin vorne sein müssen, weil es nett und einfach wirkt: Hochaufragendes Schilf, die Keulen wiegen sich vor dem dunklen Himmel und dem leuchtend aufgehenden Mond. Vorn über dem Wasser etwas breiter, und weiße Teichrosen leuchten zwischen dem Schilf. Hierfür ist von Ihnen, sehr geehrte gnädige Frau, noch kein Spruch vorgeschlagen. Es müßte einer gewählt werden, der auf die Ruhe und den Frieden Bezug hätte. Für die 4. Füllung habe ich einen blühenden Herbst angefangen: Der Baum am Wasser. Wann darf ich Ihnen und Ihrem Herrn Gemahl die Sachen zeigen?"[46]

Meta Baur, Tochter des Hamburger Kaufmanns, Konsuls und bedeutenden Kunstsammlers Arnold Otto Meyer, war selbst künstlerisch tätig,[47] engagierte sich aber vor allem als Vorsitzende der „Weiblichen Missionsvereinigung", in der Altonaer Kinder- und Armenpflege und wurde für ihre humanitäre Arbeit nicht zuletzt während des Ersten Weltkriegs mit dem Verdienstkreuz und der Rot-Kreuz-Medaille ausgezeichnet.[48] Sie hatte als Grundlage für Mohrbutters Entwürfe Bibelstellen ausgewählt, die Hoffnung und Zuversicht des Menschen in schwerer Not auf die Hilfe Gottes beschreiben und damit wohl Ausdruck ihres eigenen karitativen Engagements waren. „Sehet die Vögel unter dem Himmel an, sie säen nicht, sie ernten nicht, sie sammeln nicht in die Scheunen; und euer himmlischer Vater nährt sie doch" (Matth. 6. 26) lieferte die Vorlage für Mohrbutters Behang „Flusslandschaft mit Bäumen und fliegenden Reihern"[49] (Abb. 1, Kat. S. 102), „Denn alles Fleisch ist wie Gras und all seine Herrlichkeit wie des Grases Blume. Das Gras ist verdorrt und die Blume abgefallen; aber des Herrn Wort bleibt in Ewigkeit" (1. Petrus 1. 24) die Textvorlage für Mohrbutters Herbstmotiv mit „Kastanienbäumen vor einem See" (Abb. 2, Kat. S. 101).

Für die dritte Szene, „Wasserfläche mit Schilf" (Abb. 3, Kat. S. 103) wählte Meta Baur im Nachhinein „Ich wollte eilen, daß ich entrinne vor dem Sturmwind und Wetter" (Psalm 55. 9), für das bislang noch unbestimmte vierte Bild den 130. Psalm „Meine Seele wartet auf den Herrn mehr als die Wächter auf den Morgen". Hier musste Mohrbutter das ursprüngliche Bildkonzept „blühender Herbst ... Baum am Wasser" noch zweimal verändern, um die nun erforderliche Nachtszene „See mit Segelschiffen" (Abb. 4, Kat. S. 102) - inzwischen durch „Wasserviolen" im Vordergrund ergänzt - zu vollenden. Außerdem waren die auf der ersten Skizze (Altonaer Museum, Kat. S. 100) zu den „Kastanienbäumen am Wasser" noch nicht vorhandenen fallenden Herbstblätter nachzutragen: „Herr Pastor Jacobsen schreibt mir, daß eine genaue Preisangabe erfolgen würde, sobald er die Entwürfe gesehen hätte. Ich schicke ihm deshalb eine sogenannte Pause von den fehlenden Kastanienblättern. Ich würde mich sehr freuen, in den ersten Tagen der nächsten Woche Ihnen und der gnädigen Frau die ersten 3 Entwürfe zeigen zu können ... Für das 4. Bild weiß ich noch nichts bestimmtes; ich habe viel und gern an eine helle Wiese mit einem kleinen Wasser gedacht, an dem Butomus und gelbe Narcissen - nein Iris - stehen. Kennen Sie Butomus, Wasserviole, Schwanenblume? Darüber auffliegende Vögel. Vielleicht haben Sie schon einen Spruch, der Anregung gibt ..."[50]

Mohrbutter hatte sich nicht nur auf die Raumsituation im Baurschen Haus in Altona eingestellt, was von einem ernsthaften und professionellen Künstler angesichts der zu diesem Zeitpunkt bereits seit mehreren Jahren in ganz Europa - in Glasgow, Wien, Brüssel, Paris und München - zu beobachtenden Fortschritte in der Innenraumkunst und der überall an vorderster Stelle stehenden Theorie des „Gesamtkunstwerks" auch zu erwarten wäre; er war geradezu freundschaftlich auf die inhaltlichen Wünsche seiner Auftraggeber eingegangen. Gleichzeitig entstand ein Bildzyklus, der in seiner schlichten und anspruchsvollen Durchführung und der delikaten Farbigkeit zu den besten Leistungen des Jugendstils gezählt werden kann.

Seine ersten Ölskizzen, von denen sich neben der einen im Altonaer Museum auch ein Zyklus von vier im Schleswig-Holsteinischen Landesmuseum in Schleswig befindet,[51] arbeitete Mohrbutter bis zu den wiederum in Altona aufbewahrten Kartons (Kat. S. 100, 103) - also den für die Umsetzung am Hochwebstuhl in identischem Maßstab ausgeführten farbigen Vorlagen - stark graphisch durch. Ihre strenge vertikale Gliederung nahm die vorhandene Stuckdekoration im Baurschen Salon in idealer Weise auf, folgte aber auch teilweise wörtlich japanischen Vorbildern[52] und damit der sich seit der Londoner Weltausstellung 1862 in ganz Europa[53] und vor allem in der französischen Kunst ausbreitenden Mode des Japonismus. Die Gliederung der Fläche fast ausschließlich durch pflanzliche Formen entsprach der sich ebenfalls in allen europäischen Kunstzentren, besonders aber seit 1894 von München aus durch Hermann Obrist in der Textilkunst und durch August Endell verbreitenden floralen Richtung des Jugendstils.[54] Flusslandschaften und dahinziehende Schiffe waren darüber hinaus für das an der Elbseite der Palmaille gelegene Baursche Palais das fast zwingende Grundthema des Bildzyklus.

Mohrbutter begleitete die Ausführung der Wandbehänge in Scherrebek bis zur Lieferung und Montage in Altona. Das Ehepaar Baur scheint angesichts dieser großen Fürsorge die Kosten für die Anfertigung und das Honorar an den Künstler, ein Betrag, der heute einem Gegenwert von über 80.000 Euro entsprochen hätte,[55] klaglos hingenommen zu haben: „Auf Veranlassung des Herrn Mohrbutter - Altona teilen wir Ihnen höflich mit, daß der Preis für das Anfertigen eines Gobelins von 180 x 120 ctm M. 180 beträgt ohne Einbegriff des Honorars für die Entwürfe des Künstlers. Die Erledigung dieser Frage muß dann als eine Sache für sich betrachtet werden. Wie Herr M. uns heute mitteilte, sei ein Irrtum beim Maßnehmen eingetreten, so daß dieselben jetzt 204 x 121 cm betragen. Bei Grundlage dieser Dimensionen müssen (wir) mit Rücksicht der daraus folgenden Notwendigkeit eines größeren Webstuhles, schwierigerer Herstellungsweise, größerer Vorbereitungen usw. den Preis auf M. 250 für jedes einzelne Gewebe erhöhen ...“[56]

Im Juni schrieb Mohrbutter zweimal aus Weimar über den Fortgang der Fertigstellung, machte sich bereits Gedanken über die Montage und tauschte sich mit dem Ehepaar Baur über neueste Entwicklungen der Kunst aus: „In Scherrebek ist man recht fleißig gewesen. 2 Gewebe - Mondsichel und Kastanie - sind fertig, die Kraniche zur Hälfte, und der Vollmond ist fast ebenso weit. Ich freue mich sehr darauf, die Sachen gewebt zu sehen. Zum Ende Juli könnte, für den Fall, daß Sie es wünschen, jedenfalls gehängt werden. Es ist noch unbestimmt, wie lange ich hier bleibe, vielleicht male ich hier auch fallende Blätter. Wünschen Sie die 2 fertigen Gewebe schon zu sehen? Wenn alles fertig ist, komme ich sehr gerne; es muß ja außerdem die Farbe der Litzen noch bestimmt werden.“[57] „Es wäre doch reizend, wenn die Teppiche bis zum 24. Juli fertig würden. Ich schreibe sogleich nach Scherrebek. Sie werden von dort aus direct Nachricht erhalten. Die passenden Litzen müßte man in dem großen Hamburg doch fertig kaufen können. Wenn das Anfertigen derselben zu lange dauern sollte, könnte man vorläufig schmale Streifen Tuch oder irgendwelches Band nehmen. Ich glaube bestimmt, daß für Scherrebek genügend Zeit ist. - Ich freue mich sehr, von Ihnen über Paris zu hören. Ich verdanke der Stadt soviel. Die gnädige Frau erzählte mir, Sie hätten eine Aversion gehabt. Haben Sie die Balzac-Statue gesehen? ... Rodin hat jetzt mit van der Stappen die beste Plastik in Berlin. Die geheimnisvolle Sphinx von van der Stappen wäre etwas für Ihr Haus. Elfenbein und Gold, mit einer wunderbaren Hand ...“[58]

Im Juli 1898 kündigte Pastor Jacobsen die Lieferung an und bat das Ehepaar Baur gleichzeitig, die Wandbehänge für den Stand der Webschule auf der Weltausstellung in Paris im Jahre 1900 zur Verfügung zu stellen: „Wir machen Ihnen die ergebene Mitteilung, daß die in Auftrag gegebenen Gobelins nach Entwürfen v. Mohrbutter nunmehr vollendet sind und Ihnen mit den Mustern in einigen Tagen zugehen werden.“[59] „In unserem letzten Schreiben avisierten wir Ihnen den Versand der fertigen Gewebe ... H. Mohrbutter wollte sie gerne vorher besichtigen und dann persönlich die Übergabe und das Anbringen im Salon vollziehen ... Von Seiten der Reichsbehörden sind wir aufgefordert worden, die Ausstellung in Paris 1900 zu beschicken. Da wir speziell Ihre Entwürfe mit zu dem Besten, das aus unserer Schule hervorging, zählen, wäre es uns sehr angenehm, wenn Sie dieselben uns für die Dauer der Ausstellung überlassen könnten ...“[60]

Das Ehepaar Baur war mit den ausgeführten Behängen offensichtlich zufrieden. Mohrbutter erkannte, dass die neue Innendekoration in der Altonaer Gesellschaft sicher Aufsehen erregen würde, wollte auf der Weltausstellung in Paris aber bereits neue Arbeiten zeigen: „Es ist eine große Freude für mich gewesen, Ihren und der gnädigen Frau Brief zu lesen und ich bin Ihnen aufrichtig dankbar für die herzliche Anerkennung meiner Arbeit, die mir selbst soviel Freude machte und deren Gelingen mir nicht zum wenigsten erleichtert wurde durch das Bewußtsein, für ein Haus zu schaffen, in dem soviel Verständnis für die Kunst und Geschmack heimisch sind. Die gnädige Frau wird diesen in Ihren Teppichen in der kommenden Saison vielleicht stark verteidigen müssen. Wenn Sie Scherrebek die Zustimmung zur Ausstellung der Cartons in Paris noch nicht gegeben haben sollten, so bitte ich ergebenst, die Erlaubnis noch nicht zu geben. Ich möchte sehr gerne etwas Neues als Gewebe dort ausstellen. Die Cartons werden zu leicht als Gemälde verstanden. Ich bitte um die Erlaubnis, mir für jeden 400 M. berechnen zu dürfen. Ich glaube, Ihnen schon früher die Versicherung gegeben zu haben, wie sehr ich es bedaure, in den Bereich einer so schönen und freudigen Angelegenheit die materielle Seite treten zu lassen ...[61]

Mohrbutter blieb auch während der folgenden Jahre mit dem Ehepaar Baur in brieflichem Kontakt. Anlässlich einer Ausstellung zeitgenössischer Damenmode, die von den bedeutendsten Künstlern der modernen Stilkunst ausgerichtet wurde, wandte er sich im Mai 1900 vom Kaiser Wilhelm Museum in Krefeld aus mit der Frage an Meta Baur, ob sie für eine der von ihm zu entwerfenden „Damen-Toiletten" zur Verfügung stehen würde.[62] Mohrbutter gehörte in diesen Jahren zu den führenden Künstlern der Bewegung für das „Reformkleid"[63], die sich nach ersten Ansätzen für eine verbesserte Frauenkleidung Anfang der 1880er Jahre in Amerika und nach dem Vorbild der 1896 erstmals in Berlin präsentierten nordischen Reformkleidung gegen das Korsett und gegen die diktierte Mode wandte.[64]

Mohrbutters Übersiedlung nach Berlin im Jahr 1900, bald nach seiner Heirat mit Anna Klinge aus Bleckede, hatte mit den von ihm als beengt empfundenen gesellschaftlichen Verhältnissen in Hamburg[65] und der geringen künstlerischen Anerkennung in Altona zu tun: „Ihr Haus war das einzige, welches sich für meine Arbeit interessierte", schrieb er im September des Jahres an Meta Baur.[66] Er bat um eine Porträtfotografie seiner Auftraggeberin, nach der er später ein Exlibris für sie anfertigte,[67] und im Februar 1902 stellte er ihr eine kleinere künstlerische Arbeit wohl für eine Wohltätigkeits-Tombola der Altonaer Armenpflege zur Verfügung.[68]

Mohrbutters Briefwechsel mit Meta Baur endete mit zwei Briefen vom Februar 1903 und vom Januar 1904, in denen er sich auf den bevorstehenden Konkurs der Scherrebeker Webschule bezog und in denen er fast prophetisch voraussah, dass seine Wandbehänge später einmal im Museum aufbewahrt werden würden: „Jetzt war ich in Altona, ohne Ihnen meine Aufwartung gemacht zu haben ... Ich hätte so gerne Ihren großen Salon einmal wiedergesehen, mit den Scherrebeker Teppichen, die nun vielleicht bald nicht mehr gewebt werden. Desto besser für die, die es jetzt gibt. Nach 100 Jahren werden die Museen sich darüber freuen ..."[69]

Zwei der Baurschen Wandbehänge, „Flusslandschaft mit Bäumen und fliegenden Reihern" (Kat. S. 102)[70] und „See mit Segelschiffen" (Kat. S. 102), kamen 1940 als Geschenk aus der Familie Baur in das Altonaer Museum, nachdem das Haus Palmaille 49 1936 von dem Reeder John T. Eßberger erworben, seit 1937 nach den Bauzeichnungen C.F. Hansens rekonstruiert und die Stuckaturen von 1868 wieder entfernt worden waren.[71] „Kastanienbäume vor einem See" (Kat. S. 101) gelangte in Privatbesitz und wurde 1988 vom Altonaer Museum angekauft, „Wasserfläche mit Schilf" befindet sich heute als Leihgabe aus Privatbesitz im Museum von Scherrebek.[72] Die Kartons (Kat. S. 100, 103) kamen möglicherweise in den 1950er Jahren als Geschenk ins Archiv des Altonaer Museums und wurden später als Altbestand nachinventarisiert.

Bedeutende Beispiele des Jugendstils sind auch die beiden Wandbehänge von Otto Ubbelohde (Kat. S. 128, 129), die das Ehepaar Baur 1902 erwarb und von denen sich die gleichen Exemplare im Altonaer Museum befinden. Ubbelohde, Schüler der Münchner Akademie, war 1893 Mitglied der Münchner Sezession, lebte 1894/95 als Maler und Gaphiker in der Worpsweder Künstlerkolonie und wandte sich mit der Gründung der „Vereinigten Werkstätten für Kunst im Handwerk", an der er 1898 in München wohl auf Veranlassung von Otto Eckmann beteiligt war, in den Jahren um 1900 verstärkt dem Kunstgewerbe zu. Entwürfe für Stickereien, Knüpfarbeiten und Webereien führte seine Frau Hanna aus. Zwischen 1899 und 1902 entwarf er elf Wandbehänge für die Scherrebeker Webschule.[73]

Die beiden in Altona befindlichen Bildbehänge gehören zu einem Zyklus von sechs Märchenteppichen, deren Motive der Künstler zuvor schon als Bildfries für ein Kinderzimmer entworfen hatte. Diesen Fries, der aus insgesamt siebzehn Märchenszenen bestand, hatte Ubbelohde 1899 für ein von Karl Bertsch entworfenes Kinderzimmer gemalt, das die „Vereinigten Werkstätten" in der Deutschen Kunstausstellung in Dresden zeigten. „Hinter Ubbelohdes Märchenteppich-Zyklus", so Schlee,[74] „stand vermutlich der Gedanke, er könnte friesartig angeordnet möglicherweise wieder ein Kinderzimmer dekorieren." Die

Scherrebeker Webschule verkaufte jedoch immer nur einzelne Stücke. Es ist nur eine Abbildung im „Kunstgewerbeblatt“ 1908 überliefert, auf der - offenbar im Haus des Hamburger Malers Otto Illies - zwei Märchenteppiche in einer Stubenecke nebeneinander hingen.[75] Eine weitere Möglichkeit für eine „zyklische“ Hängung wäre bei Baurs in Altona gegeben gewesen. Der Behang „Die Prinzessin und der Froschkönig“ (Kat. S. 128) war bereits zu seiner Entstehungszeit so populär, dass er 1899 in der Zeitschrift „Die Kunst“[76] und 1903 in dem Buch von W. Fred „Die Wohnung und ihre Ausstattung“[77] mit Beispielen der Innendekoration von der Gotik bis in die Moderne abgebildet wurde. Justus Brinckmann erwarb auf der Weltausstellung in Paris 1900 ein Exemplar für das Museum für Kunst und Gewerbe.[78] Der Behang „Aschenputtel“ (Kat. S. 129), nach Schlees Einschätzung der „vielleicht schönste unter Ubbelohdes Märchenteppichen“,[79] ist im Altonaer Museum das einzig bekannte Exemplar in öffentlichem Besitz.

Eine engere Beziehung zwischen Scherrebek und Altona entstand erst wieder nach dem Ersten Weltkrieg. Marie Luebke, technische Leiterin der Scherrebeker Webschule seit der ersten Stunde und nach dem baldigen Fortgang von Maria Brinckmann auch mit der Geschäftsführung betraut,[80] hatte das Weben erst in Scherrebek von Katrina Dons, der Schwägerin des Museumsdirektors Jens Thiis aus Trondheim, auf den aus Norwegen importierten Webstühlen gelernt. Nach dem Konkurs der Webschule führte sie seit 1905 die Werkstatt unter dem Namen „Kunstweberei in Scherrebek“[81] mit den Geräten, dem unverbrauchten Material, den Bildteppichkartons sowie den Rechten an der Verwertung der Entwürfe und des Warenzeichens der Webschule aus der Konkursmasse fort.[82]

Aus einem Briefwechsel zwischen ihrer Tochter Erna Luebke, der sie den Betrieb 1919 übergab, und dem Altonaer Museumsdirektor Otto Lehmann geht hervor, dass Marie Luebke sich kurz zuvor nach dreißigjähriger Trennung wieder mit ihrem Mann verheiratet hatte und in dessen Haus nach Quickborn bei Hamburg gezogen war.[83] Erna Luebke war unterdessen die Wohnung in Scherrebek gekündigt worden, nachdem das Haus - wie sie selbst schreibt - „an dänische Kriegsgewinnler“ übergegangen war: „... die Dänen scheinen sehr wenig Wert darauf zu legen, uns hier zu behalten, wohl weil wir deutsch sind, denn sonst würden sie uns die Wohnung ja nicht kündigen“.[84] Da sie die Nachfolge von Elisabeth Lindemann in der Meldorfer Museumsweberei, nachdem diese zusammen mit ihrem Mann, dem Maler, Graphiker und Kunsthandwerker Wenzel Hablik, eine eigene Weberei in Itzehoe gegründet hatte, nicht antreten wollte, suchte Erna Luebke nun für ihre Weberei nach einer neuen Bleibe.

Diese Möglichkeit schien sich durch Lehmanns Plan zu eröffnen, zusätzlich zu der nach 1912 im Erweiterungsbau des Altonaer Museums eingerichteten Webereiabteilung,[85] wie er Erna Luebke am Heiligabend 1919 schrieb, offenbar einen weiteren „Weberaum einzurichten: und dabei kann ich sehr wohl zunächst einmal Ihren Webstuhl, den Sie zum Weben brauchen, mit in den großen Raum stellen, und vielleicht wäre auch noch für einen zweiten Webstuhl Platz, wobei ich annehme, daß es sich bei Ihrem wie bei dem zweiten Webstuhl um einen aufrechten Webstuhl handelt. Die übrigen uns gehörigen Webstühle, auch jener Webstuhl, auf dem richtige Beiderwand gewebt werden kann, stehen arbeitsfertig dort. Es ist also auch nichts im Wege, daß Sie Beiderwand weben. Wenn Sie es nicht können, so vermag ich es Ihnen zu zeigen, so daß Sie sich bald in die Technik einleben können. Es würde mir, ich gestehe es, ganz lieb sein, wenn Sie in dem Raume für Ihre Rechnung weben würden.“[86]

Lehmann ging es vor allem darum, im Museum die historischen Webtechniken zu demonstrieren, denn „in der Webkunst ist das Beiderwandgewebe für Schleswigs Volkskunst von hervorragender Bedeutung gewesen ... sind doch Beiderwandröcke echt schleswig-holsteinisches Trachtengut.“[87] Erna Luebke gab den Plan, nach Altona zu gehen, bereits am 14. Januar 1920 wieder auf, da sie befürchtete, „durch Zuschauer doch recht zu sehr belästigt zu werden und (daß ich) dann nicht auf meine Kosten kommen kann.“[88] Am 1. Juli übersiedelte sie mit dem gesamten Betrieb, der ein Dutzend Webstühle umfasste, von Scherrebek nach Quickborn.[89] Lehmann gelang es nach mehrjährigen Verhandlungen mit Webern aus ganz Deutschland, die aus Glücksburg stammende Erna Satz, die in Stockholm und München gelernt hatte, für den Betrieb der Webstühle im Altonaer Museum zu gewinnen. Im Februar 1923 wurde ihre Weberei mit Genehmigung der Museumskommission als „Altonaer Museumsweberei“ im Museum eingerichtet,[90] in der sie auch moderne Möbelstoffe und Teppiche herstellte.[91] Am 4. April 1933 wurde ihr, deren Vater getaufter Jude war, vom Magistrat durch den seit 1931 amtierenden Museumsdirektor Hubert Stierling mitgeteilt, es sei „nicht länger angängig, daß eine Jüdin für Erwerbszwecke Räume des städtischen Museums benutzt. Sie haben deshalb mit dem Ihnen gehörigen Inventar das Museum bis spätestens 30. April 1933 zu räumen."[92] Die Familie Luebke betrieb die Weberei in Quickborn bis 1923 und zog dann nach Altona, wo Marie Luebke bald darauf starb.[93] Was in Hamburg begonnen hatte, die Geschichte der Scherrebeker Weberei, endete in Altona.

Aus dem Nachlass von Marie Luebke, den Schlee noch 1984 verloren glaubte,[94] gelangten 1964 von der Enkelin der Weberin ein Exemplar von Max Seligers Wandbehang „Engel" (Kat. S. 119), den Otto Lehmann 1920 an seinen Freund Carl Meyer vermittelt hatte, und ein Paneelfries „Möwen" von Friedrich Mißfeld (Kat. S. 97) ins Altonaer Museum. 1995 kaufte das Museum von der Urenkelin von Marie Luebke den seinerzeit von Meyer zurückgeforderten, ebenfalls von Friedrich Mißfeldt entworfenen Wandbehang „Reigen" (Kat. S. 97). Mißfeldt war ohnehin mit Altona verbunden. 1874 in Kiel geboren, Student der Karlsruher und der Stuttgarter Akademie sowie der Académie Julian in Paris, war er seit 1907 Lehrer an der Kieler Handwerker- und Kunstgewerbeschule. 1913 war er in mehreren Sitzungen des Altonaer Künstlervereins Jurymitglied für eine Plakatkonkurrenz zum 250jährigen Altonaer Stadtjubiläum und für die Altonaer Gartenbauausstellung 1914. Als Vorsitzender der Schleswig-Holsteinischen Kunstgenossenschaft beriet er 1913 mit dem Altonaer Künstlerverein über eine Gemeinschaftsausstellung „Schleswig-Holsteinische Kunst".[95]

Mißfeldts „Möwen"-Teppich (Kat. S. 97), 1907 entworfen, wurde noch 1927 als Frühwerk des Malers und in der Nachfolge von Otto Eckmanns „Möwenschwarm"-Teppich (Kat. S. 75) von 1901 gewürdigt: „War der Teppich von Otto Eckmann Aufklang, so ist Mißfeldts Leistung Vollendung, ein Werk, das noch heute unübertroffen ist, schwungvoll und farbenfroh wie an dem Tage, als es erschien."[96] Mißfeldts „Reigen" (Kat. S. 97) bildete Maria Brinckmann 1930 in einem Aufsatz über „Die Geschichte der neuzeitlichen Handweberei in Schleswig-Holstein"[97] zusammen mit dem Wandbehang „Anbetung der Hirten" von Alfred Mohrbutter (Kat. S. 105) als einzige Scherrebeker Beispiele ab. Schlee war 1984 noch kein ausgeführtes Exemplar zu dem im Schleswig-Holsteinischen Landesmuseum in Schleswig befindlichen Karton des „Reigens" bekannt.[98] Zu Max Seligers Wandbehang „Engel" (Kat. S. 119) kam 1970 zusammen mit einem Konvolut „Handschrift und Zeichnung von Künstlern alter und neuer Zeit", der 1924 posthum veröffentlichten Autographensammlung von Max Seliger,[99] ein Ölgemälde ins Altonaer Museum, das auf dem von floralen Ornamentfeldern gerahmten Mittelbild einen ähnlichen Engel mit den entsprechenden Schriftbanderolen zeigt, das jedoch weder Entwurf noch direkte Webvorlage für den Teppich gewesen ist.[100] Auch dieser Wandbehang im Altonaer Museum ist das bislang einzige nachweisbare Exemplar. Dies gilt ebenso für die wohl von Pastor Johannes Jacobsen, dem Gründer der Scherrebeker Webschule, entworfene Kissenplatte „Die Spinne" (Kat. S. 87), die 1958 aus Husumer Privatbesitz vom Altonaer Museum angekauft wurde.

Den vergleichsweise wenigen direkten Beziehungen zwischen Scherrebek und Altona steht damit heute eine kleine aber bedeutende Sammlung Scherrebeker Bildwebereien im Altonaer Museum gegenüber. In den über einhundert Jahren, die zwischen der Gründung der Scherrebeker Webschule und der erneuten Bearbeitung des Bestands für diese Ausstellung liegen, entstand ein Geflecht wechselseitiger Beziehungen zwischen Werkstatt, entwerfenden Künstlern, Auftraggebern und dem Museum, das hier exemplarisch dargestellt worden ist und das in noch größerem Maße für das Museum für Kunst und Gewerbe in Hamburg gilt, von dem die Gründung der Scherrebeker Webschule ausging. Museen sind nicht nur letzter Aufbewahrungsort für kunst- und kulturhistorische Objekte, sondern immer auch Initiator und Multiplikator für kulturelle Strömungen. Die Scherrebeker Webkunst, auch das kann am Altonaer Beispiel gezeigt werden, konnte trotz des Ursprungs und der starken Verankerung in der Volkskunstbewegung schon mit ihren ersten Produkten den Schritt in die höchste Kategorie des modernen Kunstgewerbes und der Innendekoration vollziehen - dank der durchgängig hochkarätigen Entwerfer und eines gebildeten und solventen großbürgerlichen Publikums. Doch auch die Verbindung zur historischen Volkskunst und zu dem sich in der ersten Hälfte des zwanzigsten Jahrhunderts aus ihr entwickelnden bodenständigen Kunsthandwerk hat die Scherrebeker Weberei nie verloren.

1 Aus einem Brief von Alfred Mohrbutter an Meta Baur in Altona, Berlin 10.2.1903, Privatbesitz Hamburg.

2 Justus Brinckmann: Museum für Kunst und Gewerbe in Hamburg. Bericht für das Jahr 1897, Hamburg 1898. - Ernst Schlee: Scherrebeker Bildteppiche, Neumünster 1984, 30.

3 Schlee 1984 (s. Anm. 2), 29.
4 Brinckmann 1897 (s. Anm. 2).
5 Schlee 1984 (s. Anm. 2), 50.
6 Schlee 1984 (s. Anm. 2), 45. - Kunsthandwerk in Schleswig-Holstein. Bildteppiche seit 1900. Gold- und Silberschmiedearbeiten, Bucheinbände und Keramiken von heute, Ausst.-Kat. Schleswig-Holsteinisches Landesmuseum, Schleswig 1974, 21-24. - Die Jugendstil-Sammlung, bearb. von Heinz Spielmann u.a., Bd. 1 = Kataloge des Museums für Kunst und Gewerbe Hamburg, V, Hamburg 1979, 132 f.
7 Schlee, ebd.; Kunsthandwerk in Schleswig-Holstein 1974 (s. Anm. 6), 27 f.
8 Vgl. Schlee 1984 (s. Anm. 2), 46.
9 Ebd.
10 „Catalog der Sammlung ethnographischer und antiquarischer Gegenstände, geschichtlicher und anderer Gedenkstücke, Medaillen und Münzen des Oeffentlichen vaterstädtischen Museums in Altona", Altonaer Museum. - Vgl. a. Otto Lehmann: Festschrift zur Eröffnung des Altonaer Museums, zugleich ein Führer durch die Sammlungen, Altona 1901, 5-7.
11 Otto Lehmann: Aus meinem Leben, Typoskript 1939, Altonaer Museum, 56.
12 Vgl. a. Torkild Hinrichsen: In Ottos Kopf. Otto Lehmann und sein modernes Konzept für das Altonaer Museum 1901, 1914, 2001, in: ders. (Hrsg.): In Ottos Kopf. Das Altonaer Museum 1901 bis 2001 und das erste Ausstellungskonzept seines ersten Direktors Otto Lehmann, Hamburg 2001, 13-24.
13 Lehmann 1939 (s. Anm. 11), 55.
14 „Der Gedanke, daß auch das Kunstgewerbe der Provinz in dem Altonaer Museum einen Platz einnehmen müßte, war mir klar, wenn auch noch nicht, auf welche Weise. Ich machte es nach Brinckmann'scher Art." (ebd., 56).
15 Ebd., 63.
16 Ebd., 60.
17 Ebd., 70.
18 Ebd.
19 Volkszählung am 1.12.1900: 161.501 Einwohner in Altona (Kiel: 107.000). - Oskar Stollt: Die Verteilung und Entwicklung der Bevölkerung in Schleswig-Holstein, Phil. Diss. Greifswald 1938, 154 (frdl. Hinweis Dr. Hajo Brandenburg).
20 Schlee 1984 (s. Anm. 2), 129.
21 Ebd., 161, 235.
22 Brief Alfred Mohrbutter an Meta Baur in Altona, Berlin 6.1.1904, Privatbesitz Hamburg.
23 Schlee 1984 (s. Anm. 2), 214. Die Quelle nennt Schlee nicht.
24 Otto Lehmann an Erna Luebke in Scherrebek, Altona 29.1.1920, Altonaer Museum, Akten bis 1945: 21.7.25.2
25 „Ihrem Schreiben entsprechend bitte ich Sie, den vergrößerten Schwanenteppich für 1200 M. zu weben und zu versuchen, daß derselbe Anfang Mai spätestens fertig wird." (Otto Lehmann an Erna Luebke in Scherrebek, Altona 6.2.1920, ebd.).
26 „Ich würde (das Buch) mit den Wandteppichen wieder zurücksenden, wenn die Verhandlungen wegen des Eckmannschen Wandbehanges nicht sich verwirklichen würden, womit ja dann leider auch der Wandbehang 'Engel' zurückgehen müßte. Anderenfalls brauchte ich Ihnen ja nur den Missfeldschen 'Reigen' zurückzusenden ..." (Otto Lehmann an Erna Luebke in Scherrebek, Altona 29.1.1920 (s. Anm. 24). - „Ich danke Ihnen herzlichst für Ihre freundlichen Bemühungen. Ich möchte den Reigen wieder nach Scherrebek haben." (Postkarte Erna Luebke an Otto Lehmann in Altona, Scherrebek 3.2.1920, ebd.) - „Der Betrag von 2000 M. für den Seligerschen Teppich wird Ihnen durch Herrn Carl Meyer auf das von Ihnen angegebene Bankkonto morgen überwiesen. Den Reigenteppich sende ich Ihnen morgen wieder zu." (Otto Lehmann an Erna Luebke in Scherrebek, Altona 6.2.1920, s. Anm. 25) - Am 29. Mai 1921 schreibt Erna Luebke aus Quickborn an Otto Lehmann, sie habe nun „endlich ... den gewünschten Schwanenteppich fertiggequält". Sie selbst, Mutter und Schwester seien seit Monaten ernstlich erkrankt und hätten sich gegenseitig pflegen müssen, „und da können Sie sich wohl denken, daß der Teppich nicht recht wachsen wollte ... Nun möchte ich Sie herzlich bitten, mir doch die Adresse des betreffenden Herrn mitzuteilen, wir können ihn denn ja auch persönlich hinbringen und wissen Sie auch vielleicht, um welche Zeit er am besten zu sprechen ist? Legen Sie Wert darauf, den Teppich vorher zu sehen, er sieht sehr hübsch aus in der Verbreiterung! Wir fahren meistens Donnerstags nach Altona zum Arzt Dr. du Mesnil!" (Erna Luebke an Otto Lehmann in Altona, Quickborn 19.5.1921, ebd.).
27 Otto Eckmann: Fünf Schwäne, Pfeilerbehang, 1897, Kette: Baumwolle, Schuss: Wolle, 236 x 74,5 cm, Webereizeichen und lig. Monogramm OE u.l., Altonaer Museum, Psi 47 (ohne Inv. Nr.)
28 Lehmann 1939 (s. Anm. 11), 89.
29 Die Jugendstil-Sammlung 1979 (s. Anm. 6), 419.
30 Lehmann 1939 (s. Anm. 11), 89.
31 Ebd, 84.
32 Altonaer Künstlerverein 1905-1939, bearb. von Axel Feuß, Ausst.-Kat. Altonaer Museum, Hamburg 1990.
33 Ebd., 13 f. - Lehmann 1939 (s. Anm. 11), 78.
34 Vgl. das Kapitel: Von der Vergangenheit in die Gegenwart; Altonas kulturelles Leben; hervorragende Altonaer Familien und Persönlichkeiten, in: Paul Th. Hoffmann: Neues Altona 1919-1929. Zehn Jahre Aufbau einer deutschen Großstadt, Bd. 2, Jena 1929, 217-322. - „Der

dritte Sohn des Etatsrat Georg Friedrich Baur war Sigismund Alexander Baur (1857-1909). Er wurde besoldeter Senator zu Altona und genoss wegen seiner hervorragenden Tüchtigkeit und seiner vornehmen Gesinnung großes Ansehen ..." (ebd., 250).

35 Lehmann 1939 (s. Anm. 11), 64, 66.

36 Schlee 1984 (s. Anm. 2), 58.

37 Zur baulichen Entwicklung des Hauses siehe: Die Bau- und Kunstdenkmale der Freien und Hansestadt Hamburg, Bd. II, Altona, Elbvororte, bearb. von Renata Klée Gobert, Hamburg 1959, 154-156.

38 „Im Besitze Ihrer werten Postkarte vom 3. dess. Mts. erwidern wir Ihnen höflichst, daß der Preis des nach dem eingesandten Muster angefertigten Gewebes auf 250 M. kommt. Es ist dieses nach unserer Berechnung und auf Grund der gemachten Erfahrungen absolut nicht zu teuer. An Flächeninhalt übertrifft das Gewebe um ein ganz bedeutendes die Schwäne. Dann macht das Weben dieses Stückes naturgemäß mehr Schwierigkeiten als das des Schwanenstücks, da dieses schon so und so viel mal angefertigt von den betreffenden Mädchen sozusagen ohne jede Beaufsichtigung ausgeführt werden kann ... Es ist doch sehr leicht für Sie, Ihren Einfluß bei der Baurschen Angelegenheit im Sinne der Schule geltend zu machen und Herr Baur selbst wird solchen sachlichen Einwendungen, wie wir sie machen, daß wenn man weben soll sich dabei zum mindesten nicht in den eigenen Hals schneidet, sicherlich nicht übelwollend gegenüberstehen." (Johannes Jacobsen an Alfred Mohrbutter in Altona, Scherrebek 6.4.1898, Privatbesitz Hamburg).

39 Die Originalaufnahmen im Schleswig-Holsteinischen Landesmuseum, Schleswig, tragen die falsche Datierung „1896" sowie den Vermerk „Mohrbutter, Charlottenburg" (Reproduktion mit frdl. Genehmigung der Stiftung Schleswig-Holsteinische Landesmuseen).

40 Schlee 1984 (s. Anm. 2), 122-124.

41 Ebd., 268, 273.

42 Vgl. Schlee 1984 (s. Anm. 2), 235 f. - Alfred Mohrbutter 1867-1916. Gemälde, Graphik und Bildteppiche aus Privatsammlungen und norddeutschen Museen, bearb. von Carsten Meyer-Tönnesmann, Ausst.-Kat. Hamburgische Landesbank und Altonaer Museum, Hamburg 1987, bes. 4-8.

43 Diese Briefe wurden bereits veröffentlicht in dänischer Übersetzung in dem Aufsatz von H.E. Sørensen: Fire Billedttæpper fra Skærbæk væveskole 1898, in: Nordslesvigske museer. Årbog for museerne i Sønderjyllands Amt, Bd. 22, 1997, 41-67. - Den Hinweis verdanke ich Dr. Carsten Meyer-Tönnesmann, Hamburg. - Alle nachfolgend zitierten Briefe und Postkarten, die sich auf Mohrbutters Wandbehänge für das Ehepaar Alexander und Meta Baur beziehen, befinden sich in Hamburger Privatbesitz.

44 „Die Bildteppiche konnten durchaus ohne den unterlegten Bibeltext bestehen; er erklärt an dem Bild nichts. Andererseits ist es unmöglich, ohne den gegebenen Hinweis auf die inhaltliche Beziehung zu kommen, sie tritt literarisch-symboldhaft zum dargestellten Bildgegenstand hinzu." (Gabriele Howaldt: Bildteppiche der Stilbewegung = Kunst in Hessen und am Mittelrhein, Bd. 4, Darmstadt 1964, 106).

45 „Ein besonderer Sinnzusammenhang, der die Zitate miteinander verbinden könnte, wird freilich nicht erkennbar; die Auswahl der Motive mag im Wunsch des Auftraggebers begründet gewesen sein. Aber auch sonst ist an einen benennbaren zyklischen Zusammenhang inhaltlicher Art ... offenbar nicht gedacht." (Schlee 1984 [s. Anm. 2], 239).

46 Alfred Mohrbutter an Meta Baur in Altona, Hamburg 15.2.1898.

47 Paul Th. Hoffmann: Die Elbchaussee. Ihre Landsitze, Menschen und Schicksale, Hamburg ^{9}1982, 109 f. - Werner Johannsen: Wer sie waren ... wo sie ruhen. Ein Wegweiser zu bemerkenswerten Grabstätten auf dem Friedhof Nienstedten, Hamburg 1992, 31.

48 Sørensen 1997 (s. Anm. 43), 53.

49 Die Titel der Wandbehänge von Schlee 1984 (s. Anm. 2), 239-243. Richtiger wären als Titel wohl die Bibelzitate gewesen.

50 Alfred Mohrbutter an Alexander Baur in Altona, Altona 8.3.1898.

51 Zwei der in Schleswig befindlichen Ölskizzen sind bei Schlee 1984 (s. Anm. 2), 240, 242 abgebildet.

52 „Die Beziehung zu Japan tritt auch in den vier Bildteppichen hervor, die Mohrbutter 1896 im Sonderauftrag für den Hamburger Senator Baur entworfen hat ... Unmittelbar japanisch inspiriert wirkt dasjenige der vier Teppichbilder, auf dem hinter Schilf, das einen schmalen Durchblick auf ein jenseitiges Ufer freigibt, eine große Mondscheibe steht ... Japanische Züge trägt auch das Bildmotiv des Teppichs, der sich heute im Altonaer Museum befindet. Hier hängen schattenrißartig sanftblaue Weinranken locker von oben in die Bildfläche hinein ... Für die fliegenden Reiher, die sich in der Fläche zu einer schlanken Arabeske mit den Flügeln berühren, lassen sich in der japanischen Kunst fast wörtliche Vorbilder finden ... Das Kastanienlaub, das unter dem oberen Bildrand ausgebreitet ist und als große Formen am Boden liegt, erinnert motivisch wie in den Farben - Ockerbraun und Dunkelrot - an 'Les Muses' (im Musée d'Art Moderne in Paris), die Maurice Denis 1893 malte, ein damals berühmtes Gemälde, das Mohrbutter in Paris sicherlich gesehen hat." (Howaldt 1964 [s. Anm. 44], 105). - Ähnlich auch: Ein Dokument Deutscher Kunst 1901-1976, Ausst.-Kat. Darmstadt 1976, Bd. 2, 78 und Schlee 1984 (s. Anm. 2), 239 f.

53 Klaus Berger: Japonismus in der westlichen Malerei 1860-1920 = Studien zur Kunst des 19. Jahrhunderts, Bd. 41, München 1980, 107 f.

54 Siegfried Wichmann: Jugendstil floral funktional in Deutschland und Österreich und den Einflußgebieten, hrsg. vom Bayerischen Nationalmuseum München, Herrsching 1984.

55 Sørensen 1997 (s. Anm. 43), 58, errechnet bei einem Preis von 250 M. pro ausgeführtem Teppich für die Scherrebeker Webschule und 400 M. Honorar pro Entwurf für Mohrbutter einen Gegenwert von 650.000 Dkr., wobei er 1000 M. im Jahr 1896 einen heutigen Gegenwert von 250.000 Dkr. zugrundelegte.

56 Johannes Jacobsen an Alexander Baur in Altona, Scherrebek 25.(3.?)1898.

57 Alfred Mohrbutter an Meta Baur in Altona, Weimar 25.6.1898.

58 Alfred Mohrbutter an Alexander Baur in Altona, Weimar 28.6.1898.

59 Johannes Jacobsen an Alexander Baur in Altona, Scherrebek 4.7.1898.

60 Johannes Jacobsen an Alexander Baur in Altona, Scherrebek 14.7.1898.

61 Alfred Mohrbutter an Alexander Baur in Altona, Weimar 5.8.1898.

62 „Im August findet hier eine Ausstellung von 24 Damen-Toiletten statt, die unter Leitung von van de Velde, Eckmann, Riemerschmid, Scheittgen (?) und mir angefertigt werden. Es sind keine Costüme, die nur künstlerischen Zwecken dienen sollen, sondern wirkliche Kleider, auch Schneider Kleider und Haustoiletten. Die Stoffe werden von den Fabrikanten zu Selbstkostenpreisen gestiftet. So weit die Anfertigung hier stattfindet ist sie Sache der hiesigen Schneider und Schneiderinnen. Ein großer Teil der Toiletten ist schon bestellt. Frau v.d. Velde, Madame Dubois und van Rysselberghe kommen aus Brüssel, ich habe noch 2 Costüme frei und würde mich furchtbar freuen, wenn ich Ihnen in Altona eine Toilette entwerfen könnte. Ich würde dann die Stoffe, Seide oder Tuch ganz wie sie es wollen, mitbringen. - Die ganze Sache lag eigentlich schon lange in der Luft. Es ist wunderlich, daß noch keine große Firma sich der Maler bedient hat. Der Schnitt der Kleider wird sich ja immer der augenblicklichen Mode anschließen müssen, aber (der) Applikation steht das ganze Gebiet noch offen. Frau Voigt, Jungfernstieg 11, arbeitet augenblicklich ein Kleid nach meinen Angaben. Auf dem Rock - dunkelblaurot - laufen von oben große schlanke Linien, die sich nach hinten auflösen und zusammenfließen, aus dünnem schwarzen Samt ausgeschnitten und aufgestickt. Die Taille hat Revers, deren Farbe mit der des Stoffes gut stimmen muß, und die ebenfalls mit einfachen Samtlinien besetzt sind. An einzelnen Stellen des Rockes befinden sich farbige leicht blaugrün irisierende Knöpfe ..." (Alfred Mohrbutter an Meta Bauer in Altona, Krefeld 7.5.1900).

63 Meyer-Tönnesmann 1987 (s. Anm. 42), 9.

64 Brigitte Stamm: Auf dem Weg zum Reformkleid. Die Kritik des Korsetts und der diktierten Mode, in: Kunst und Alltag um 1900 = 3. Jahrbuch des Werkbund-Archivs, hrsg. von Eckhard Siepmann, Lahn-Gießen 1978, 117-178, bes. 152-157.

65 Meyer-Tönnesmann 1987 (s. Anm. 42), 9.

66 „Ich hatte im vorigen Jahre meine Verlobung nicht gleich veröffentlicht ... Jetzt sind wir nach mancherlei Reisen seit einigen Wochen in Berlin. Es lag ja schon seit einigen Jahren mein eigentlicher Wirkungskreis ganz außerhalb Altonas, - Ihr Haus war das einzige, welches sich für meine Arbeit interessierte - so daß die Übersiedlung mir nicht schwer wurde ... Hier ist unendlich viel Kunst, außer den beiden Ausstellungen bieten die 3 Kunstsalons - eigentlich sind es ja 6 - alle 14 Tage Neues und das Theater ist doch eine Quelle gegen Hamburg's stilles Wässerchen ... Jetzt habe ich noch eine Bitte ... mir ihr Bild zu senden, eine der Aufnahmen, die Frau von Bronsart machte ..." (Alfred Mohrbutter an Meta Baur in Altona, Berlin 27.9.1900).

67 Abgebildet bei Sørensen 1997 (s. Anm. 43), 65.

68 „Heute sandte ich eine kleine Pastellskizze für die armen Kinder ab. Sie werden mir verzeihen, daß es so spät geworden ist; ich hatte so schrecklich viel zu tun, so vielerlei, und gar nichts Fertiges für den wohltätigen Zweck ... Hier ist schrecklich viel zu tun, nur die Secession hat Bürgerkrieg im Innern und die arme Kunst wird von Juden-, Christen- und Hofmalern herumgeworfen wie eine alte Kommode ... Nun bekommen Sie nächstens das große Senatsbild von Hugo Vogel. Herr Senator Lappenberg ist am allerbesten geworden. 'Es war ein schwerer Text' pflegte der alte Amtmann in Bleckede zu sagen ..." (Gruppenporträts des Hamburger Senats in historischen Kostümen des Historienmalers Hugo Vogel befinden sich in der Hamburger Kunsthalle und im Rathaus zu Hamburg. - Alfred Mohrbutter an Meta Baur in Altona, Berlin 2.2.1902).

69 Alfred Mohrbutter an Meta Baur in Altona, Berlin 10.2.1903. - „Ihren Herrn Gemahl wird es als Besitzer von Scherrebeker Losen interessieren, daß ich als ehemaliger Vorstand dieser Genossenschaft in eine Voruntersuchung wegen Concursvergehens mich befinde. Ich war nur ahnungsloser künstlerischer Beirat, der niemals gefragt wurde und habe jetzt dieses interessante Vergnügen. Wissen Sie auch, daß ich fast in die Weite gegangen wäre? Dettmann hatte mich für Königsberg eingereicht, aber das Ministerium hatte zu große Angst und so bin ich nicht bestätigt ..." (Alfred Mohrbutter an Meta Baur in Altona, Berlin 6.1.1904).

70 Der Behang „Flusslandschaft mit Bäumen und fliegenden Reihern" wurde bereits 1908 in dem Band „Das neue Kunstgewerbe in Deutschland" von Joseph Aug. Lux zusammen mit den bedeutendsten Zeugnissen der Innenraumkunst und der Architektur der Zeit abgebildet. Dokumentiert wurde er dann in dem frühesten Standardwerk zur Kunst des Jugendstils von Helmut Seling (Hrsg.): Jugendstil. Der Weg ins 20. Jahrhundert, München 1959, 374, und war in der Jubiläumsausstellung zur Darmstädter Mathildenhöhe 1976 zu sehen (Ein Dokument Deutscher Kunst 1976 [s. Anm. 52], Bd. 2, 74, 78).

71 Die Bau- und Kunstdenkmale 1959 (s. Anm. 37), 155.

72 Die Farben der Wandbehänge sind durch die lange Hängedauer von fast vierzig Jahren stark verblichen. Die originale Farbigkeit wird daher eher auf den Rückseiten sichtbar.

73 Schlee 1984 (s. Anm. 2), 267. - Ernst Schlee: Scherrebeker Bildteppiche nach Entwürfen von Otto Ubbelohde, in: Kunst in Hessen und am Mittelrhein, 27, Darmstadt 1988, 51-65.

74 Schlee 1988, ebd., 56.

75 Ebd., 57. - Kunstgewerbeblatt, NF 19, 1908, 72.

76 Die Kunst, II, 1899, 101.

77 W. Fred: Die Wohnung und ihre Ausstattung = Sammlung Illustrierter Monographien, hrsg. von Hanns von Zobeltitz, Bd. 11, Bielefeld und Leipzig 1903, 142.

78 Schlee 1984 (s. Anm. 2), 268.

79 Ebd., 273.

80 Ebd., 55.

81 Briefkopf seit etwa 1911: „Kunstweberei in Scherrebek (Schlesw.-Holst.) Frau Marie Luebke", Altonaer Museum, Akten (s. Anm. 24).

82 Schlee 1984 (s. Anm. 2), 134.

83 Erna Luebke an Otto Lehmann in Altona, Scherrebek 21.12.1919, Altonaer Museum, Akten ... (s. Anm. 24).

84 Ebd.

85 „Auch (in dem Raum für die Weberei) konnte außerordentlich viel auf kleinem Raume geboten werden, denn die Entwicklung unserer Handweberei vom einfachen Leinenstuhl bis zu dem mehrschäftigen Damaststuhl und zum aufrechthalten Webstuhl für Kunstweberei ist dargestellt worden. Vor allem ist auch ein Webstuhl auf Zug aufgestellt worden, auf dem einst die in unserem Lande viel benutzte Beiderwand gewebt wurde. Auf allen Webstühlen ist Arbeit aufgezogen und ein Stück Gewebe fertiggestellt, so daß schließlich sich nur der Weber an jeden Webstuhl zu setzen brauchte, um die Arbeit weiterzuführen. Um die Aufstellung und Einrichtung hat sich der Webemeister Herr Eichmanns verdient gemacht, der mit gütiger Bewilligung des Herrn Direktor Professor Schulze von der Königlichen Webschule in Krefeld herkam und die Webstühle einrichtete. Durch die Aufstellung von alten Geweben und weiblichen Handarbeiten ist die Anschaulichkeit und äußere Erscheinung des Raumes in willkommener Weise erhöht worden." (Otto Lehmann: Der Erweiterungsbau des Altonaer Museums, in: Museumskunde. Zeitschrift für Verwaltung und Technik öffentlicher und privater Sammlungen, hrsg. von Karl Koetschau, Bd. XIII, Berlin 1917, 132.

86 Otto Lehmann an Erna Luebke in Scherrebek, Altona 24.12.1919, Altonaer Museum, Akten ... (s. Anm. 24).

87 Lehmann 1939 (s. Anm. 11), 112.

88 Erna Luebke an Otto Lehmann in Altona, Scherrebek 14.1.1920, Altonaer Museum, Akten ... (s. Anm. 24).

89 Erna Luebke an Otto Lehmann in Altona, Scherrebek 16.5.1920; außerdem Postkarte vom 20.10.1920 aus Quickborn, ebd.

90 Otto Lehmann an Erna Satz in Schaftlach/Obb., Altona 19.2.1923, Altonaer Museum, Akten bis 1945: 21.7.25.1.

91 Ausstellung von Spitzen und Webereien vom 20. Oktober bis 10. November 1929, Ausst.-Kat. Altonaer Museum 1929.

92 Dr. Saß an Erna Satz, Hamburg-Altona 4.4.1933, Altonaer Museum, Akten ... (s. Anm. 90).

93 Schlee 1984 (s. Anm. 2), 134.

94 Ebd.

95 Altonaer Künstlerverein 1990 (s. Anm. 32), 90.

96 August Krieger: Friedrich Mißfeldt, in: Die Heimat, 37. Jg., Nr. 2, 1927, 26. - Ernst Schlee: „Möwenschwarm"-Bildteppiche des Jugendstils, in: Schleswig-Holstein, Jg. 1974, 206-208.

97 Maria Brinckmann: Die Geschichte der neuzeitlichen Handweberei in Schleswig-Holstein, in: Schleswig-Holsteinisches Jahrbuch, 19. Jg., Hamburg 1930/31, 105-122.

98 Schlee 1984 (s. Anm. 2), 234 f.

99 Christian L. Küster: Die Autographensammlung zu Max Seligers „Handschrift und Zeichnung von Künstlern alter und neuer Zeit", in: Altonaer Museum in Hamburg, Jahrbuch 1971, 9. Bd., Hamburg 1971, 57-70.

100 Alle bislang in der Literatur gemachten Angaben zu dem Gemälde von Max Seliger: „Ihr Anblick gibt den Engeln Stärke" (Öl auf Leinwand, 130 x 254 cm, Altonaer Museum, Inv. Nr. 1970/181, aufgerollt), das möglicherweise Entwurf für ein ähnliches Wandbild gewesen ist, sind falsch. Das Bild ist aufgrund starker motivischer Unterschiede zum Wandbehang (Kopfhaltung, Gewandärmel etc.) sicher nicht die Webvorlage und von Gattung und Technik her schon gar kein „Karton" (Küster 1971 [ebd.], 57. Auch bei Schlee 1984 [s. Anm. 2], 259). Der Behang kam nicht aus dem Nachlass des Künstlers, und die Vorzeichnung befindet sich nicht im Altonaer Museum (Kunsthandwerk in Schleswig-Holstein 1974 [s. Anm. 6], 47).

Katalog der Scherrebeker Webarbeiten

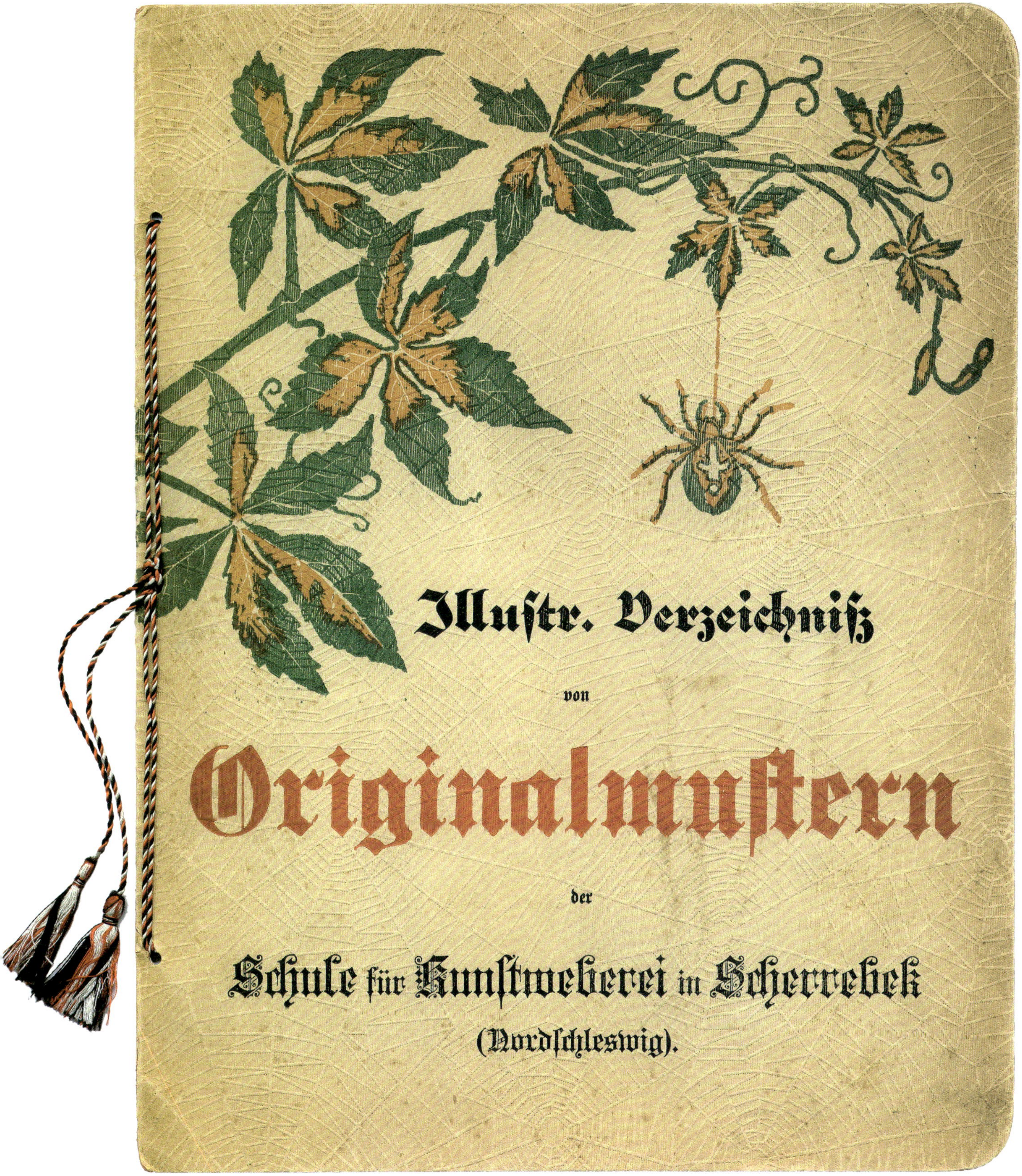

Umschlag des ersten Kataloges der Webschule von 1899, vermutlich nach einem Entwurf von Alfred Mohrbutter

Heinrich Emil Adametz

Maler.
Geb. am 23.11.1884 in Düsseldorf, gest. 1972 (?).

Literatur : Vollmer, Bd. 1, 1953, S. 9 - Allgemeines Künstlerlexikon, Bd. 1, 1983, S. 318 - Schlee 1984, S. 189.

Ausbildung als Schiffbauingenieur. Studierte an den Kunstgewerbeschulen in Hamburg und Altona. Besuchte von 1904 - 1906 die Akademie der Bildenden Künste in Stuttgart (bei Leopold von Kalckreuth und Adolf Hölzel). Wurde 1933 mit Berufsverbot belegt und war 1944 in Konzentrationshaft. Lebte seit 1945 in Berlin. Adametz malte neben Porträts vor allem Meer-, Hafen- und Schiffsdarstellungen, ab 1945 vorwiegend Havel-Motive.

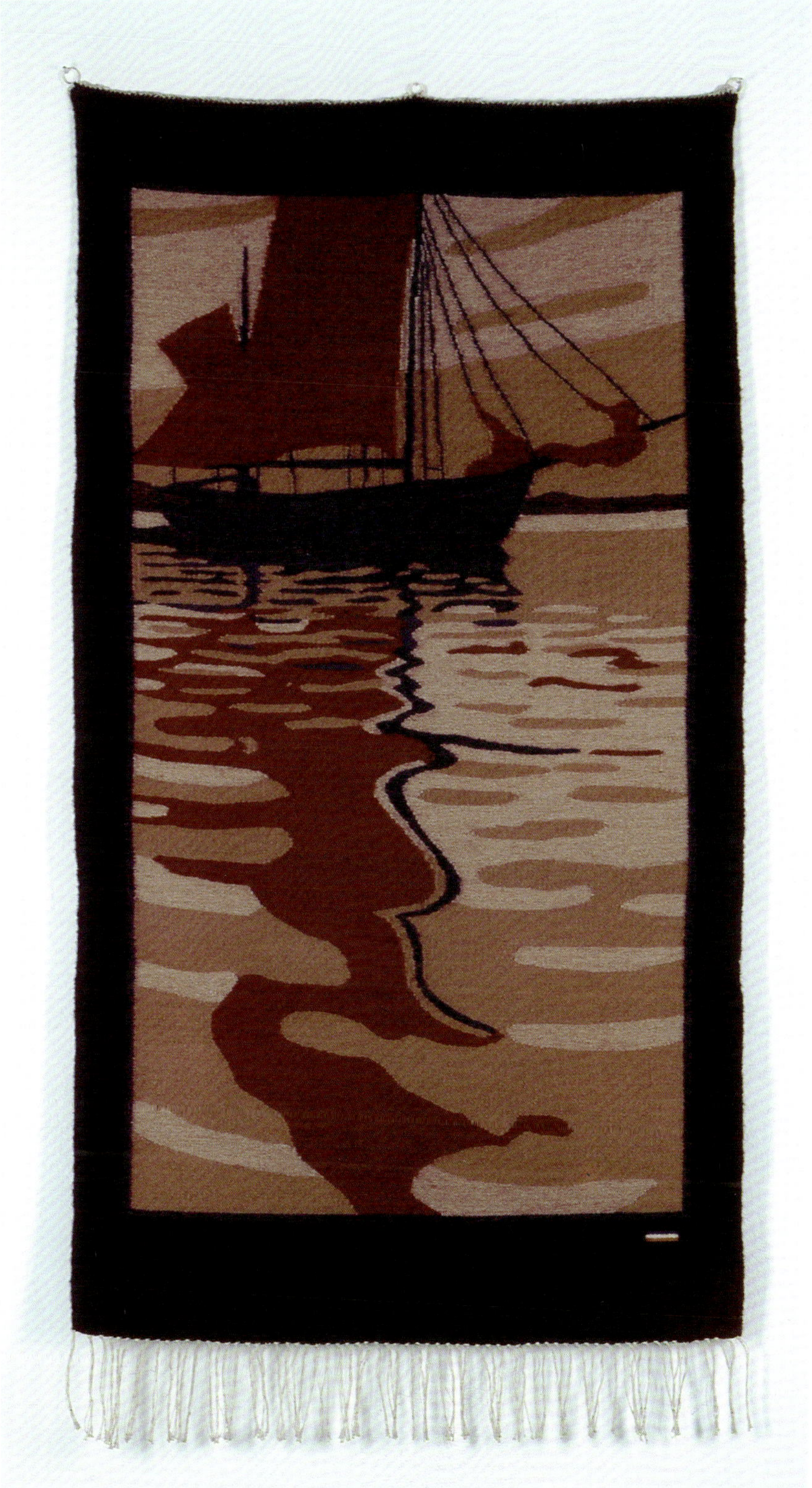

EWER | *Wandbehang, um 1904, 128 x 68 cm, Stiftung Schleswig-Holsteinische Landesmuseen Schloß Gottorf, Inv. Nr. 1998/563, Schlee 1984, S. 189*

Willy von Beckerath

Maler und Kunstgewerbler.
Geb. am 29.9.1868 in Krefeld, gest. am 10.5.1938 in Irschenhausen im Isartal.

1886 - 1899 Studium bei Peter Janssen an der Düsseldorfer Akademie, anschließend tätig in Düsseldorf, ab 1899 in München. Nach Anfängen in der religiösen und mythologischen Malerei wandte er sich in München dem Kunstgewerbe zu, war 1902 Mitbegründer der "Münchner Werkstätten für Handwerkskunst" und ab 1904 als Gestalter für die Dresdner Werkstätten für Kunsthandwerk Hellerau tätig. Von 1907 - 1930 in Hamburg, wo er Professor für Monumentalmalerei an der Kunstgewerblichen Lehranstalt des Kunstgewerbe-Museums wurde. Malte Porträts, Landschaften, religiöse und mythologische Motive und war auch als Restaurator tätig. Beckerath richtete mehrere Räume und ganze Häuser ein und wurde zu einem herausragenden Vertreter der Raumkunst. Friedrich Deneken, Direktor des Kaiser Wilhelm Museums in Krefeld seit 1897, gewann den gebürtigen Krefelder für seine Bemühungen, das Krefelder Kunsthandwerk zu beleben und vermittelte ihm vermutlich die Kontakte zur Webschule in Scherrebek.

Literatur : Thieme-Becker, Bd. III, 1909, S. 153 - Vollmer, Bd. I, 1953, S. 149 - Rump 1912, S. 8 - Schlee 1984, S. 189 (dort weitere Literaturangaben) - Allgemeines Künstlerlexikon, Bd. 8, 1994, S. 179 f.

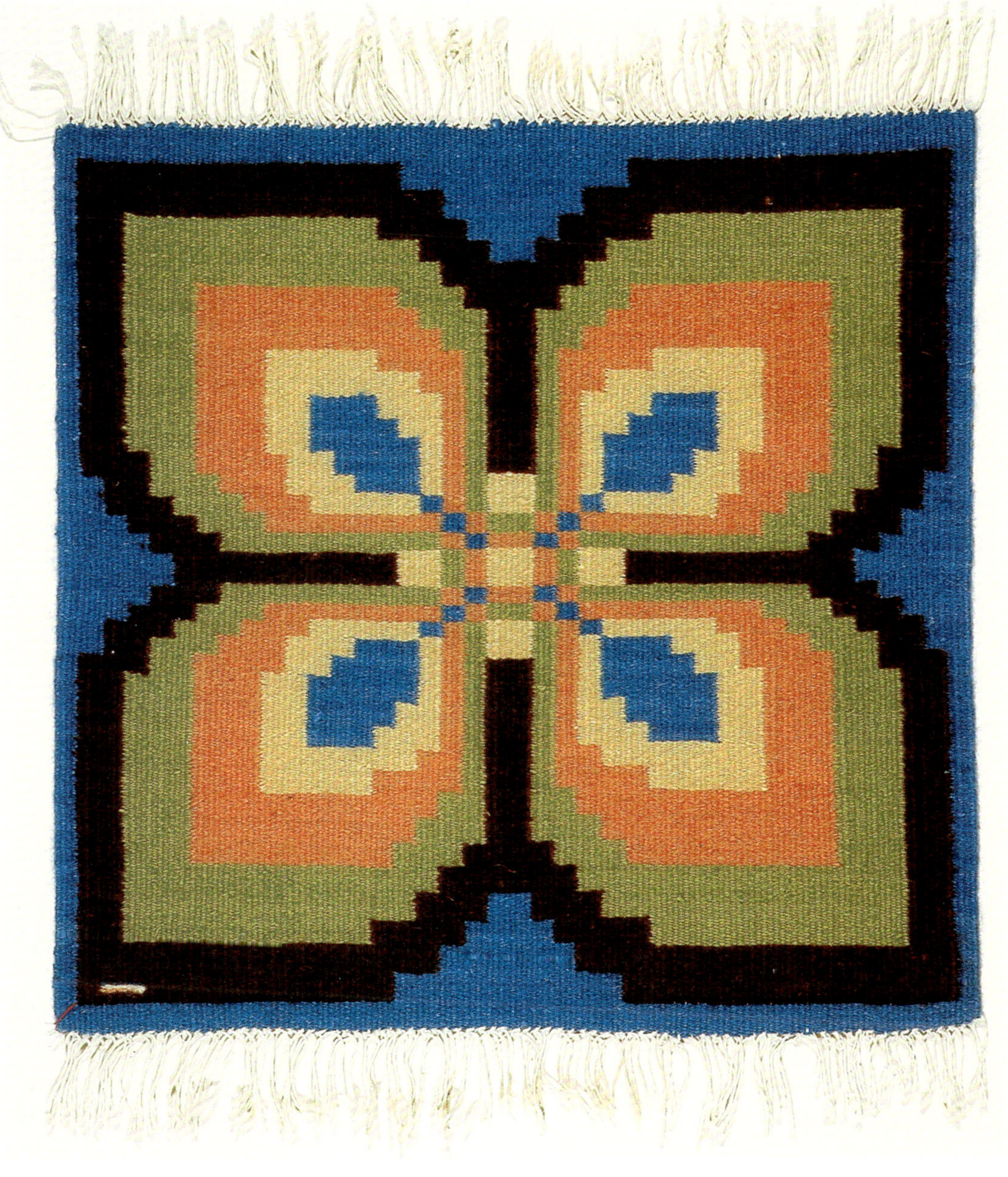

SCHMETTERLING | *Kissenplatte, vor 1899, 50 x 50 cm, Museumsberg Flensburg, Inv. Nr. 12577, Schlee 1984, Nr. 3 - 6*

Heinrich Berbig

Maler
Lebensdaten unbekannt.

Lebte in Berlin-Schmargendorf und war 1901 Schüler von Otto Eckmann in der Fachklasse für ornamentale Malerei in der Unterrichtsanstalt am Kunstgewerbemuseum, Berlin. Durch Eckmann erhielt Berbig die Möglichkeit, für Scherrebek zu entwerfen.

Literatur: Schlee 1984, S. 190.

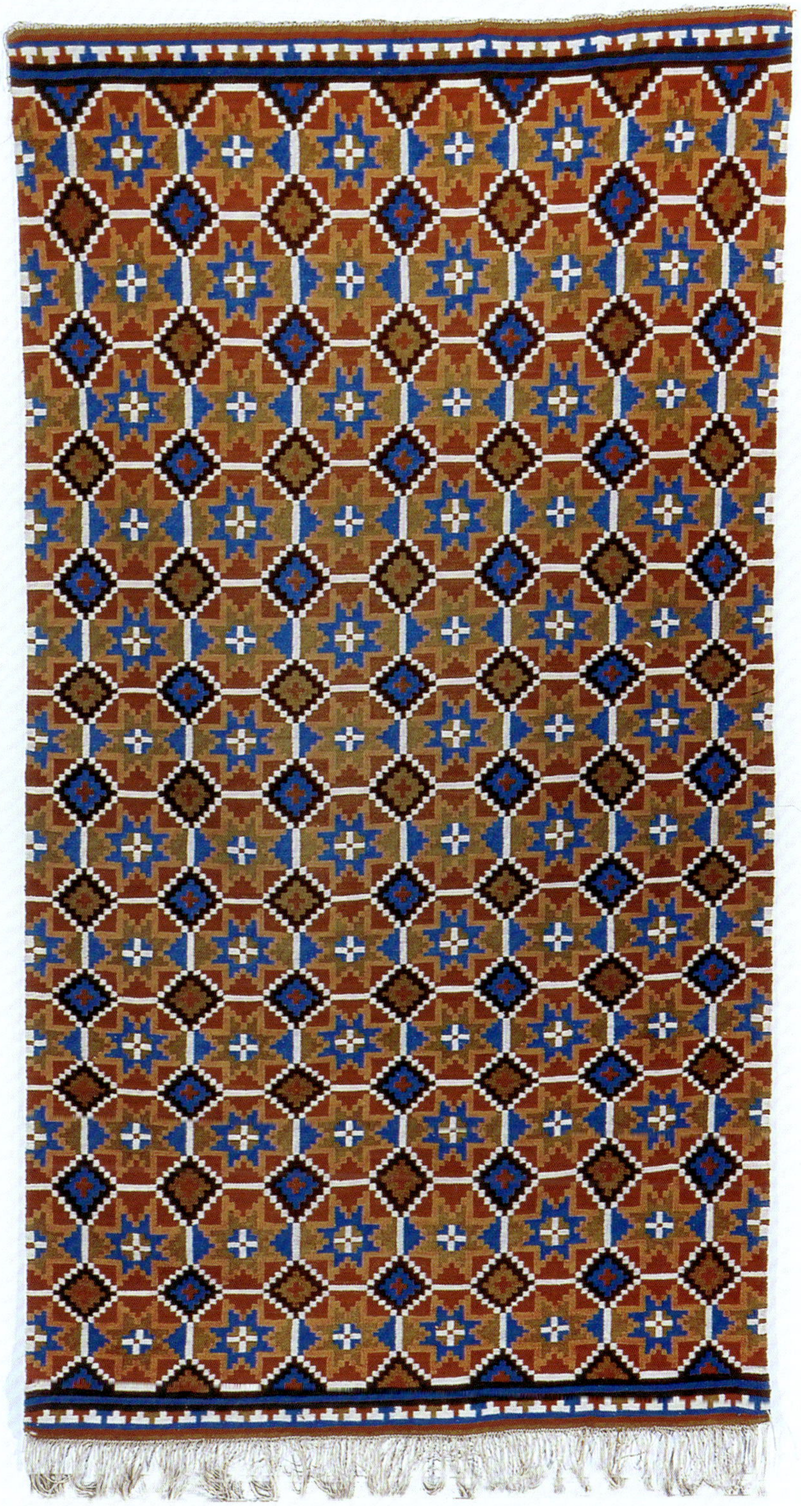

NORWEGISCH | *Chaiselonguedecke, vor 1901, 240 x 133 cm, Museumsberg Flensburg, Inv. Nr. 12611, Schlee 1984, Nr. 8*

Clarita Beyer

Landschaftsmalerin.
Geb. am 5.11.1864 in Mazatlan/Mexiko, gest. am 18.8.1929 in Kiel.

Lebte bis zu ihrem 8. Lebensjahr in Mexiko. Anschließend wurde sie in Altona ansässig und erhielt Unterricht von dem Hamburger Landschafts- und Marinemaler Friedrich Schwinge. 1888 - 1891 Besuch der Künstlerinnenschule in Karlsruhe (bei Benjamin Vautier). Zog anschließend mit ihrer Mutter in deren Geburtsstadt Kiel, wo sie wohnhaft blieb. 1894 Teilnahme an der Gründungsfeier der Schleswig-Holsteinischen Kunstgenossenschaft. Mitglied der Vereinigung nordwestdeutscher Künstler. Seit 1895 leitete sie ein Schülerinnenatelier. Studienreisen in den Spreewald, den Harz und nach Bayern. Clarita Beyer malte vor allem schleswig-holsteinische Motive, die sie besonders auf den nordfriesischen Inseln fand. Ihre Entwürfe für Scherrebek wurden offenbar erst nach dem Konkurs der Webschule von Marie Luebke ausgeführt.

Literatur : Schlee 1984, S. 191 - Wolff-Thomsen 1994, S. 57 f.

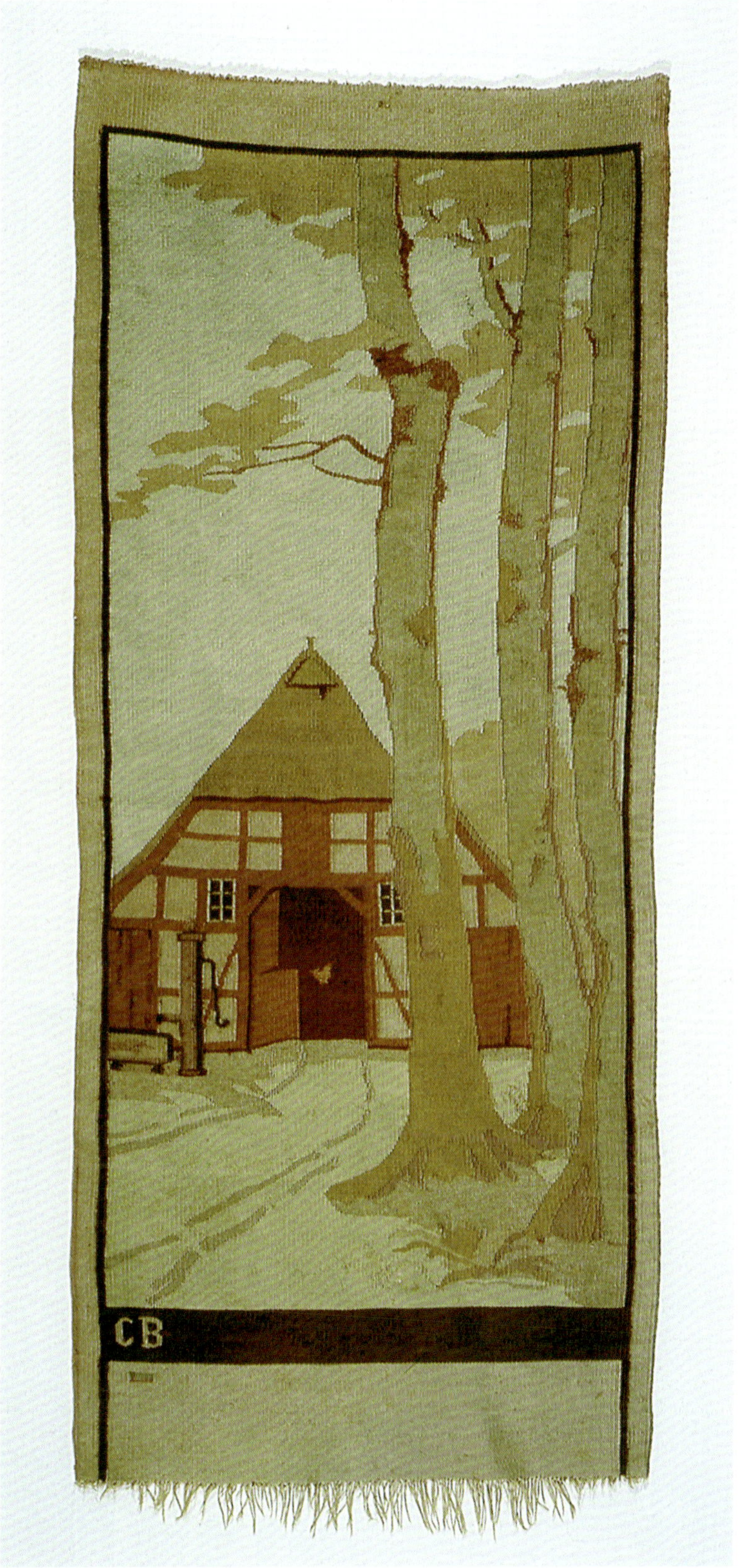

Bauernhaus *(auch „Herdfeuer")* | *Wandbehang, um 1905, 122 x 53 cm, Museumsberg Flensburg, Inv. Nr. 27051, Schlee 1984, Nr. 10*

Hans Christiansen

Maler, Kunstgewerbler, Schriftsteller.
Geb. am 6.3.1866 in Flensburg, gest. am 5.1.1945 in Wiesbaden.

1881 - 1885 Lehre als Dekorationsmaler in Flensburg, nach der Gesellenprüfung als Angestellter im Innendekorationsgeschäft von Gustav Doren in Hamburg tätig. 1887 - 1888 Kunstgewerbeschule München, 1889 Italienreise, danach Lehrauftrag als Fachschullehrer in Hamburg und selbständig tätig als Dekorationsmaler. Mitglied im Hamburger Volkskunst-Verein, enge Verbindungen zu Justus Brinckmann und Oskar Schwindrazheim. 1893 Reise zur Weltausstellung in Chicago, wo ihn besonders die Kunstverglasungen von L. C. Tiffany beeindruckten. 1895 Reisen nach Rom, Florenz, Antwerpen und Belgien, anschließend Wohnsitz in Paris. 1896 - 1899 Studium der Malerei an der Académie Julian. In Paris gleichzeitig selbständig tätig als Entwerfer für Kunsthandwerk und Mitarbeit an der Münchener Zeitschrift „Jugend". 1898 Ernennung zum Professur durch Großherzog Ernst Ludwig von Hessen, dessen Ruf an die Darmstädter Künstlerkolonie Christiansen 1899 folgte. Beteiligung an der Weltausstellung in Paris 1900 und der Ausstellung „Ein Dokument deutscher Kunst" in Darmstadt 1901. 1902 Austritt aus der Künstlerkolonie, Rückkehr nach Paris. 1904 auf der Weltausstellung in St. Louis. Bis 1914 vorwiegend mit Kunstgewerbe beschäftigt, zwischen 1903 und 1910 besonders mit der Textilkunst. 1912 Niederlassung in Wiesbaden. Ab 1914 fast ausschließlich als Maler und Schriftsteller tätig, nach 1918 vor allem als Porträtist. 1933 Malverbot.

Literatur : Deutsche Kunst und Dekoration, Bd. IX, Okt. 1901 - März 1902, S. 49-84 - Thieme-Becker, Bd. 6, 1912, S. 541 - Vollmer, Bd. 1, 1953, S. 437 - Redlefsen 1969, S. 24-34 - Schlee 1984, S. 193 f. - Zimmermann-Degen 1985 (dort weitere Literaturangaben) - Schulte-Wülwer 1989, S. 19 - Allgemeines Künstlerlexikon, Bd. 19, 1998, S. 44 f.

Obwohl Hans Christiansen durch seine Mitgliedschaft im Hamburger Volkskunst-Verein mit Justus Brinckmann in Kontakt stand, gehörte er nicht zu den Künstlern, die bereits in der Gründungszeit der Scherrebeker Webschule Entwürfe beisteuerten. Christiansen lebte zu dieser Zeit in Paris, wo er 1897 die Gelegenheit hatte, eine Ausstellung von Scherrebeker Webarbeiten im Salon „Art Nouveau" von Siegfried Bing zu sehen. In Paris entstand 1898 Christiansens erster Entwurf für einen Wandbehang mit dem Titel „Schwäne unter Kastanien", der von der Freiburger Weberin Katharina Steiner vermutlich bereits als Scherrebeker Auftragsarbeit ausgeführt wurde, heute jedoch verschollen ist.

Im selben Jahr entwarf Hans Christiansen den Wandbehang „Brandung", der in Scherrebek ausgeführt und auf der Weltausstellung in Paris 1900 gezeigt wurde. Nach einer weiteren Ausstellung in Darmstadt 1901 wurde offenbar ein Exemplar von der Künstlerkolonie angekauft, dessen Verbleib jedoch unbekannt ist. Das hohe, schlanke Format, die vom Bildrand angeschnittene Welle im Vordergrund, die Kurvaturen der Wellenlinien und die flockigen, weißen Schaumkronen verweisen auf eine Auseinandersetzung Christiansens mit japanischen Holzschnitten aus dem frühen 19. Jahrhundert, z. B. von Katsushika Hokusai.

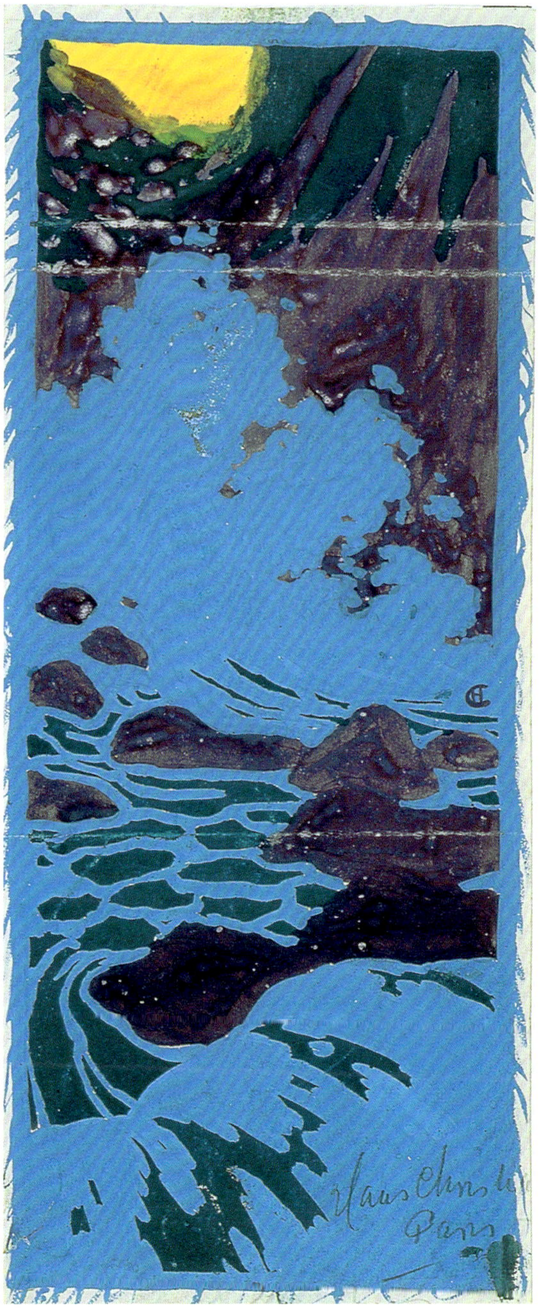

Entwurf für den Wandbehang | **„Brandung"**
Aquarell, 1898/1899, 255 x 105 mm,
Museumsberg Flensburg, Inv. Nr. 19245

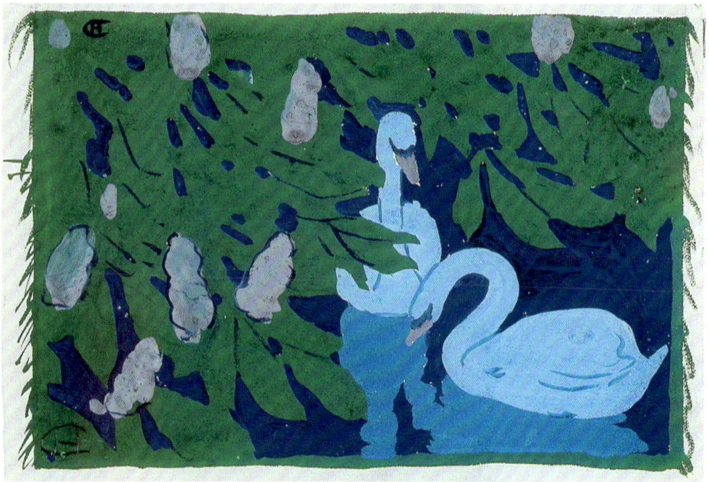

Entwurf für den Wandbehang
„Schwäne unter Kastanien"
Aquarell, 1898, 108 x 160 mm,
Museumsberg Flensburg, Inv. Nr. 19246

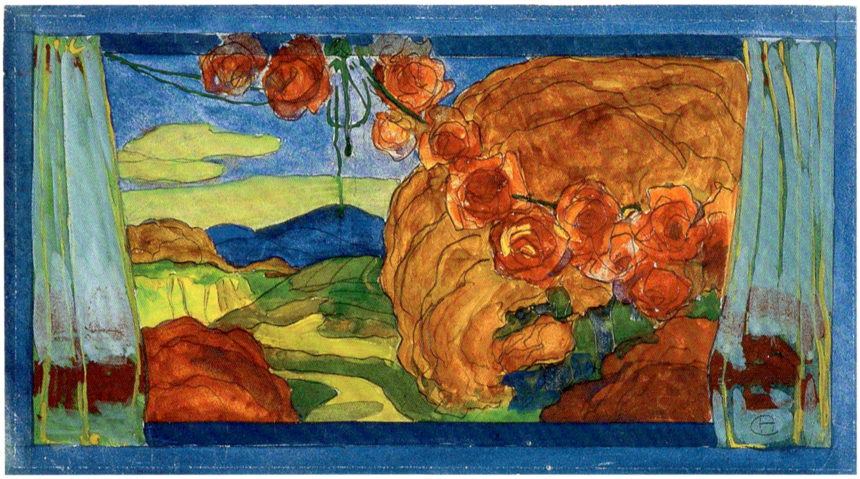

Entwurf für den Wandbehang | „**Herbst I**“
Aquarell, spätestens 1899, 153 x 286 mm, Museumsberg Flensburg, Inv. Nr. 19244

Aus Anlass der Ausstellung der Darmstädter Künstlerkolonie 1901 entwarf Hans Christiansen für sein von Josef Maria Olbrich erbautes Atelierhaus „In Rosen“ mehrere Webarbeiten. Nach Abbildungen in Zeitschriften zu urteilen, die die Ausstellung mit ausführlichen Dokumentationen begleiteten, wurden sieben Wandteppiche und zwei in Scherrebek gewebte Kissen in verschiedenen Räumen des Hauses präsentiert, von denen drei Teppiche und ein Kissen heute in Museumsbesitz nachweisbar sind. In einer Sitznische im Herrenzimmer der Villa hingen sich die Teppiche „Herbst I“ und „Herbst II“ gegenüber, die jeweils unterschiedliche Landschaftsausblicke aus einem von Vorhängen gerahmten Fenster darstellen. Bei beiden Teppichen taucht das Motiv einer Rosengirlande auf, das sich auf dem Teppich „Frau Musika“, der als Suppraporte im Speisezimmer hing, wiederfindet. Im Unterschied zum Entwurf ist die Farbe der Rosen im ausgeführten Teppich ganz auf die Haarfarbe des Laute spielenden Mädchens abgestimmt.

Im Erkersitz der Halle hing der Wandbehang „Verbotene Früchte“, der ein nacktes Mädchen unter einem Apfelbaum darstellt. Interessant ist, dass Christiansens Entwurf bei der Ausführung eine Veränderung erfuhr: Licht- und Schattenpartien scheinen vertauscht zu sein.

Für verschiedene Räume seines Hauses entwarf Hans Christiansen Kissen, von denen die meisten in Applikationsstickerei ausgeführt wurden. Zwei Kissenplatten wurden jedoch auch in Scherrebek gewebt, von denen wohl nur eines erhalten blieb, das sich heute im Museum der Künstlerkolonie Darmstadt befindet. Es zeigt eine stilisierte Frucht oder Blüte.

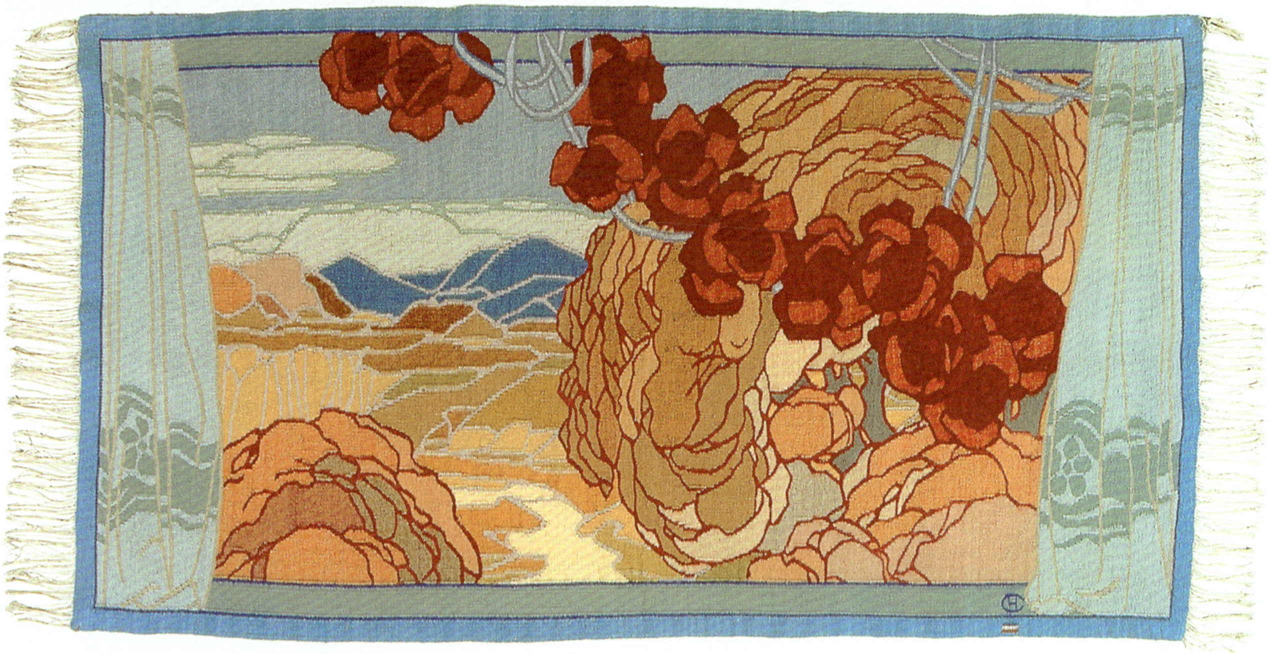

HERBST I | *Wandfries, spätestens 1899, 73 x 136 cm, Museumsberg Flensburg, Inv. Nr. 12597, Schlee 1984, Nr. 18*

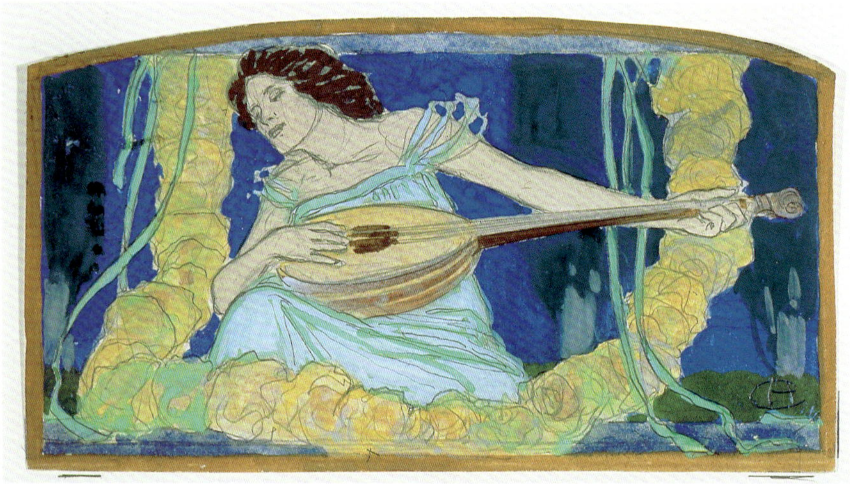

Entwurf für den Wandbehang | „**FRAU MUSIKA**", *Aquarell, 1900/1901, 110 x 186 mm, Museumsberg Flensburg, Inv. Nr. 19263*

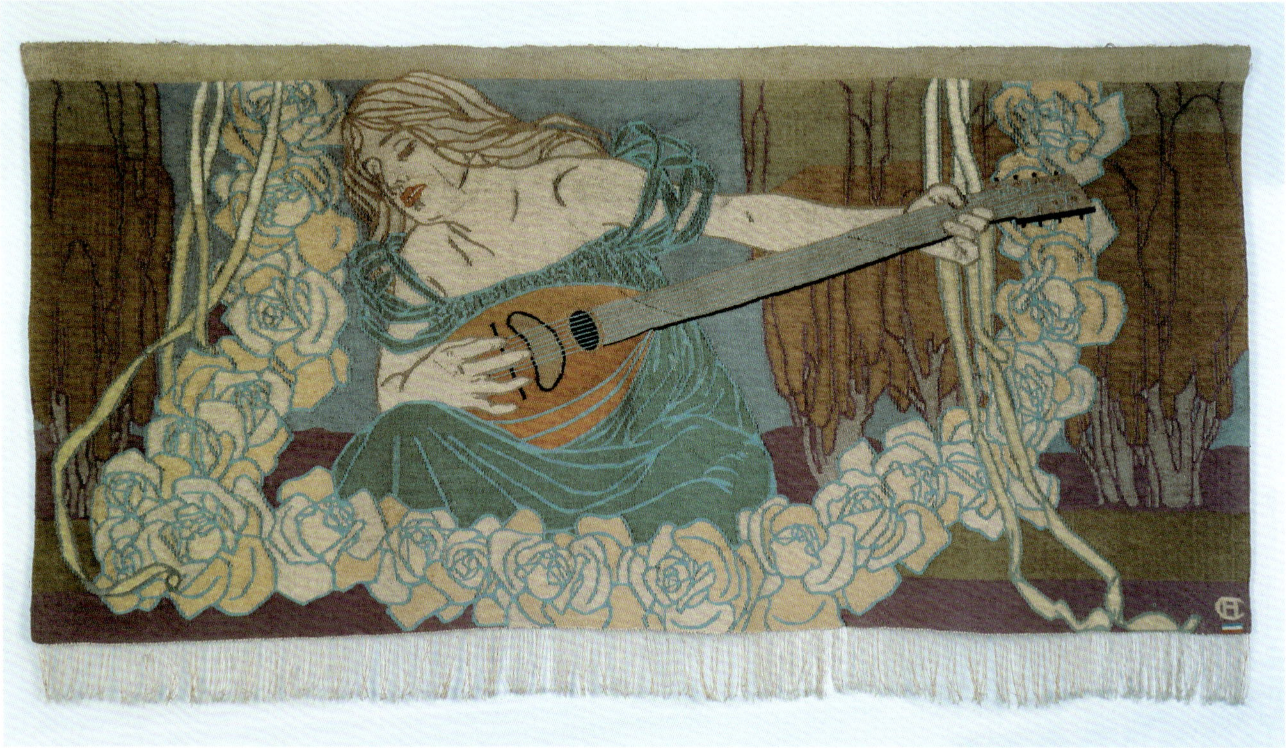

FRAU MUSIKA | *Suppraporte, 1900/1901, 79,5 x 172 cm, Museum für Kunst und Gewerbe Hamburg, Inv. Nr. MKG 1964.22, Schlee 1984, Nr. 21*

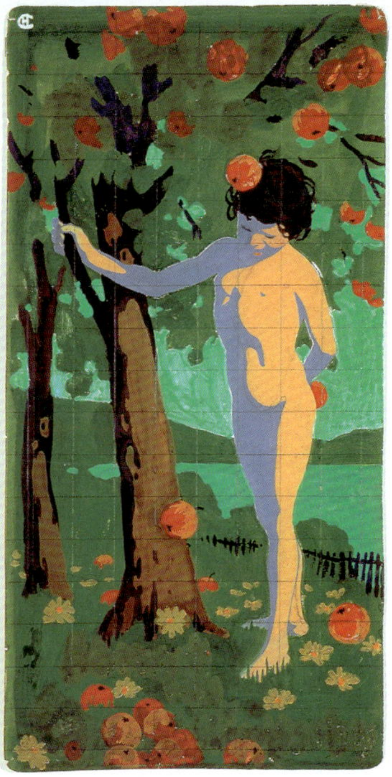

Entwurf für den Wandbehang
„Verbotene Früchte“
Aquarell, ca. 1901, 360 x 180 mm,
Museumsberg Flensburg,
Inv. Nr. 19242

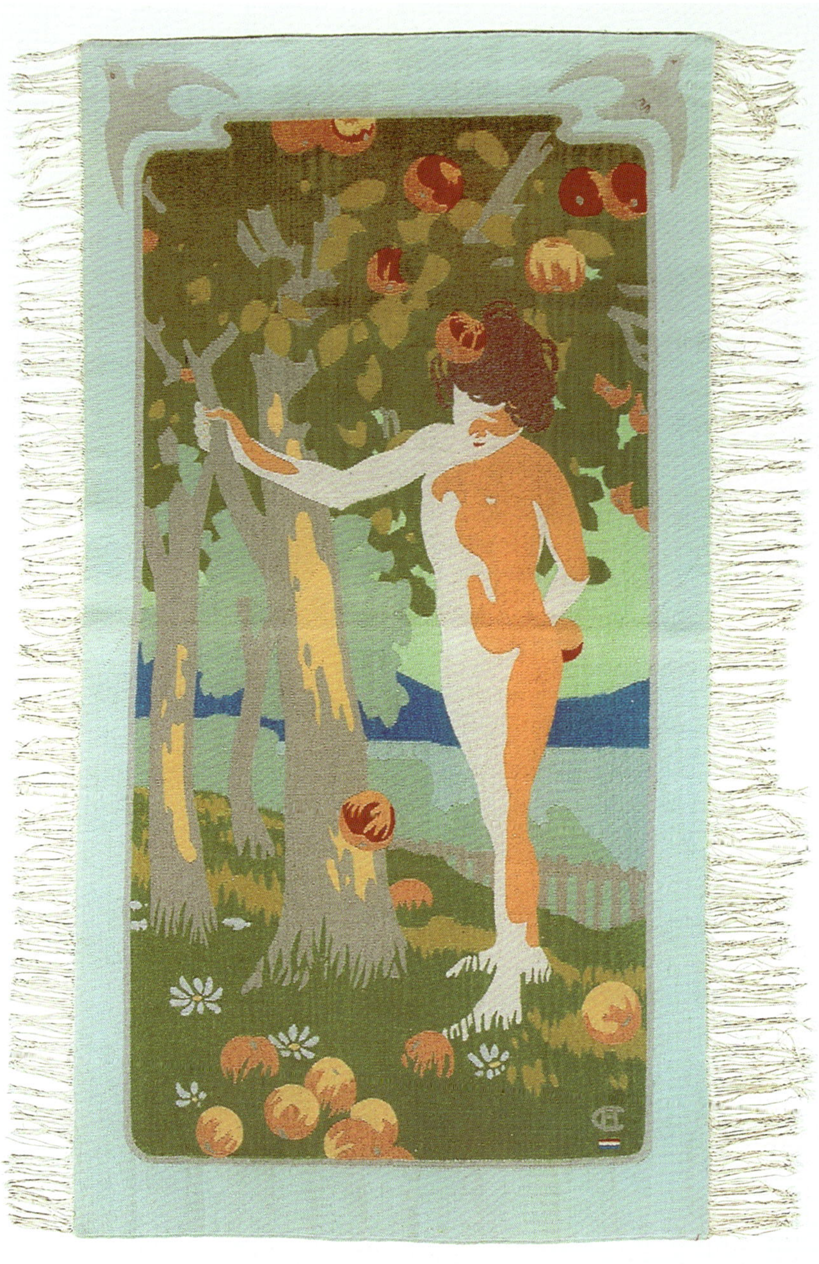

Verbotene Früchte | *Wandbehang, spätestens 1901, 165 x 89 cm,*
Museumsberg Flensburg, Inv. Nr. 12608, Schlee 1984, Nr. 22

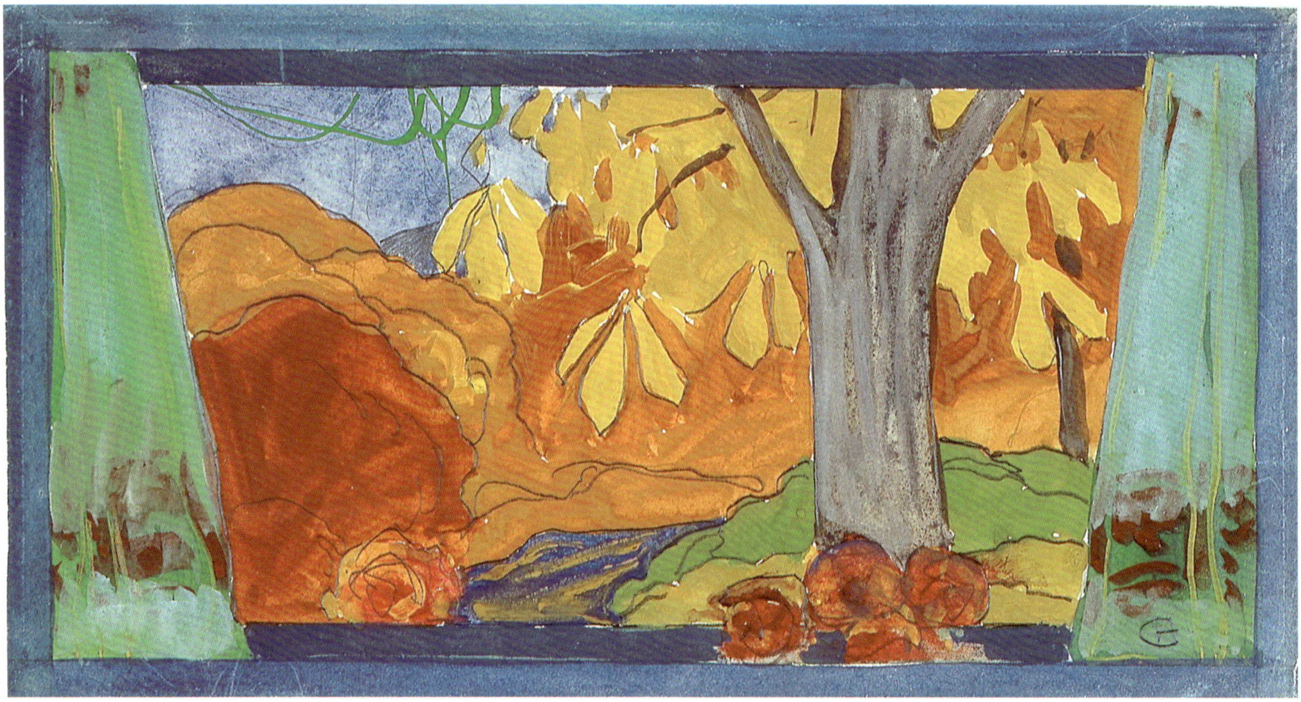

Entwurf für den Wandbehang | **„HERBST II"**, *Aquarell, spätestens 1899, 150 x 285 mm, Museumsberg Flensburg, Inv. Nr. 19243*

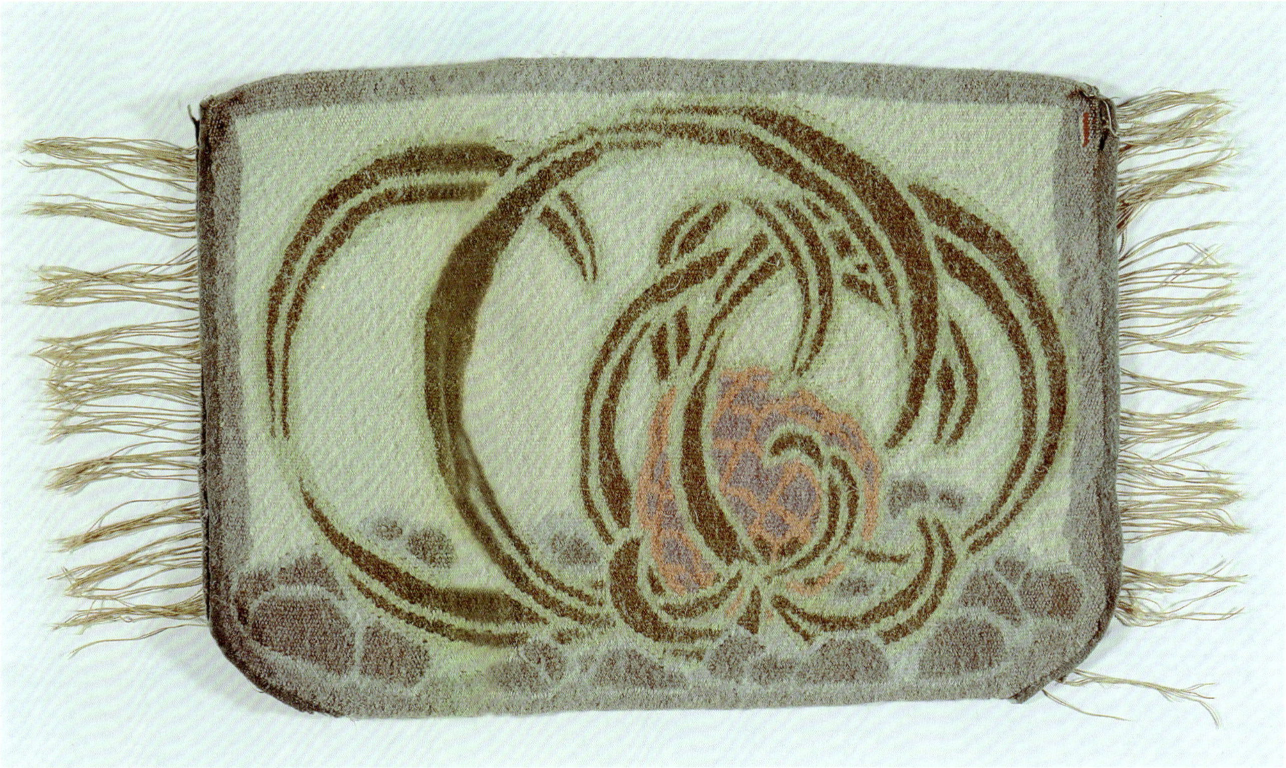

Stilisierte Frucht | *Kissenplatte, 1901, 30,5 x 43 cm, Museum Künstlerkolonie Darmstadt, nicht bei Schlee, Zimmermann-Degen 1985, WK 20*

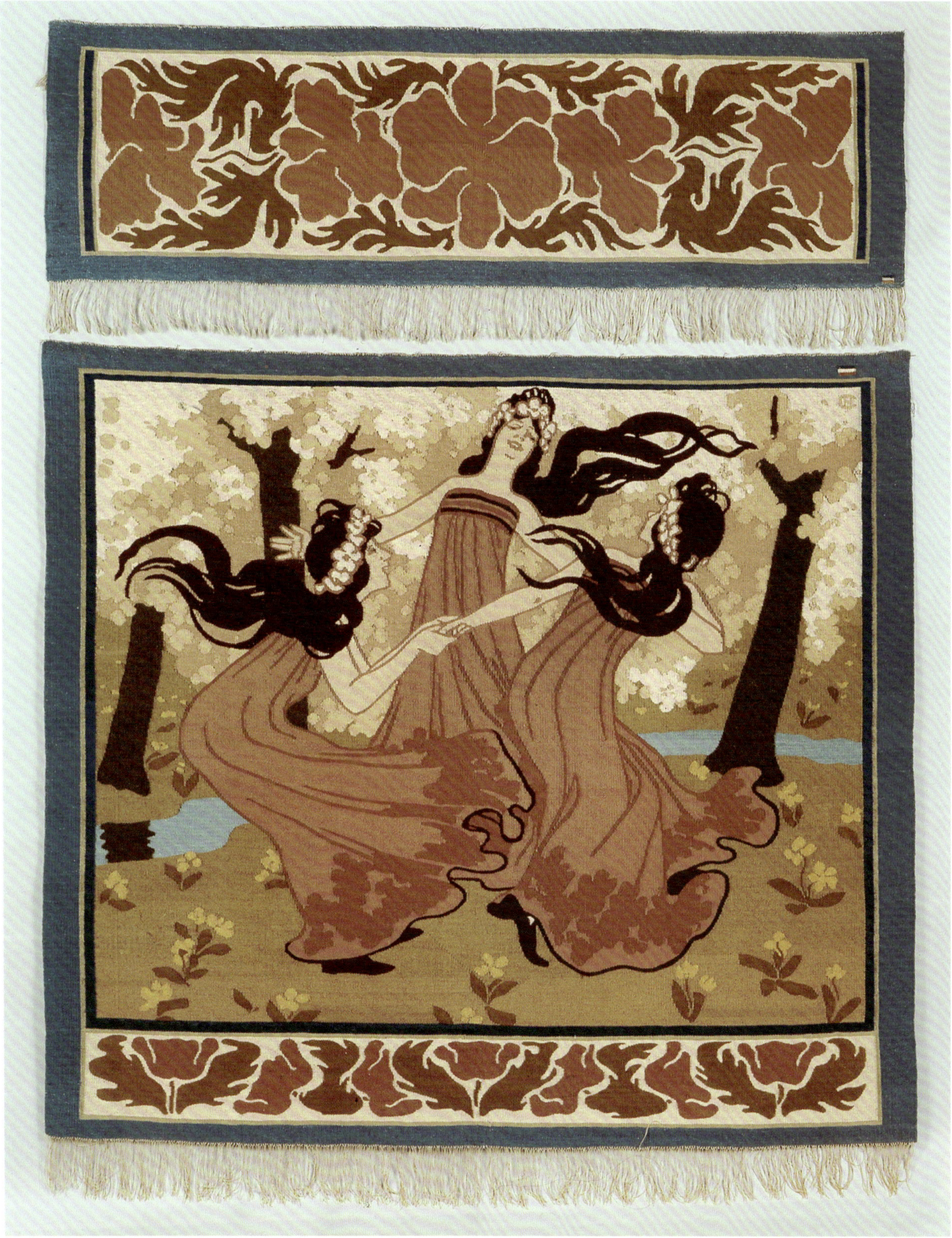

FRÜHLINGSREIGEN | *Zweiteiliger Klavierbehang, um 1900, 123 x 139 und 39 x 139 cm, Museum für Kunst und Gewerbe Hamburg, Inv. Nr. MKG 1963.110 a, b, Schlee 1984, Nr. 20*

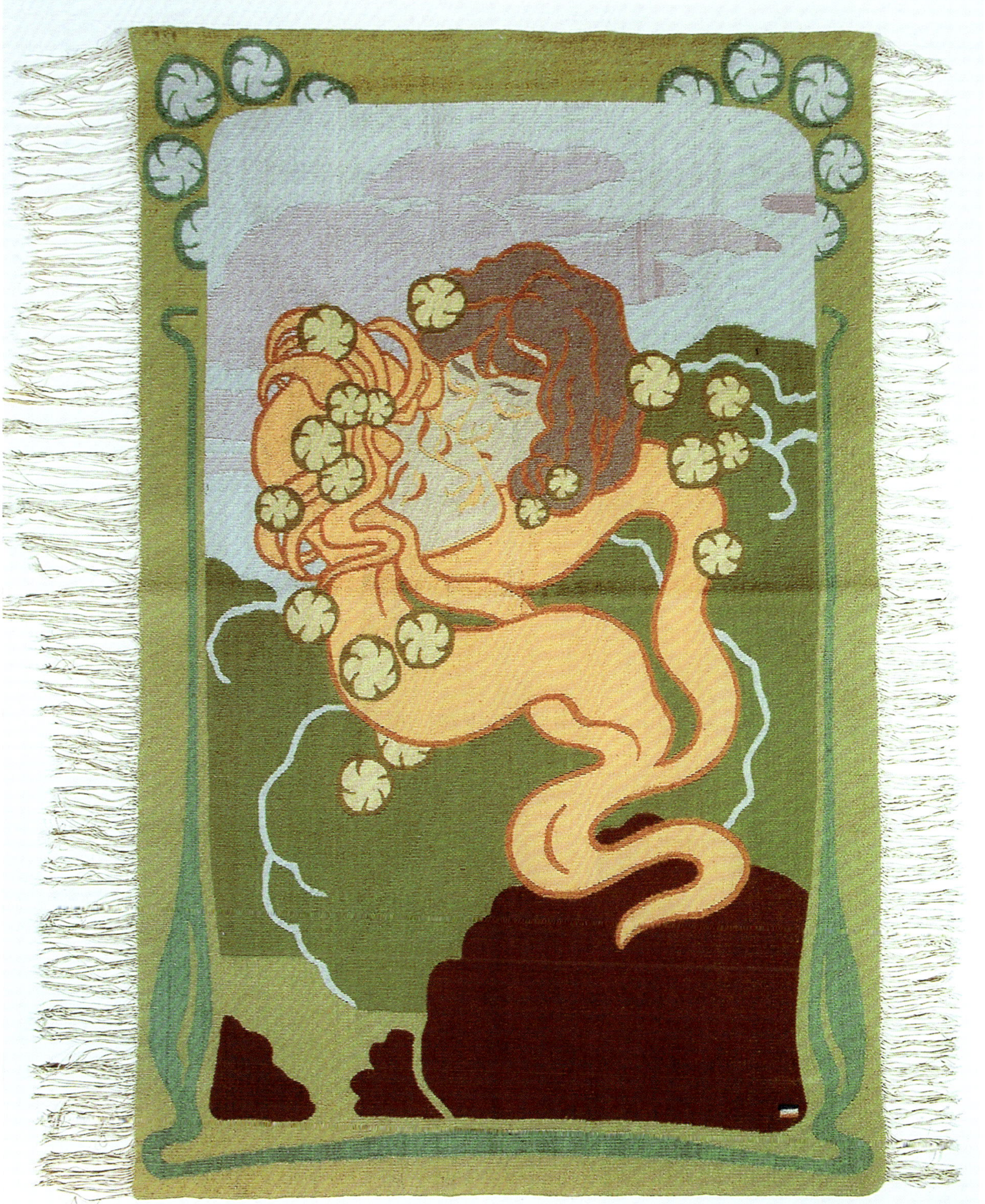

DER KUSS | *Wandbehang, nach 1901, 125 x 81 cm, Museumsberg Flensburg, Inv. Nr. 12600, Schlee 1984, Nr. 26*

Otto Eckmann

Maler, Graphiker, Kunstgewerbler.
Geb. in Hamburg am 19.11.1865, gest. am 11.6.1902 in Badenweiler.

Literatur : Thieme-Becker, Bd. 10, 1914, S. 329 f. - Rump 1912, S. 31 - Schlee 1984, S. 205 ff. (dort weitere Literaturangaben) - Savigny 1993 - Allgemeines Künstler-lexikon, Bd. 32, 2002, S. 108 f.

Nach kaufmännischer Lehre Studium an den Kunstgewerbeschulen in Hamburg und Nürnberg (ab 1882), danach an der Akademie in München (ab 1883). 1885 Reise nach Ungarn, 1886 - 1890 mehrere Reisen nach Holland, wiederholt in Hamburg. 1892 Austritt aus der Münchener Künstlergenossenschaft. 1894 Versteigerung seiner Bilder und Zeichnungen in Frankfurt und entschiedene Hinwendung zum Kunstgewerbe. Intensive Naturstudien und Auseinandersetzung mit japanischer Kunst. Ab 1896 Arbeiten für die Zeitschriften „Jugend" und „Pan". 1897 Lehrer für ornamentale Malerei an der Unterrichtsanstalt des Kunstgewerbemuseums in Berlin. 1898 Mitbegründer der Münchener Secession. In Hamburg gehörte Eckmann zum Kreis um Justus Brinckmann, Friedrich Deneken und Oskar Schwindrazheim. Die besonders enge Verbindung zu Deneken führte dazu, dass er zur Gründung der Scherrebeker Webschule bereits erste Entwürfe für Bildteppiche vorlegen konnte. Darüber hinaus fertigte Eckmann Entwürfe für Stoffe, Tapeten, Keramik, Möbel etc., die ihn zu einer führenden Persönlichkeit im Kunstgewerbe werden ließen.

Bereits einen Monat nach der Gründung der Scherrebeker Webschule wurde dort die erste größere Arbeit vollendet: Otto Eckmanns Wandbehang „Stille Fahrt". Das Motiv des Teppichs ist im Rapport angelegt und stellt zwei Segelschiffe auf ruhigem Wasser dar, im „Vordergrund" zieht sich ein Band stilisierter Löwenzahn-Pflanzen über die Teppichbreite.
Die Gleichförmigkeit, die in der Wiederholung des Motivs liegt, verleiht dem Teppich in Verbindung mit der ausgewogenen Farbigkeit eine dem Titel gemäße Ruhe. Der Musterrapport wiederholt das Motiv zweimal vollständig und ließe sich weiter in die Breite fortsetzen, so dass ein raumumspannender Fries vorstellbar wäre. Dagegen spricht jedoch, dass sich Otto Eckmann offenbar für diesen und den Teppich „Möwenschwarm" einen Rahmen vorstellte (Savigny 1993, S. 91).
Eckmanns „Möwenschwarm" lag zur Eröffnung der Webschule bereits als Karton vor und wurde noch 1896 ausgeführt. Er ist ebenfalls friesartig im Rapport angelegt - eine der über dem wellenbewegten Meer fliegenden Möwen, die einen Fisch im Schnabel hält, zeigt an, wo sich das Muster wiederholt.
Während der Teppich „Stille Fahrt" in einer einfachen, in Scherrebek „Schichtweberei" genannten Technik ausgeführt wurde, bei der der Schussfaden durch die ganze Kette gezogen und nur an Stellen, wo sich Farben begegnen, durch Kreuzschlag verbunden wird, wurde der Teppich „Möwenschwarm" als erstes größeres Gewebe in einer der Gobelinweberei verwandten Technik hergestellt, bei der es keine durchgehenden Schussfäden gibt. Dabei wird, der Webvorlage entsprechend, das Muster durch Einweben kurzer farbiger Schussfadenstücke gebildet (Textil-Fachwörterbuch 1970, S. 59).

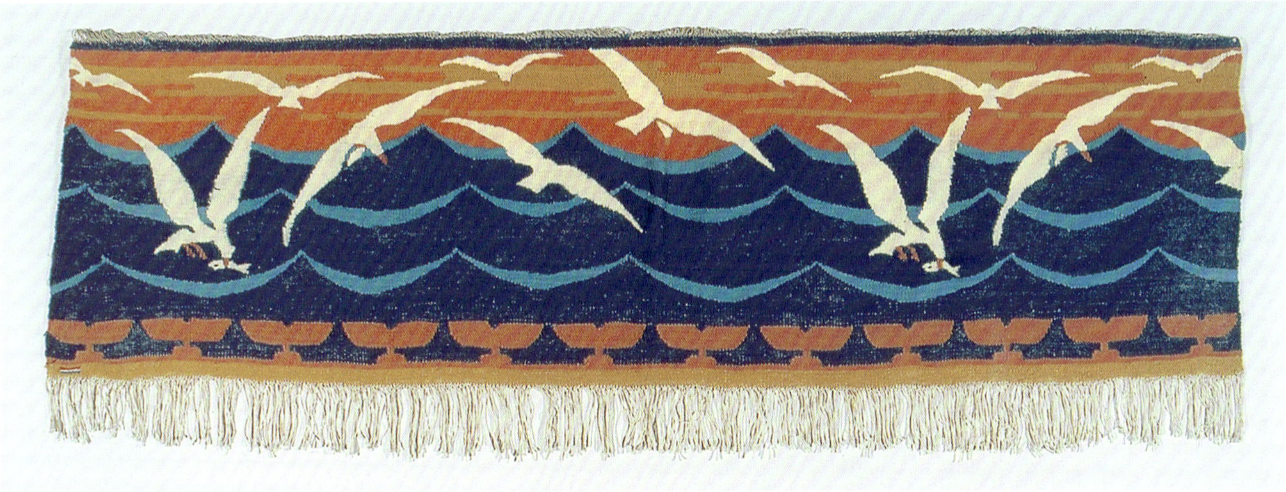

Möwenschwarm | *Wandfries, 1896, 38 x 138 cm, Museumsberg Flensburg, Inv. Nr. 12593, weitere nachweisbare Exemplare: Stiftung Schleswig-Holsteinische Landesmuseen Schloß Gottorf, Museum für Kunst und Gewerbe Hamburg, Kunstindustriemuseum Kopenhagen, Kunstgewerbemuseum Berlin, Ungarisches Landes-Gewerbe-Museum Budapest, Schlee 1984, Nr. 29*

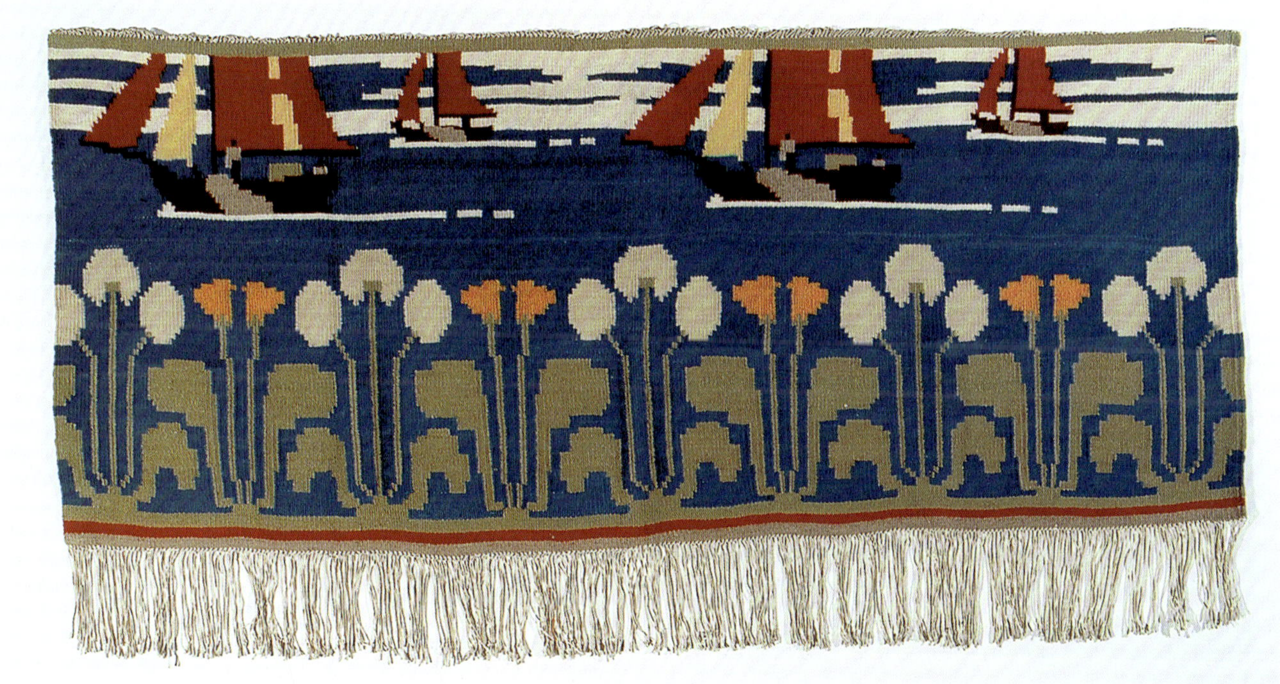

Stille Fahrt | *Wandfries, 1896, 57 x 142 cm, Museumsberg Flensburg, Inv. Nr. 12602, weitere nachweisbare Exemplare: Stiftung Schleswig-Holsteinische Landesmuseen Schloß Gottorf, Museum für Kunst und Gewerbe Hamburg, Kunstgewerbemuseum Berlin, Kunstindustriemuseum Kopenhagen, Hessisches Landesmuseum Darmstadt, Schlee 1984, Nr. 28*

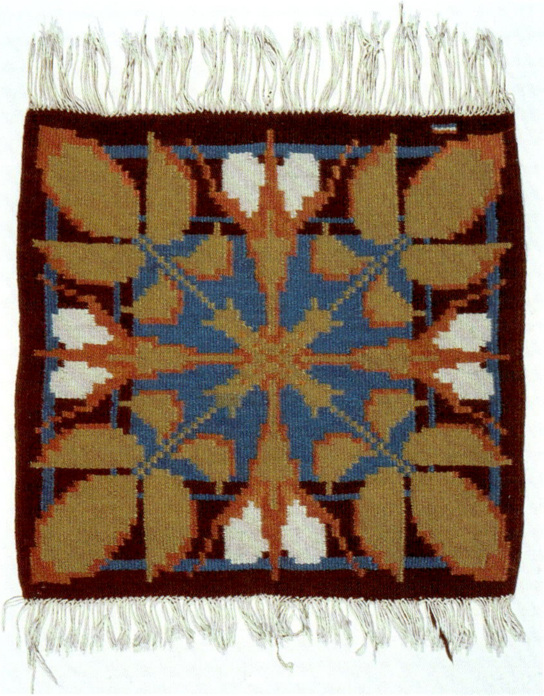

Weisse Rose | *Kissenplatte, vor 1899, 43 x 46 cm, Museumsberg Flensburg, Inv. Nr. 12572, weiteres nachweisbares Exemplar: Museum für Kunst und Gewerbe Hamburg, Schlee 1984, Nr. 40*

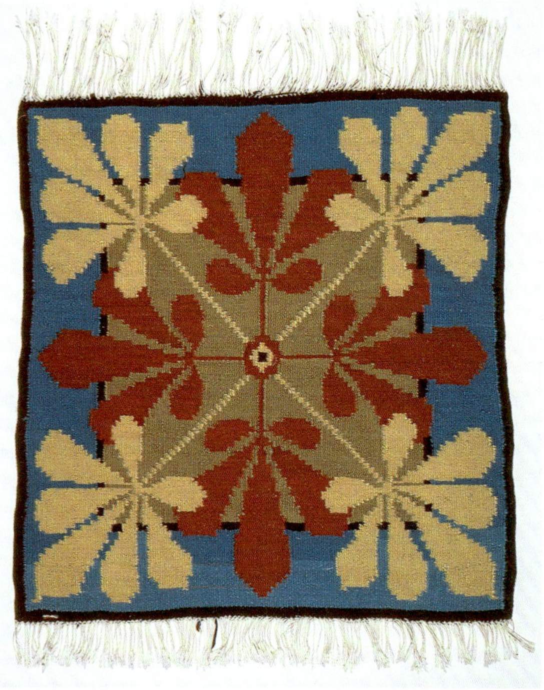

Kastanie | *Kissenplatte, 1896, 57 x 59 cm, Museumsberg Flensburg, Inv. Nr. 12578, weiteres nachweisbares Exemplar: Stiftung Schleswig-Holsteinische Landesmuseen Schloß Gottorf, Schlee 1984, Nr. 30*

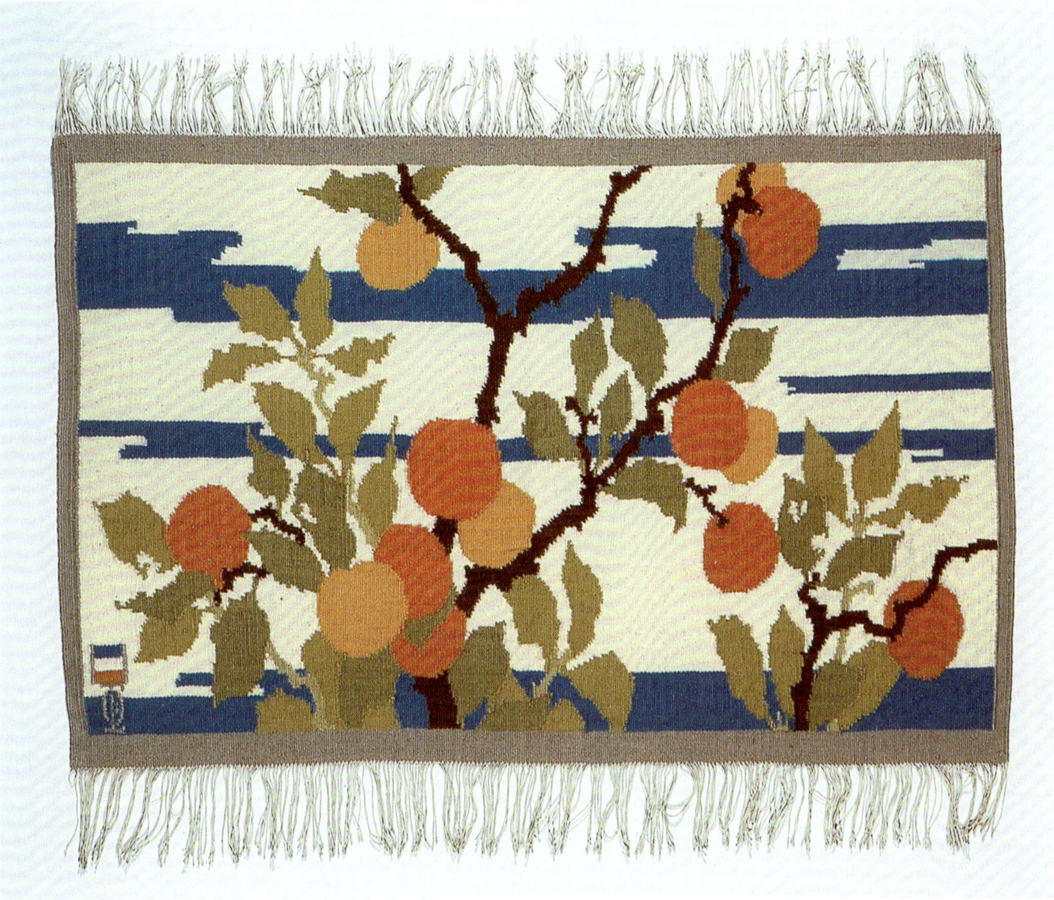

APFELZWEIG | *Wandbehang, 1896, 59 x 91 cm, Museumsberg Flensburg, Inv. Nr. 12582, weitere nachweisbare Exemplare: Museum für Kunst und Gewerbe Hamburg, Württembergisches Landesmuseum Stuttgart, Schlee 1984, Nr. 31*

Die berühmteste Scherrebeker Webarbeit ist Otto Eckmanns Teppich „Fünf Schwäne", der überall die Aufmerksamkeit auf sich zog und ab 1897 in vielen Kunst- und Kunstgewerbe-Zeitschriften stellvertretend für die Scherrebeker Produktion reproduziert wurde. Der Komposition, die fünf Schwäne auf einem sich durch einen Wald schlängelnden Bach in einem extremen Hochformat darstellt, gehen mehrere Illustrationen voraus, die Otto Eckmann für die „Jugend" schuf. Am 7. März 1896 veröffentlichte die „Jugend" eine die ganze Seitenhöhe einnehmende Zeichnung mit fünf Schwänen auf einem Bach, an dessen Ufer eine junge Frau steht. 14 Tage später war ein Farbholzschnitt mit drei Schwänen auf dunklem Wasser Titelblatt der „Jugend". Im Verlauf des Jahres wurden in der „Jugend" weitere Illustrationen Eckmanns publiziert, die Schwäne und Bachwindungen zeigen und als Vorarbeiten für den Wandbehang gelten.
Illustrationen und Bildteppich setzen die Kenntnis japanischer Farbholzschnitte voraus, von denen das hohe, schlanke Format und die stilisierte Naturwiedergabe mit deutlich konturierten Farbflächen und geschwungenen Linien herzuleiten sind.
Der Pfeilerbehang „Fünf Schwäne" von Otto Eckmann verweist auf den „Schwanenkult" des 19. Jahrhunderts, der seine spektakulärste Umsetzung wohl im Schloss Neuschwanstein gefunden hat, das sich König Ludwig II. von Bayern ab 1868 auf eine Bergspitze in den Bayerischen Alpen setzen ließ. Durch den großen Erfolg von Eckmanns Wandbehang wurde der Schwan geradezu zu einem „Wappentier" des Jugendstils. Am 14.3.1897 vermeldete Pastor Jacobsen in einem Brief, dass bereits drei Exemplare des Schwanenteppichs verkauft seien (Schlee 1984, S. 211). Eines der ersten Exemplare erwarb 1897 Justus Brinckmann für das Hamburger Museum für Kunst und Gewerbe, im selben Jahr folgten das Kunstindustriemuseum in Kopenhagen und das Kunstgewerbemuseum in Berlin. Viele große Kunstgewerbe- und Landesmuseen sind heute im Besitz eines Schwanenteppichs. Insgesamt entstanden um die 100 Exemplare, die von verschiedenen Weberinnen auch noch nach dem Konkurs der Schule gewebt wurden. Der Museumsberg Flensburg besitzt eine originale Webvorlage mit nur geringen Gebrauchsspuren, was darauf hindeutet, dass nach mehreren Vorlagen gearbeitet wurde. Eckmanns Schwanenteppich war Vorbild für den „Möpseteppich" und den Teppich „Fünf Störche" von Heinrich Sperling, die in ihrer Größe dem Schwanenteppich entsprachen. Aber auch andere Bildelemente, wie z. B. das Möwenmotiv oder die Verwendung von Bordüren mit Tiermotiven als oberer und unterer Abschluss eines Teppichs lassen sich auf Eckmann zurückführen (Savigny 1993, S. 101).

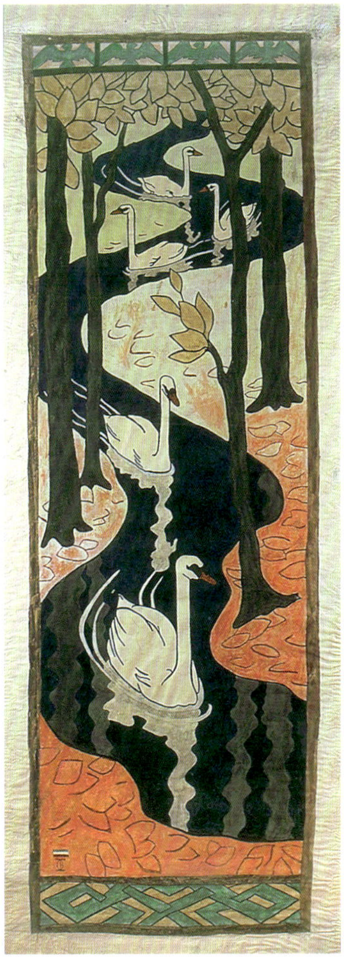

Webvorlage für den Pfeilerbehang
„Fünf Schwäne“ | *Aquarell und Deckfarben über Bleistift auf Leinwand, ca. 1896, 225 x 95 cm,* Museumsberg Flensburg, *Inv. Nr. 23834*

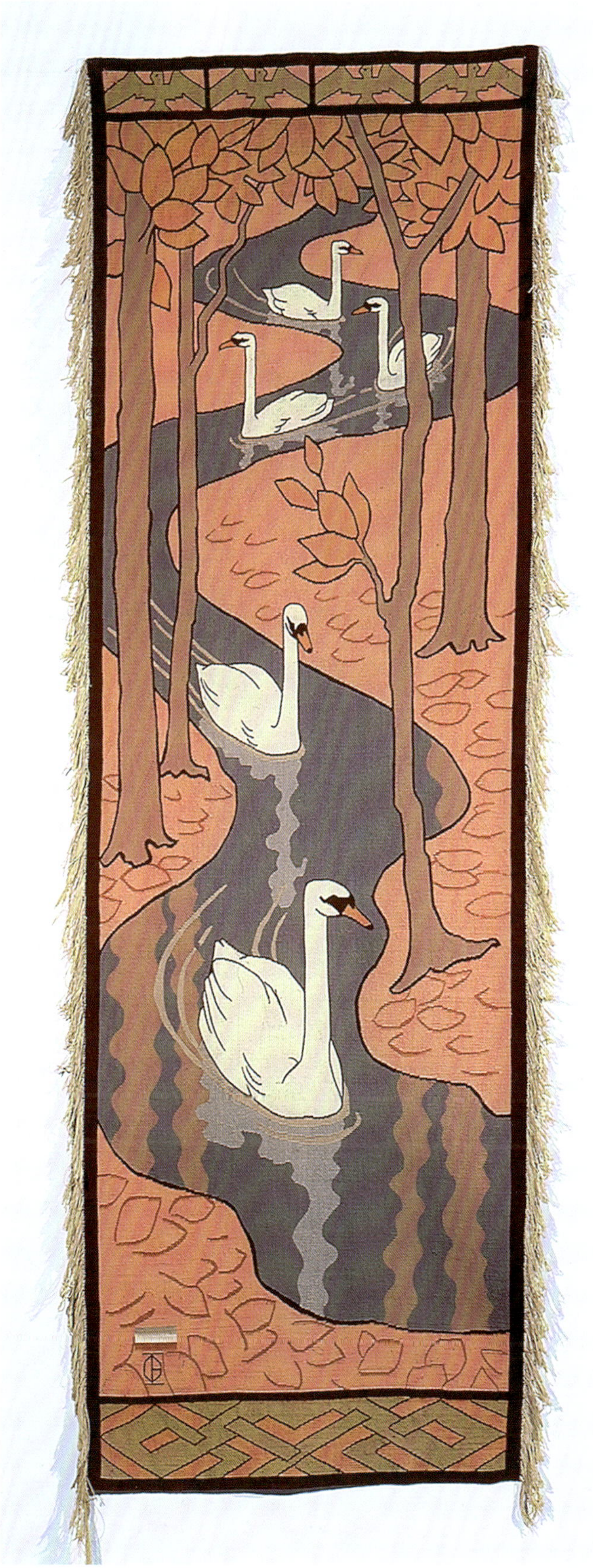

Fünf Schwäne *(auch „Schwanenteppich“)*
Pfeilerbehang, spätestens 1897, 238 x 75 cm, Museumsberg Flensburg, *Inv. Nr. 19232,* weitere nachweisbare Exemplare (u.a.): Altonaer Museum in Hamburg, Museum für Kunst und Gewerbe Hamburg, Stiftung Schleswig-Holsteinische Landesmuseen Schloß Gottorf, Nordfriesisches Museum Ludwig-Nissen-Haus Husum, St.-Annen Museum Lübeck, Kunstgewerbemuseum Berlin, Hessisches Landesmuseum Darmstadt, Kunstgewerbemuseum Köln, Württembergisches Landesmuseum Stuttgart, Badisches Landesmuseum Karlsruhe, Gewerbemuseum der Bayerischen Landesgewerbeanstalt Nürnberg, Historisches Museum Frankfurt, Kunstindustriemuseum Kopenhagen, Ungarisches Landes-Gewerbe-Museum Budapest, Schlee 1984, Nr. 32

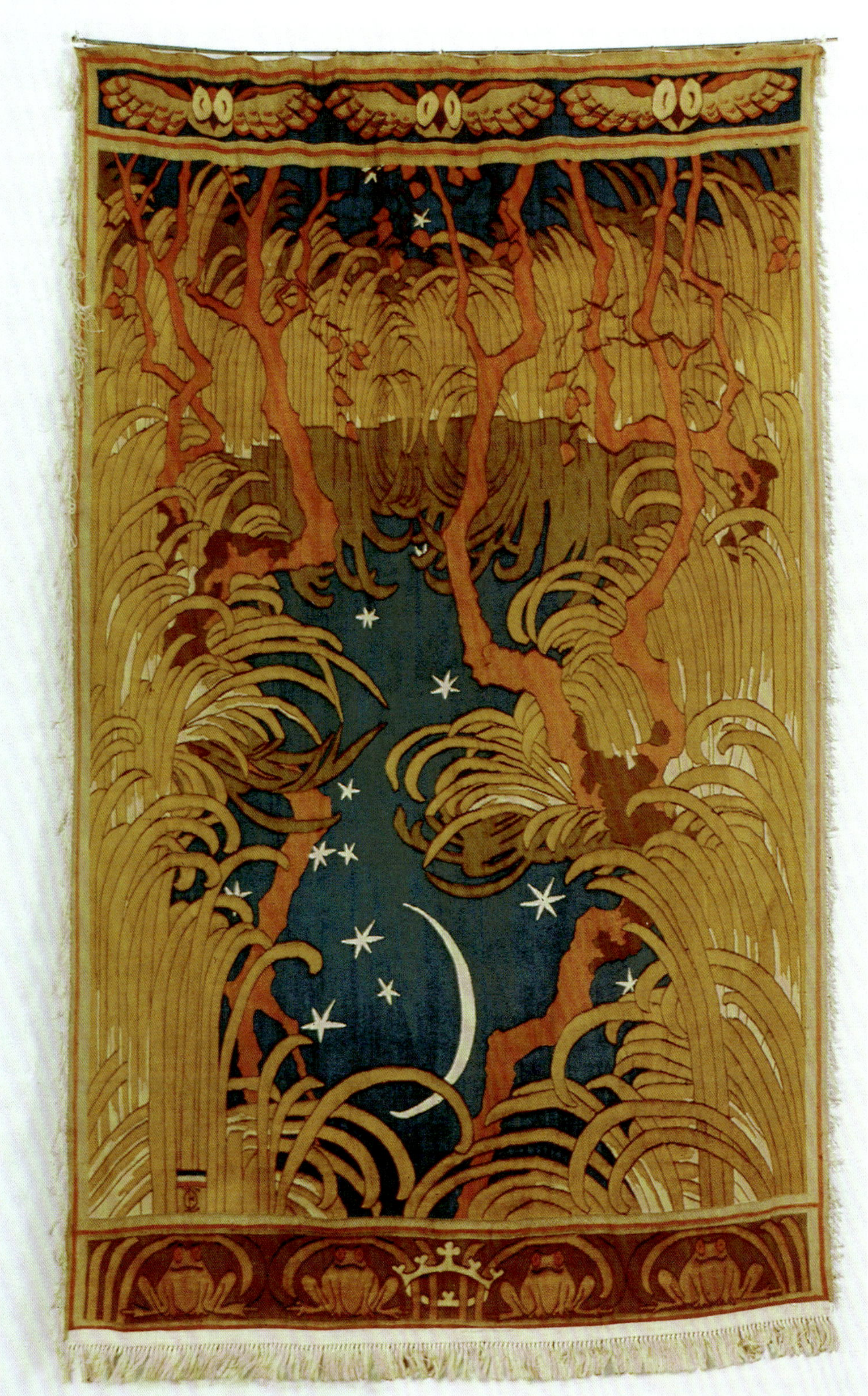

WEIHER IM MONDSCHEIN | *Wandbehang, 1896/1897, 262,5 x 168 cm, Museum für Kunst und Gewerbe Hamburg, Inv. Nr. MKG 1962.190, Schlee 1984, Nr. 37*

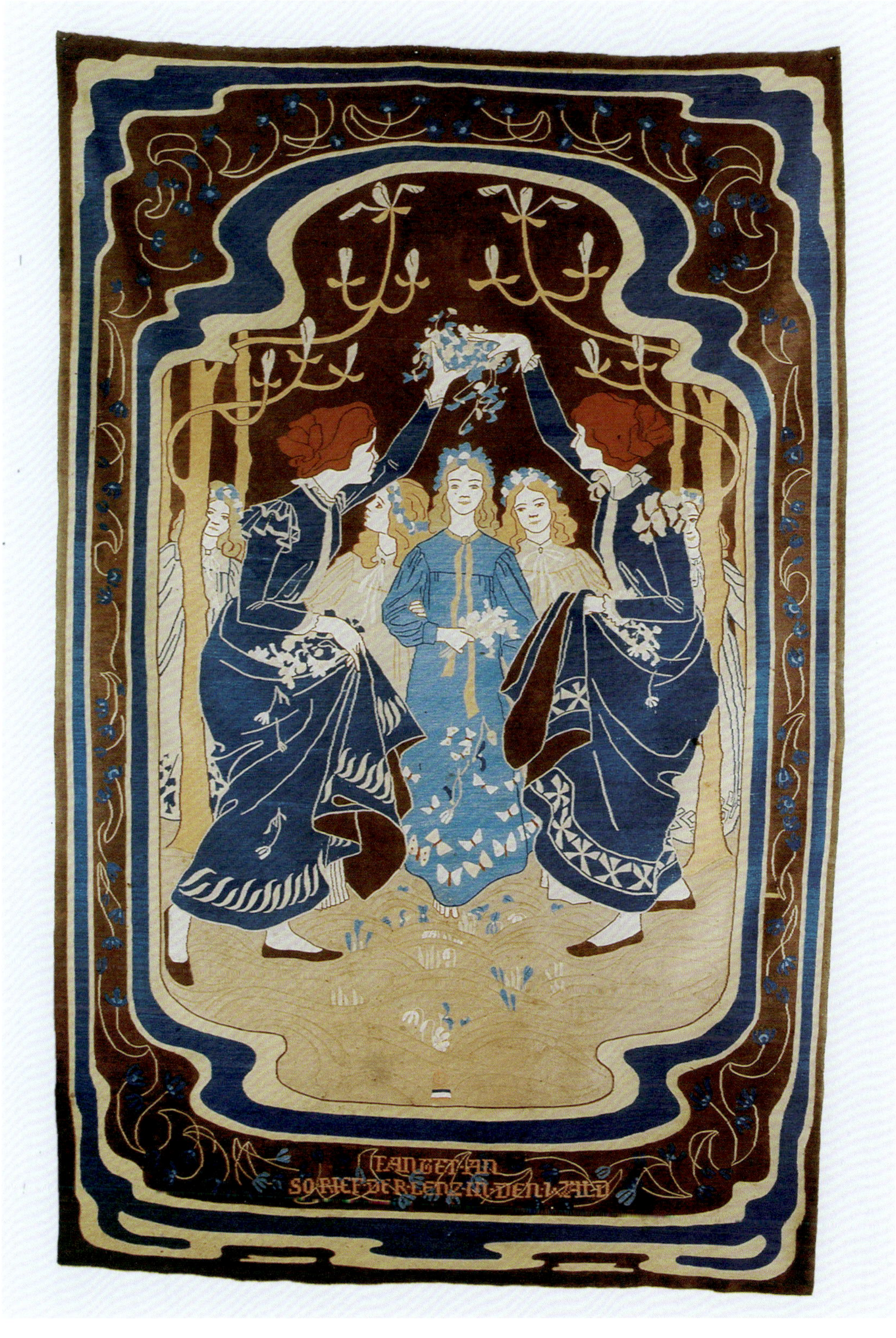

FRÜHLINGS-EINZUG | *Wandbehang, 1896/1897, 331 x 215 cm,*
Stiftung Schleswig-Holsteinische Landesmuseen Schloß Gottorf, Inv. Nr. 1981/971, Schlee 1984, Nr. 39

Otto Eckmann

Für die Pariser Weltausstellung im Jahr 1900 entwarf Otto Eckmann den großformatigen Wandbehang „Das Märchen", der sich von allen anderen Scherrebeker Webarbeiten durch eine feinere Webart unterscheidet. Diese war notwendig, um die reiche Zeichnung und die differenzierte Farbigkeit ausführen zu können. Drei in helle, flatternde Gewänder gekleidete Mädchen geleiten eine junge Reiterin („Prinzessin"). Das Motiv ist als eine Allegorie des Märchens zu verstehen. Otto Eckmann schrieb im Juni 1899 in einem Brief an Friedrich Deneken, der Entwurf „'Es war einmal eine Königstochter' wird gut wirken" und „ich habe gelernt am ‚Frühling' die Kette muß eng genommen werden [...] und man muß den Reiz der Wolle und ihre ungleichmäßige Färbung raffiniert ausnützen." (zitiert nach Savigny 1993, S. 99). Eckmann war mit mehreren Wandbehängen auf der Pariser Weltausstellung vertreten, darunter „Frühlings-Einzug" und „Fünf Schwäne". Für seinen Teppich „Das Märchen" wurde er mit einer Goldmedaille ausgezeichnet.

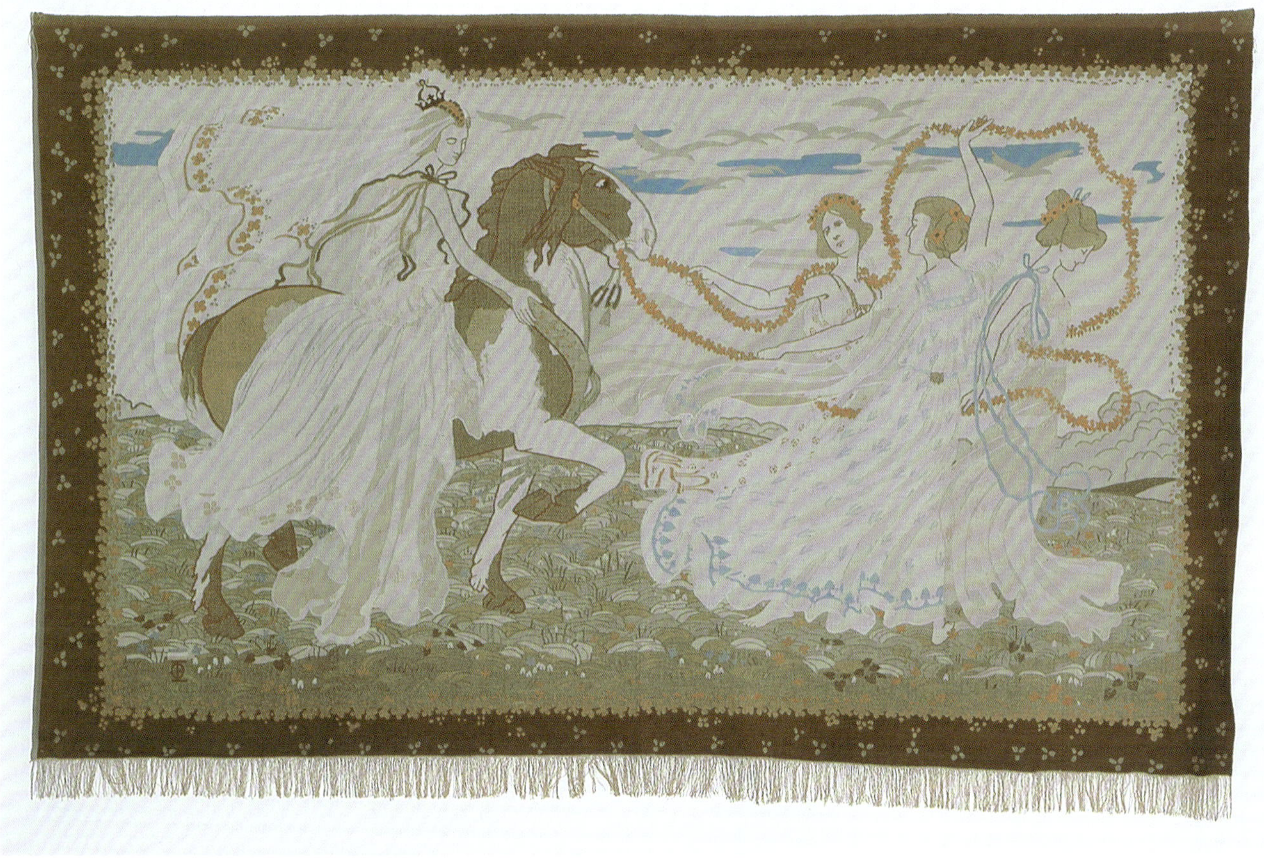

Das Märchen | *Wandbehang, 1899/1900, 152 x 253 cm, Museumsberg Flensburg, Inv. Nr. 12609, weiteres nachweisbares Exemplar: Museum für Kunst und Gewerbe Hamburg, Schlee 1984, Nr. 41*

HANS FUGLSANG

Maler, Radierer.
Geb. am 12.1.1889 in Hadersleben, gest. am 21.6.1917 bei Juniville (Frankreich).

Besuch des Gymnasiums in Hadersleben. Mai 1906 - September 1907 Besuch der privaten Kunstschule von Georg Erler in Dresden. November 1907 - 1913 Studium an der Münchener Kunstakademie (bei Hugo von Habermann). In den Semesterferien meist Aufenthalte in Hadersleben und auf Fanö. Studienreisen an den Gardasee, nach Dresden, Venedig, Sylt, Bayrischzell, Bozen und Nordfriesland. Seit März 1915 in Dresden ansässig. Ab 1916 als Soldat in Frankreich, wo er 1917 fiel. Ehe Fuglsang sein Studium in Dresden aufnahm, malte er mit August Wilckens auf Fanö. Von Dresden aus fuhr er auch im Frühjahr 1907 nach Fanö, wo er wieder mit Wilckens arbeitete. Zusammen waren sie anschließend in Bröns, wo Wilckens die Kirche ausmalte. Hier hatte von Scherrebek aus Marie Luebke Wilckens besucht und Fuglsang möglicherweise angeregt, einen Entwurf für einen Wandteppich zu machen, der sehr wahrscheinlich nicht ausgeführt wurde.

Literatur : Schulte-Wülwer 1989, S. 87 - Biographisches Lexikon für Schleswig-Holstein und Lübeck, Bd. 9, 1991, S. 120 ff. (dort weitere Literaturangaben) - Kat. Hans Fuglsang 1967.

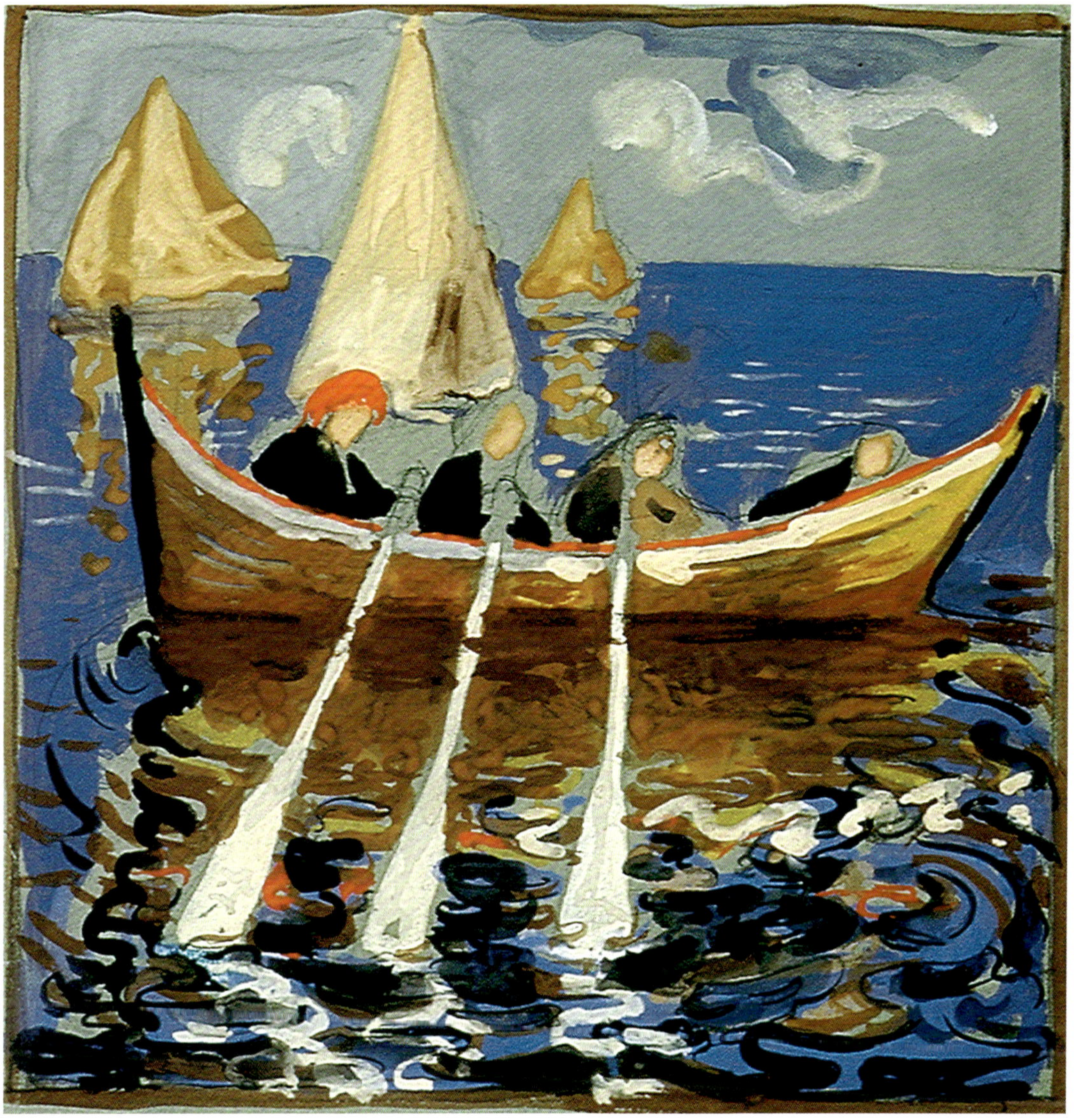

ENTWURF FÜR EINEN SCHERREBEKER WANDBEHANG | *Gouache, ca. 1907, 313 x 227 mm, Museumsberg Flensburg, Leihgabe aus Privatbesitz, nicht bei Schlee*

Johannes Jacobsen

Pastor von Scherrebek.
Geb. am 1.5.1854 in Hadersleben, gest. am 19.2.1919 in Eckartsheim bei Bielefeld.

Zu Jacobsen siehe den Katalogbeitrag von H. E. Sørensen. Als Entwerfer für die durch ihn gegründete Webschule trat der vielseitig engagierte Pastor Jacobsen offenbar nur am Rande auf. Sein Kissenmotiv einer Spinne im Netz greift auf die Gestaltung des Umschlags für das „Illustrierte Verzeichnis" der Webschule von 1899 zurück, der vermutlich von Alfred Mohrbutter entworfen wurde.

Literatur: Schlee 1984, S. 224 und 236.

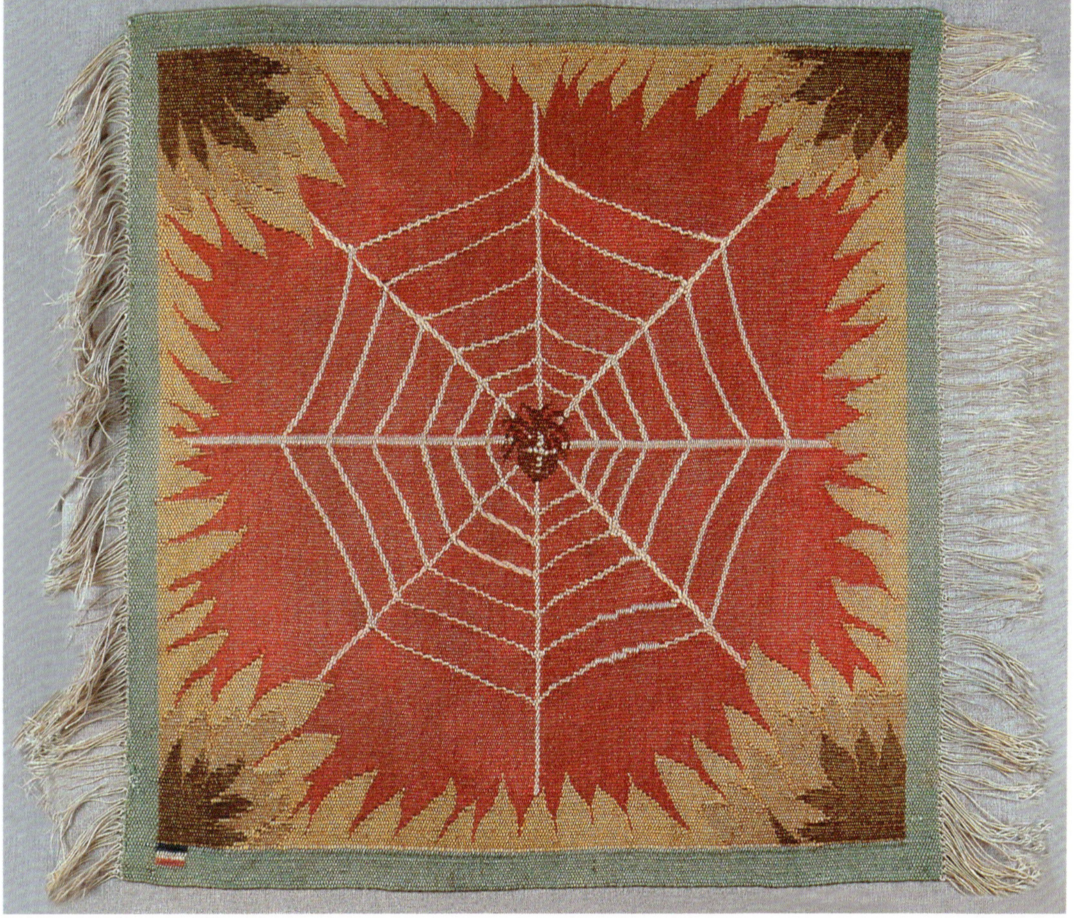

Die Spinne | *Kissenplatte, vor 1900, 48 x 48 cm,*
Altonaer Museum in Hamburg, Inv. Nr. Psi 216, 1958/210, Schlee 1984, Nr. 52

Robert Katz

Tiermaler.
Geb. 1870 in Karlsruhe, gest. am 19.12.1916 in Karlsruhe.

Literatur : Thieme-Becker, Bd. 19, 1926, S. 595 - Schlee 1984, S. 226.

Studierte 1892 - 1899 und 1901 an der Karlsruher Akademie.
Malte bevorzugt Vögel.

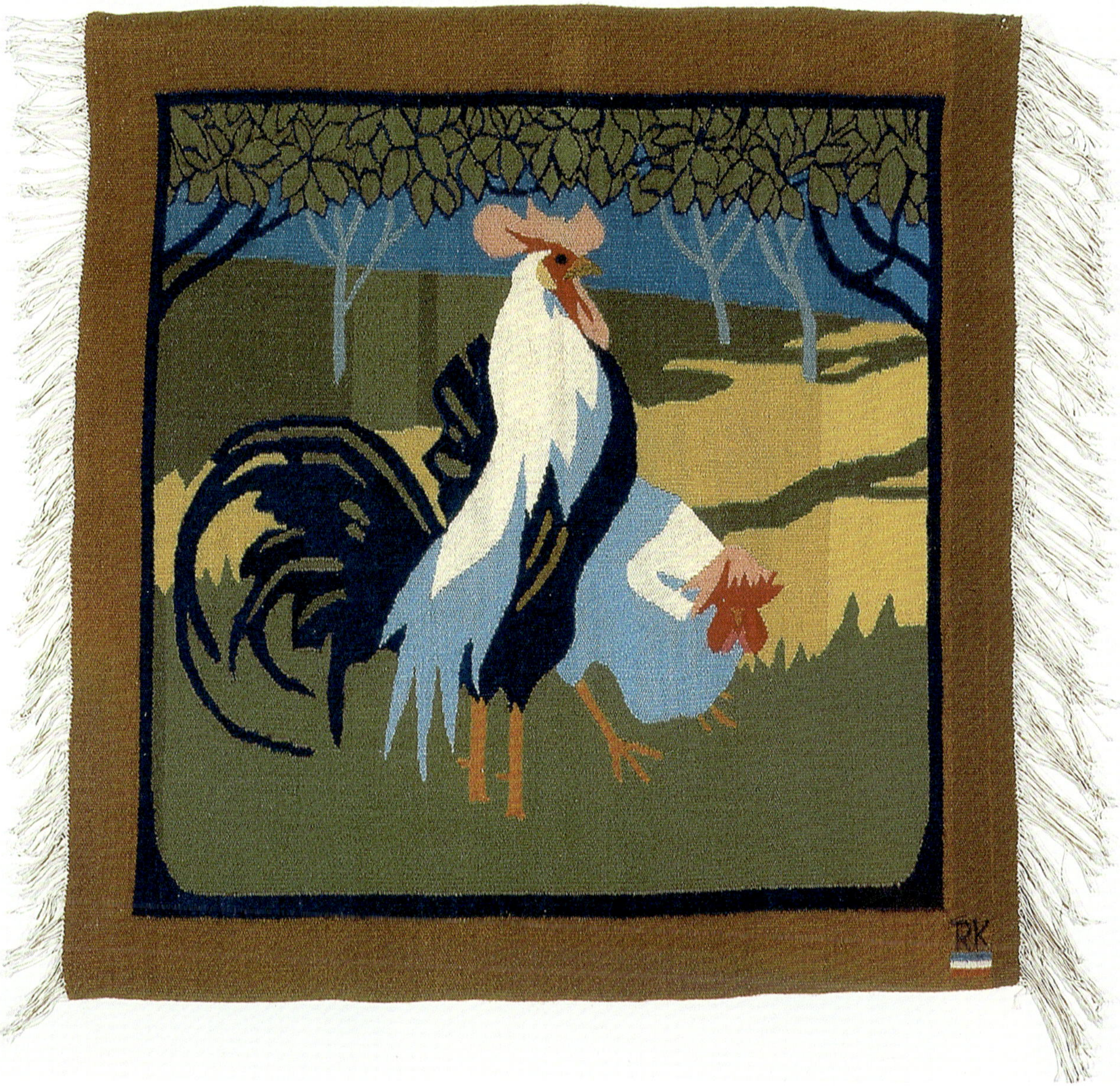

HAHN UND HENNE | *Wandbehang, 1899, 73,5 x 72,5 cm, Museumsberg Flensburg, Inv. Nr. 12591, Schlee 1984, Nr. 54*

FRITZ LANG

Maler und Graphiker.
Geb. am 15.3.1877 in Stuttgart, gest. 1961.

Literatur : Thieme-Becker, Bd. 22, 1928, S. 315 - Schlee 1984, S. 227 - Nagel 1986, S. 74.

1894 - 1896 Studium an der Stuttgarter Akademie, 1896 - 1898 an der Karlsruher Akademie. War seit 1899 in Stuttgart ansässig und trat vor allem mit seinen Holzschnitten hervor, in denen er Tiermotive bevorzugte. 1927 auf der Jubiläumsausstellung des Württembergischen Kunstvereins vertreten.

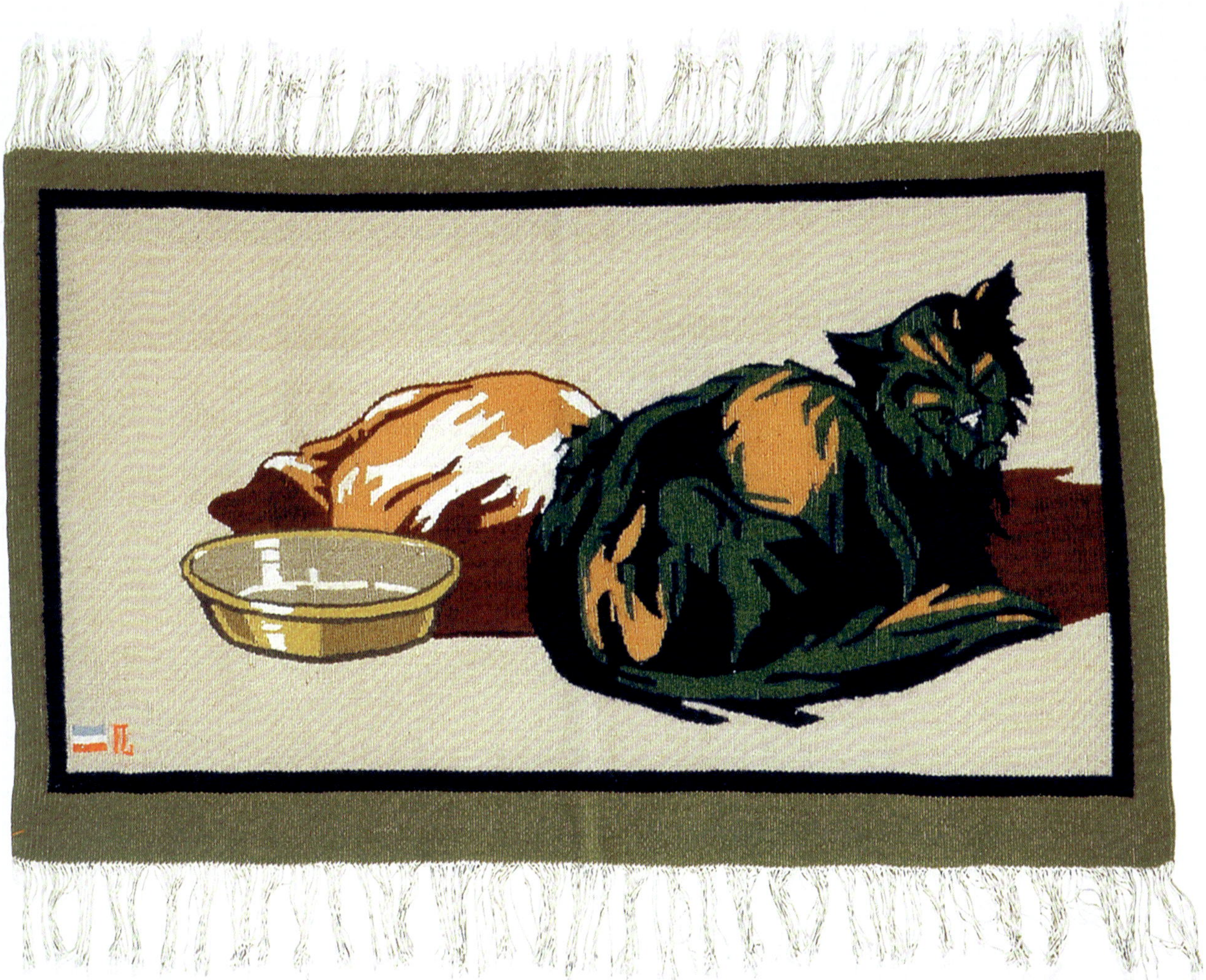

ANGORAKATZEN | *Vorleger, 1899/1901, 50 x 83 cm, Museumsberg Flensburg, Inv. Nr. 12590, Schlee 1984, Nr. 59*

Walter Leistikow

Maler, Graphiker.
Geb. am 25.10.1865 in Bromberg, gest. am 24.7.1908 in Schlachtensee bei Berlin.

Ab 1883 Studium an der Berliner Akademie, nach einem halben Jahr als „talentlos“ entlassen. Studierte von 1883 - 1885 im Privatatelier von Hermann Eschke und von 1885 - 1890 im von Hans Gude geleiteten Meisteratelier für Landschaftsmalerei der Akademie der Künste. 1890 - 1893 Lehrer für Landschaftsmalerei an der Königlichen Kunstschule Berlin, 1892 - 1895 außerdem Lehrer an der „Akademie Fehr“. 1892 als Mitglied eines Kreises oppositioneller Künstler und Literaten Mitbegründer der „Vereinigung der XI“ und 1899 der Berliner Secession. 1893 und 1895 Aufenthalte in Paris. Leistikow reiste wiederholt nach Norddeutschland (Sylt, Ekensund) und Skandinavien und heiratete 1894 die Dänin Anna Mohr. In Kopenhagen hatte er direkten Kontakt zu der Weberin Frida Hansen, die einige Bildteppiche für ihn ausführte. Die Kontakte zu Scherrebek kamen 1898 über Otto Eckmann zustande, mit dem Leistikow in Berlin Freundschaft geschlossen hatte. Ab 1902 jährliche Kuraufenthalte in Gastein und Meran. 1903 Mitbegründer des Deutschen Künstlerbundes. 1907 Ernennung zum „Königlich Preußischen Professor“.

Literatur : Thieme-Becker, Bd. 22, 1928, S. 599 f. - Corinth 1910 - Rump 1912, S. 79 - Schlee 1984, S. 228 ff. (dort weitere Literaturangaben) - Bröhan 1988 - Corinth 2000.

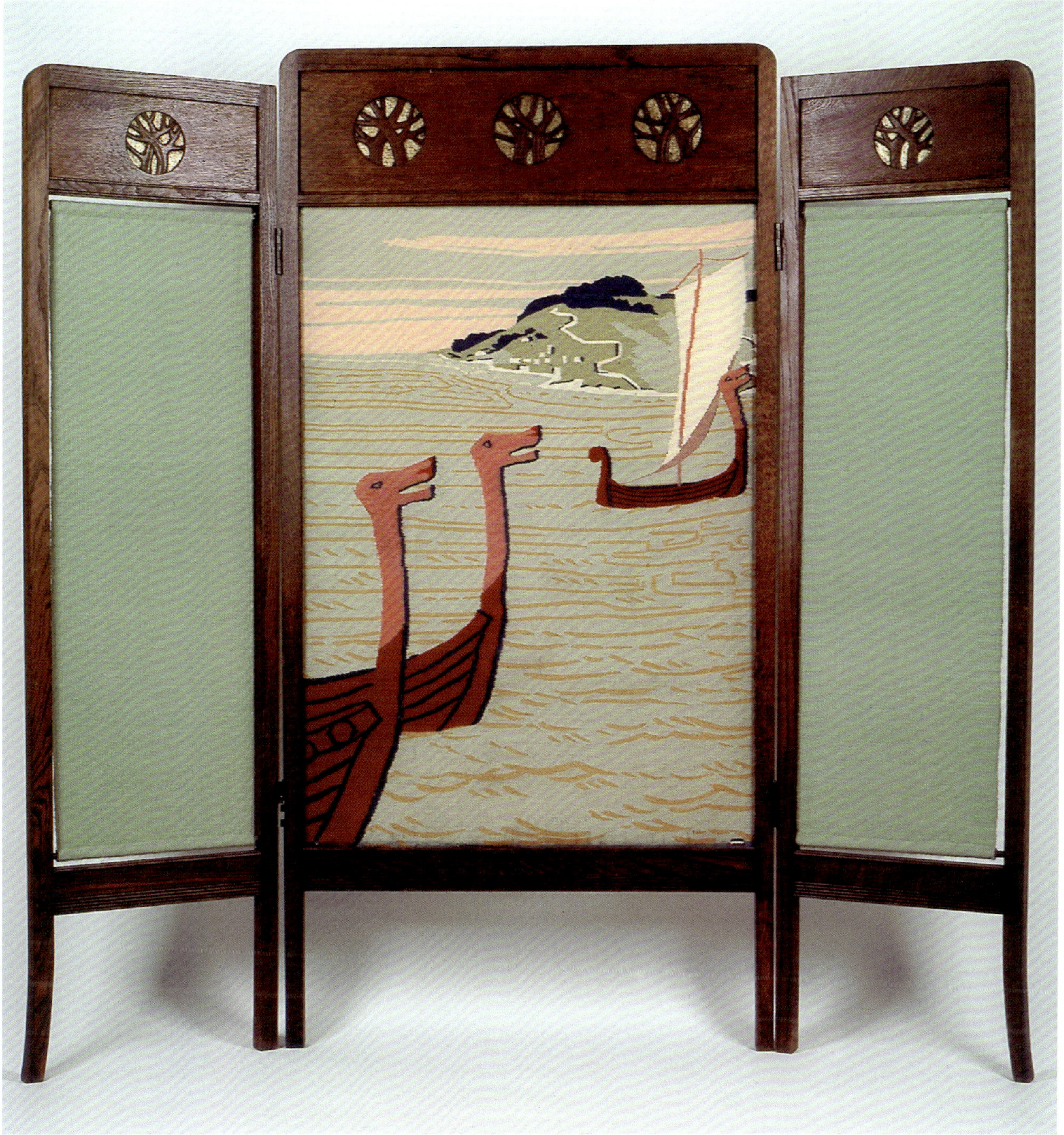

MIT WIND UND WELLEN GEGEN FREMDEN STRAND | *Dreiteiliger Paravent, vor 1898, Mittelfeld 85,5 x 61 cm, Stiftung Schleswig-Holsteinische Landesmuseen Schloß Gottorf, Inv. Nr. 1988/1040, Schlee 1984, Nr. 60*

Für Walter Leistikow, der vor allem als Maler der märkischen Kiefern- und Seenlandschaft Bedeutung erlangte, blieb die Produktion für das Kunstgewerbe lediglich eine Episode. Bereits 1898 lagen Entwürfe Leistikows für die Scherrebeker Webschule vor, die seine Begeisterung für den Norden und die nordische Mythologie erkennen ließen. Er entwarf einen dreiteiligen Paravent, dessen Mittelteil ein Wikingerschiff und zwei in das Bildfeld ragende als Drachenköpfe gebildete Vordersteven zeigt.

Die Seitenteile, die auf dem Paravent auf Schloß Gottorf nicht mehr vorhanden sind, zeigen fünf einander zugewandte stilisierte Drachenköpfe. Dieses Motiv wiederholte Leistikow in der gepolsterten Rückenlehne eines repräsentativen Armlehnstuhls, dessen Holzgestell er ebenso wie das Gestell des Paravents bei der Tischlerwerkstatt Carl Miller in Berlin ausführen ließ. Im Stuhlsitz führte er die stilisierten Linien des Wassers fort zu Zickzacklinien, die die Bezeichnung „Kielwasser" verdeutlichen. In seiner Biographie über Walter Leistikow schrieb sein Freund, der Maler Lovis Corinth (1858 - 1925) 1910: „Der dekorative Sinn scheint für Leistikow nur in nordischen Motiven Reiz gehabt zu haben: Überall in Stühlen, auf Teppichen, Bettstellen tauchen - wo es nur angeht - die heidnisch nordischen Pferdeköpfe auf, die Wikingerschiffe, die ornamental geformten Wellen und das Kielwasser der norwegischen Fjorde." (Corinth 1910, S. 41).

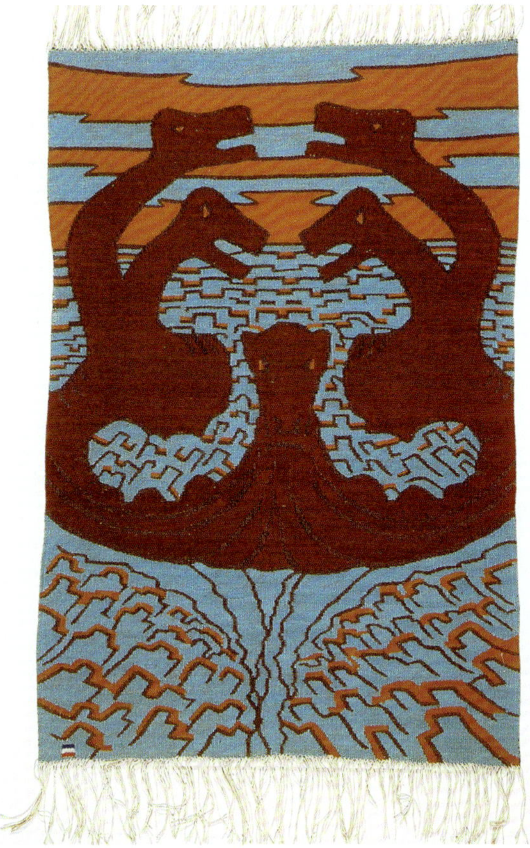

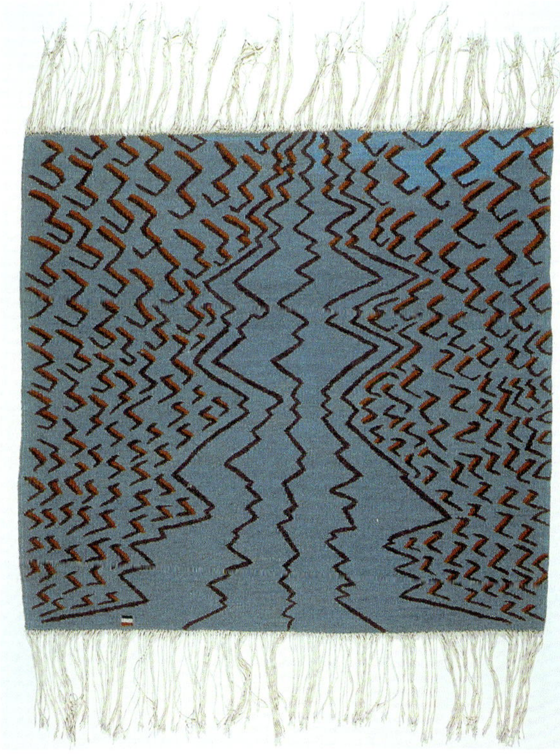

KIELWASSER UND WIKINGERSCHIFF | *Stuhllehnen- und Sitzbezug, vor 1898, 76 x 52 und 64 x 59 cm, Museumsberg Flensburg, Inv. Nr. 12585 a, b, Schlee 1984, Nr. 61*

Friedrich Missfeldt

Maler und Graphiker.
Geb. am 2.10.1874 in Kiel, gest. am 19.6.1969 in Schleswig.

1890 - 1893 Ausbildung zum Dekorationsmaler bei der Firma Gustav Doren in Hamburg, Zusammenarbeit mit Hans Christiansen. Gegen Ende der Ausbildungszeit außerdem Besuch der Hamburger Kunstgewerbeschule. Im Anschluss daran Wanderfahrten über Essen, Köln, Mainz und Frankfurt nach Heidelberg. Als Kirchenmaler im badischen Raum tätig. 1894 - 1898 Studium an der Großherzoglichen Badischen Akademie der bildenden Künste in Karlsruhe (bei Robert Poetzelberger, Carlos Grethe und Leopold von Kalckreuth). Mit Kalckreuth, dessen Meisterschüler er wurde, Wechsel an die Akademie der bildenden Künste in Stuttgart (bis 1903). Bekanntschaft mit Alfred Lichtwark, Direktor der Hamburger Kunsthalle. Oktober 1903 - Mai 1904 Besuch der Académie Julian in Paris. 1905 - 1906 Fortsetzung des Studiums an der Arthur Lewin-Funcke-Schule in Berlin. Dort Ateliergemeinschaft mit seinem Bruder, dem Bildhauer Heinrich Mißfeldt. Ende 1906 Übersiedlung nach Kiel, dort als freischaffender Künstler tätig. 1907 - 1928 Lehrtätigkeit an der Städtischen Handwerker- und Kunstgewerbeschule Kiel. Zwischen 1906 und 1919 ließ Mißfeldt Entwürfe für Wandteppiche in Marie Luebkes Werkstatt in Scherrebek ausführen. Weitere Teppichentwürfe führte die in Kiel tätige Scherrebeker Schülerin Sophie Hansen aus. 1910 Studienreise nach Italien. 1914 - 1918 als Sanitäter im Ersten Weltkrieg. 1930 - 1932 Studienreise nach Sylt. 1965 Umzug nach Schleswig.

Literatur : Thieme-Becker, Bd. 24, 1930, S. 592 - Schlee 1984, S. 232 f. - Feddersen 1984, S. 121 - Bussler 1989, S. 2.

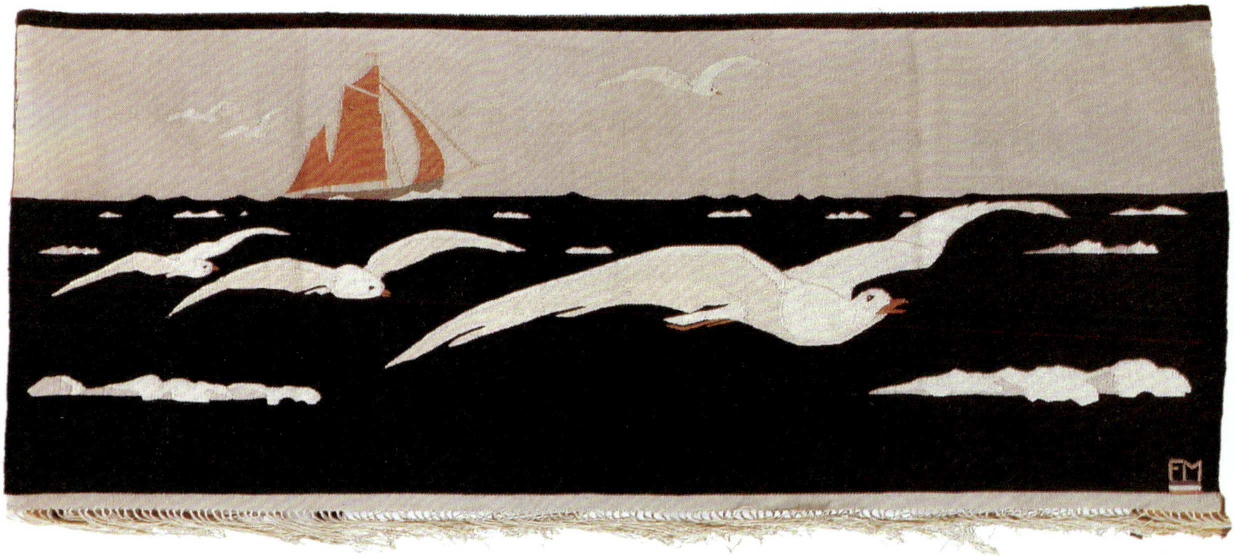

MÖWEN | *Wandfries, 1907, 58 x 145 cm,*
Altonaer Museum in Hamburg, Inv. Nr. Psi 225, 1964/77, Schlee 1984, Nr. 64

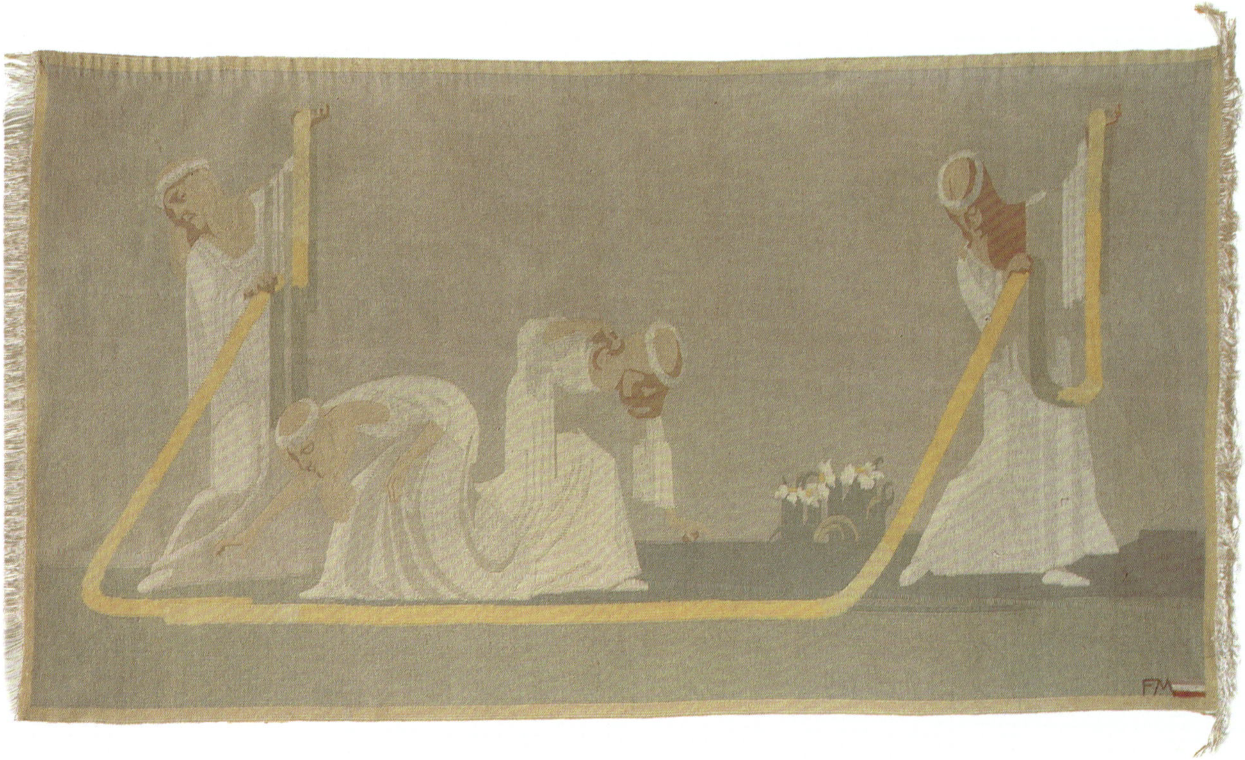

REIGEN *(auch „Frühlingsreigen“)* | *Wandbehang, ca. 1911 oder früher, 73 x 127 cm,*
Altonaer Museum in Hamburg, Inv. Nr. 1995/227, Schlee 1984, Nr. 65

Alfred Mohrbutter

Maler, Graphiker und Kunstgewerbler.
Geb. am 10.12.1967 in Celle, gest. am 21.5.1916 in Neubabelsberg.

Literatur : Thieme-Becker, Bd. 25, 1931, S. 21 - Rump 1912, S. 90 - Schlee 1984, S. 235 f. (dort weitere Literaturangaben).

Zweijähriger Unterricht an der Hamburger Kunstgewerbeschule, 1887 - 1890 Studium an der Weimarer Kunstschule (bei Leopold von Kalckreuth und Frithjof Smith), unterbrochen von einem kurzen Aufenthalt in München. 1892 - 1900 in Hamburg, 1893 für acht Monate in Paris, Studium an der Académie Julian. In Hamburg schloss er sich dem Kreis um Alfred Lichtwark an. Seit etwa 1895 mit Friedrich Deneken befreundet, der zwei Jahre später die Leitung des Kaiser Wilhelm Museums in Krefeld übernahm. Durch ihn gelangte er zu Entwürfen für das Kunstgewerbe, nicht nur für Scherrebek, sondern auch für die Krefelder Textilindustrie. Die Ernsthaftigkeit seines Interesses an den Textilentwürfen für Scherrebek spiegelt sich darin, dass er selbst das Weben erlernte. Wurde am 2.5.1896 Mitglied der Genossenschaft in Scherrebek, deren Vorstand er lange angehörte. Loser Kontakt zum 1897 gegründeten „Hamburgischen Künstlerclub". Übersiedlung nach Berlin. 1904 - 1910 Lehrer an der Kunstgewerbeschule Charlottenburg.

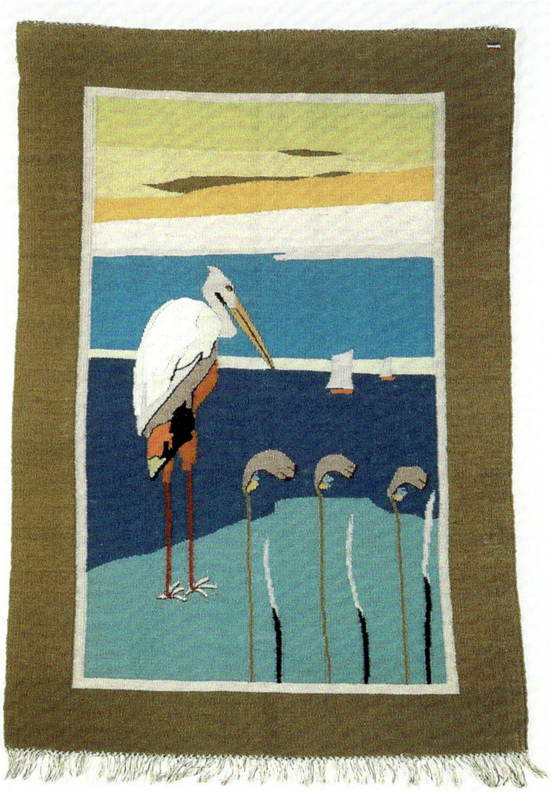

MELANCHOLIE *(auch „Marabu")* | *Wandbehang, 1896, 96 x 70 cm, Museumsberg Flensburg, Inv. Nr. 12589, weitere nachweisbare Exemplare: Stiftung Schleswig-Holsteinische Landesmuseen Schloß Gottorf, Kunstgewerbemuseum Berlin, Schlee 1984, Nr. 71*

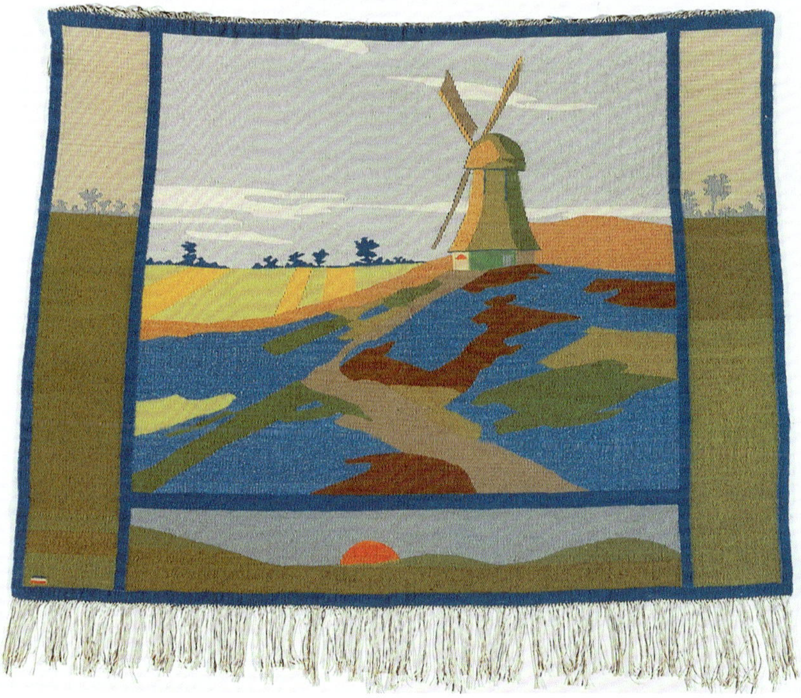

HEIDEMÜHLE I | *Wandbehang, 1895/1896, 72 x 160 cm, Museumsberg Flensburg, Inv. Nr. 12592, weiteres nachweisbares Exemplar: Württembergisches Landesmuseum Stuttgart, Schlee 1984, Nr. 69*

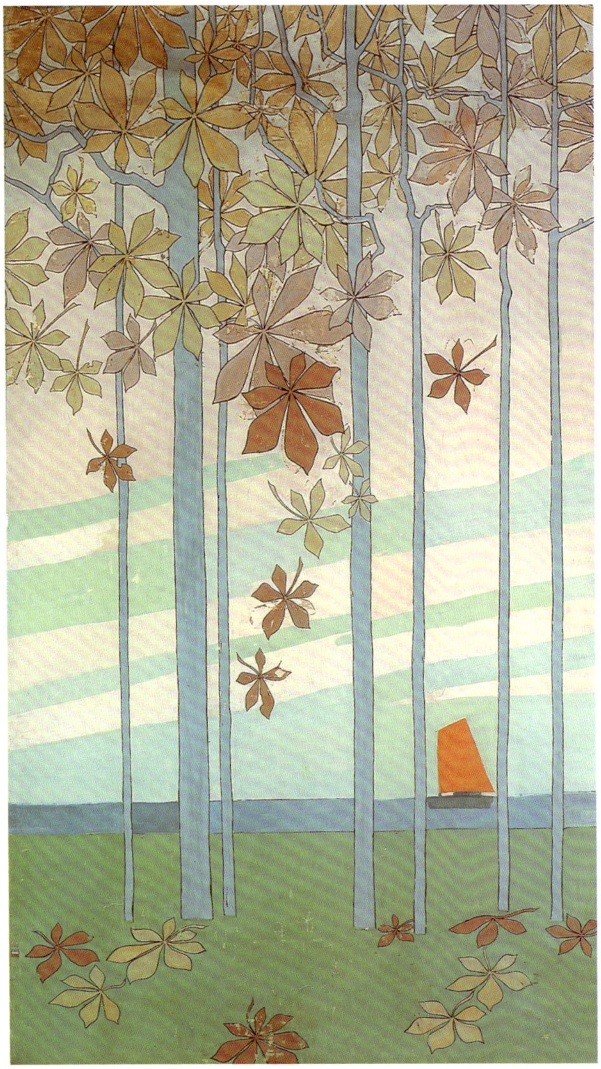

Karton zu dem Wandbehang | „KASTANIENBÄUME VOR EINEM SEE“,
Leimfarben auf Karton, 1898, 207 x 118 cm,
Altonaer Museum in Hamburg, Inv. Nr. AB 7934,4

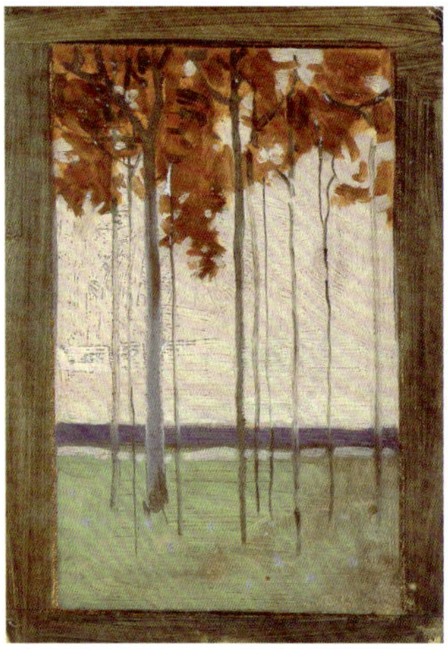

Farbskizze zu dem Wandbehang
„KASTANIENBÄUME VOR EINEM SEE“
Öl und Goldbronze auf Papier,
1898, 305 x 218 mm,
Altonaer Museum in Hamburg,
Inv. Nr. 1988/2,1

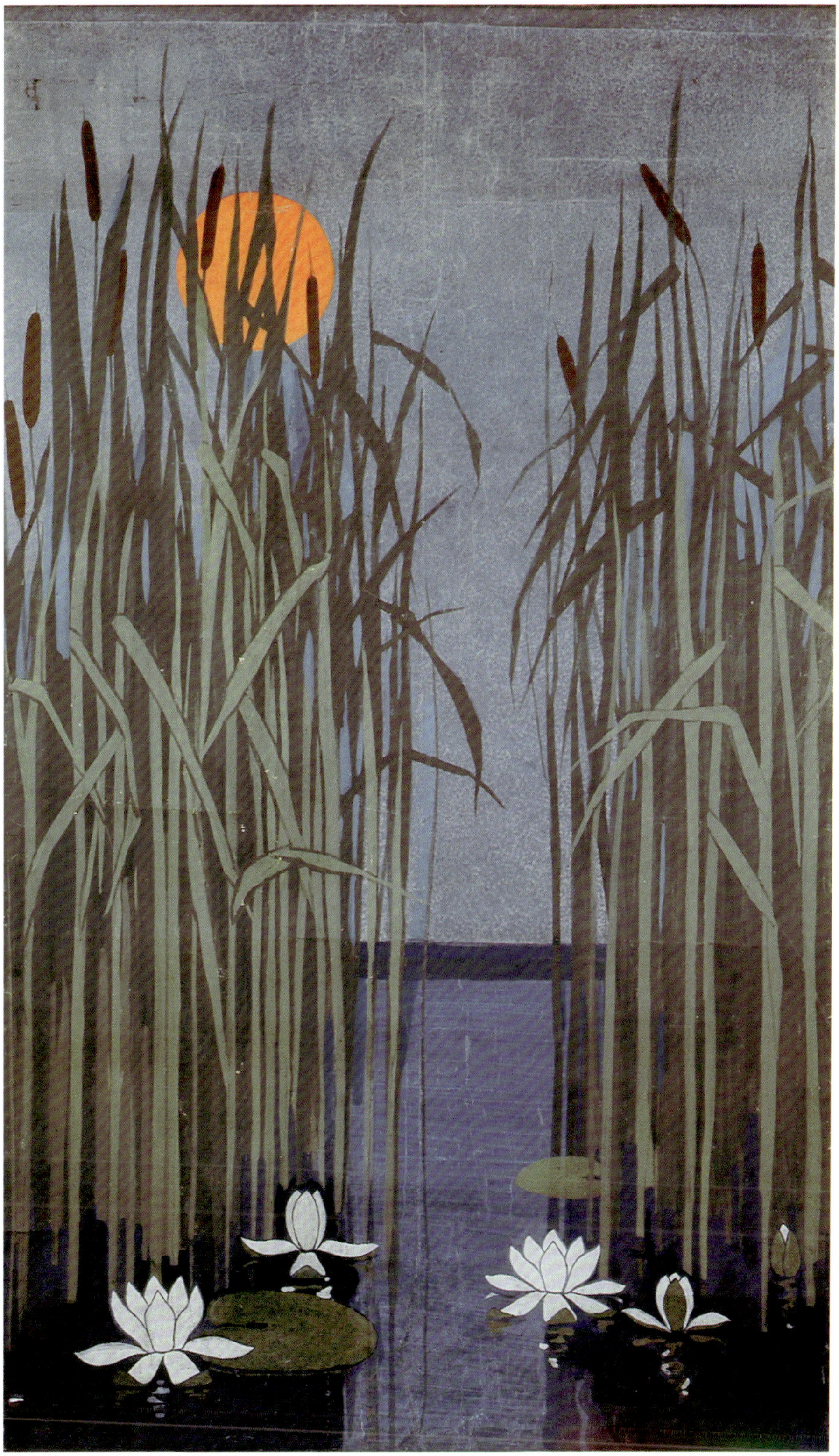

Karton zu dem Wandbehang | **„Wasserfläche mit Schilf"**, *Leimfarben auf Karton, 1898, 207 x 118 cm, Altonaer Museum in Hamburg, Inv. Nr. AB 7934,3*

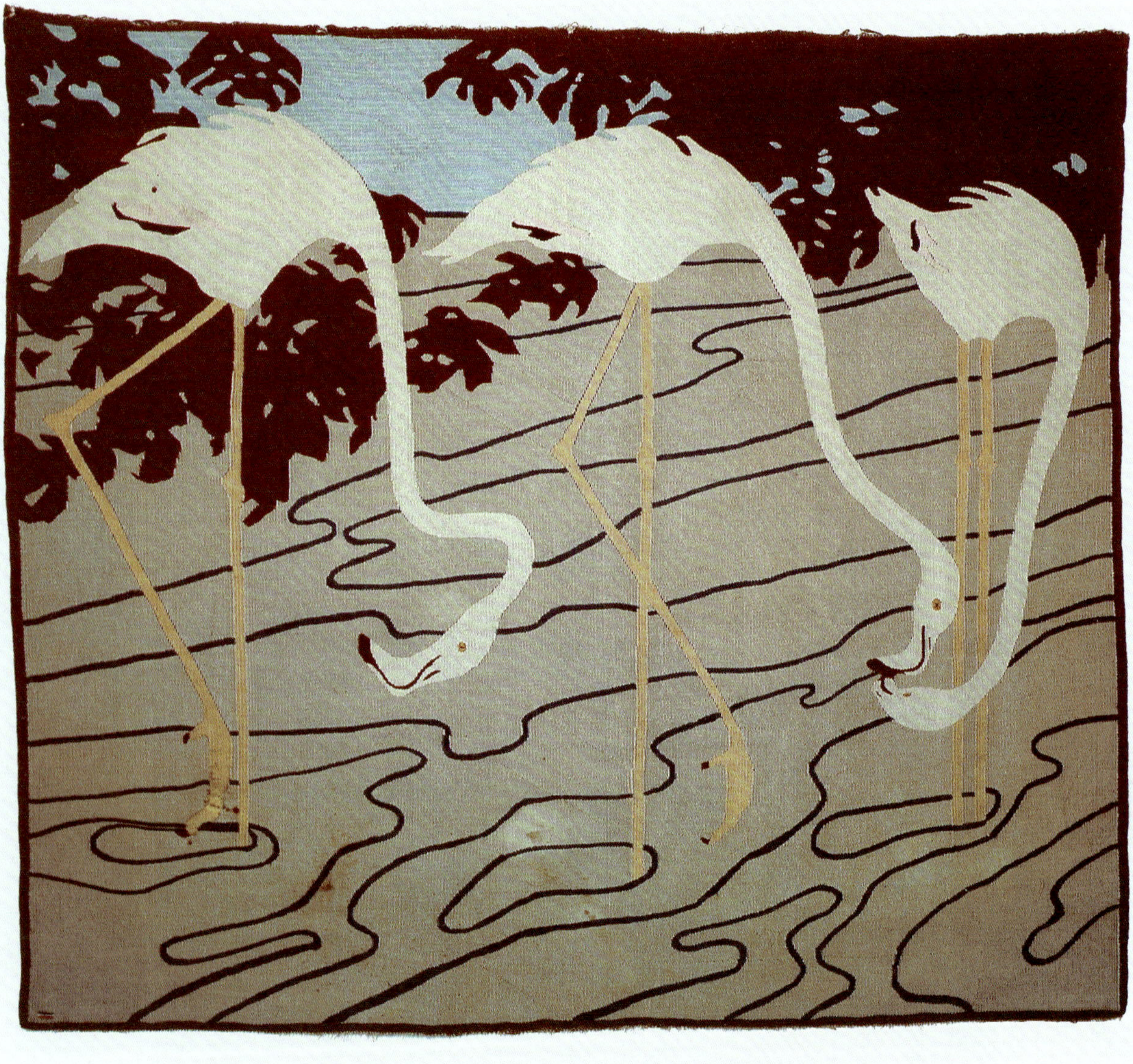

FLAMINGO | *Wandbehang, 1899/1901, 123 x 144,5 cm,*
Stiftung Schleswig-Holsteinische Landesmuseen Schloß Gottorf,
Inv. Nr. 1968/1340, Schlee 1984, Nr. 77

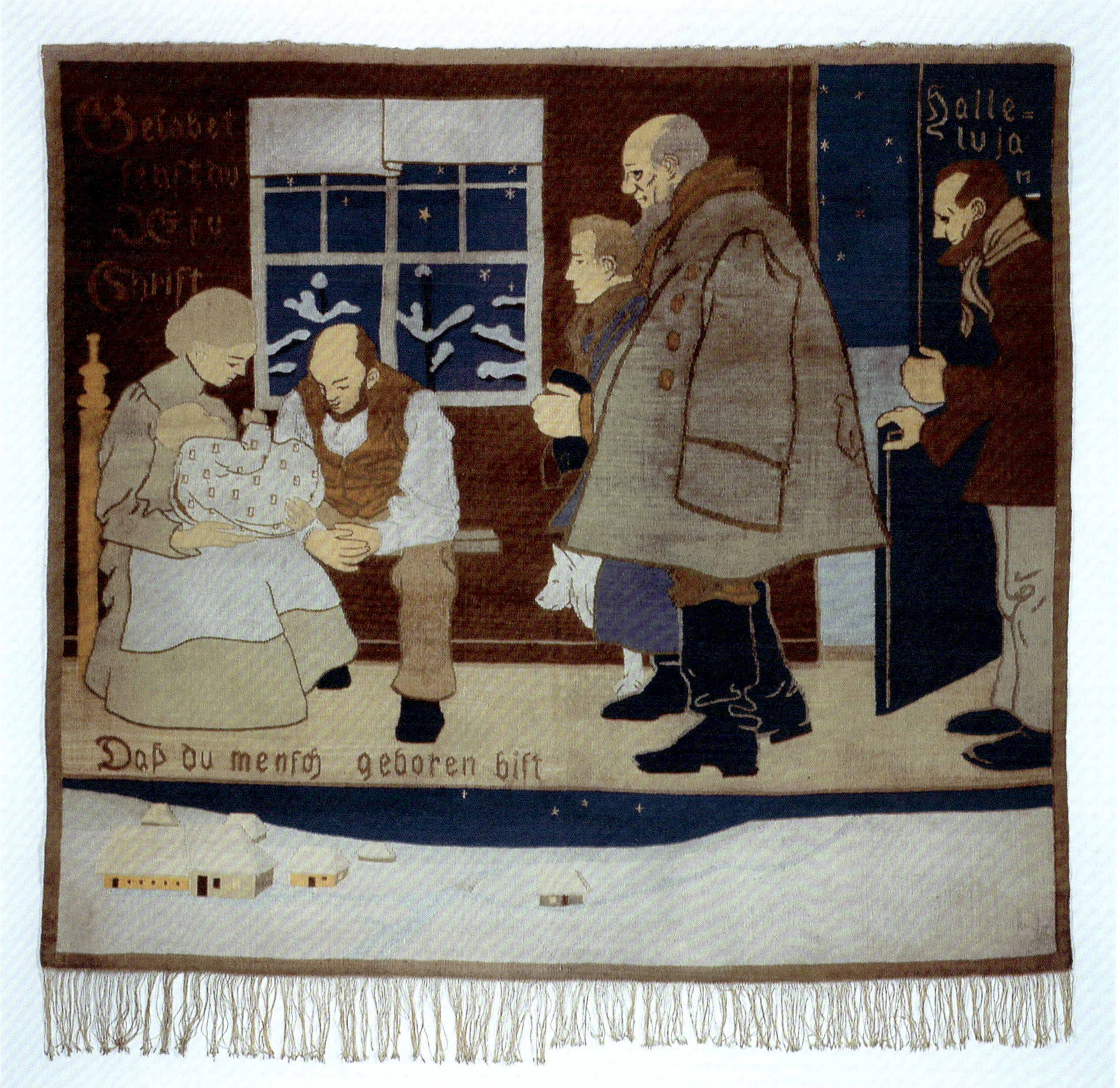

Anbetung der Hirten *(auch „Heilige Nacht")* | *Wandbehang, ca. 1902, 132 x 150 cm, Stiftung Schleswig-Holsteinische Landesmuseen Schloß Gottorf, Inv. Nr. OB 1040, Schlee 1984, Nr. 78*

Ernst Nicolay

Kunstgewerbler.
Lebensdaten unbekannt.

War in Krefeld als Entwerfer für Textilien tätig, u. a. für die Krefelder Teppichfabriken (wie auch Otto Eckmann) und die Krefelder Firmen von Carl Herken und Richard Scheideges u. Co. In Krefeld wird Friedrich Deneken, der dort seit 1897 Museumsdirektor war, ihn als Entwerfer für Scherrebek gewonnen haben. Er gehörte auch zu den Mitarbeitern der „Werkstätten für Handwerkskunst" von Carl Schmidt in Dresden.

Literatur: Schlee 1984, S. 247.

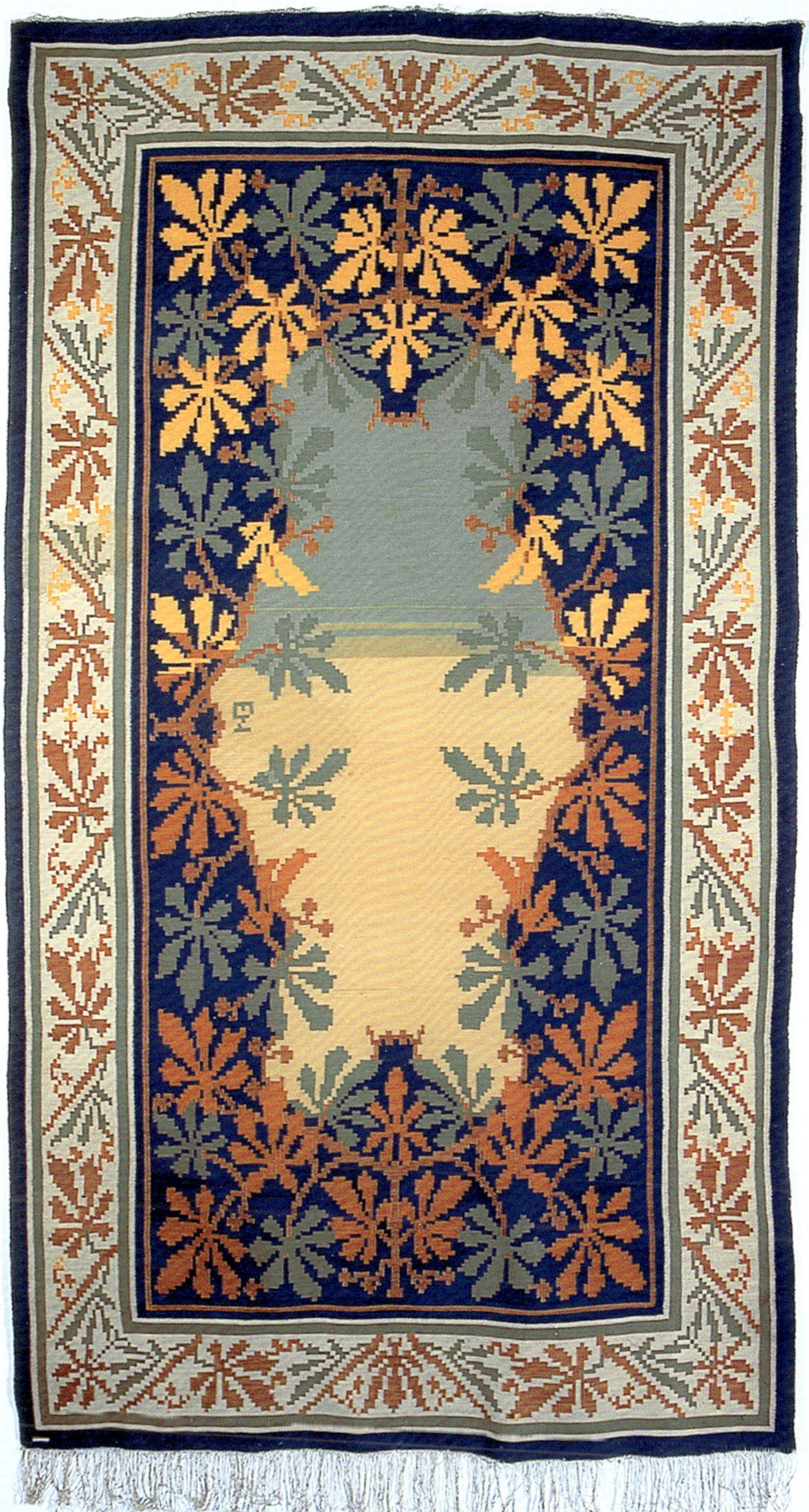

KASTANIENLAUB | *Chaiselonguedecke, 1901/1902, 164 x 295 cm, Museumsberg Flensburg, Inv. Nr. 20490, Schlee 1984, Nr. 82*

Momme Nissen

Maler und Schriftsteller.
Geb. am 26.4.1870 in Deezbüll, gest. am 23.6.1943 in Ilanz/Schweiz.

Erster Kunstunterricht bei seinem Onkel Carl Ludwig Jessen. 1886 - 1889 Studium an der Kunstschule Weimar (bei Leopold von Kalckreuth, Max Thedy, Theodor Hagen). Anschließend in Nordfriesland tätig. 1890 Studienreise nach Paris und München, Beginn seiner Tätigkeit als Schriftsteller. 1891 Bekanntschaft mit dem „Rembrandtdeutschen" Julius Langbehn und Übersiedlung nach München. Von 1896 bis 1902 in Hamburg, wo er Anschluss an den Künstlerkreis um Lichtwark bekam, Verbindung mit Scherrebek. 1901 Reise nach Kopenhagen. Ab 1902 wieder in München, Konversion zum Katholizismus. 1903 in Rom. 1906 Reise mit Langbehn in die Schweiz, nach Venedig und Salzburg. 1910 in Italien. 1916 Eintritt in den Dominikanerorden, 1922 Priesterweihe („Pater Benedikt").

Literatur : Thieme-Becker, Bd. 25, 1931, S. 485 - Rump 1912, S. 96 - Schlee 1984, S. 249 - Schulte-Wülwer 1989, S. 215.

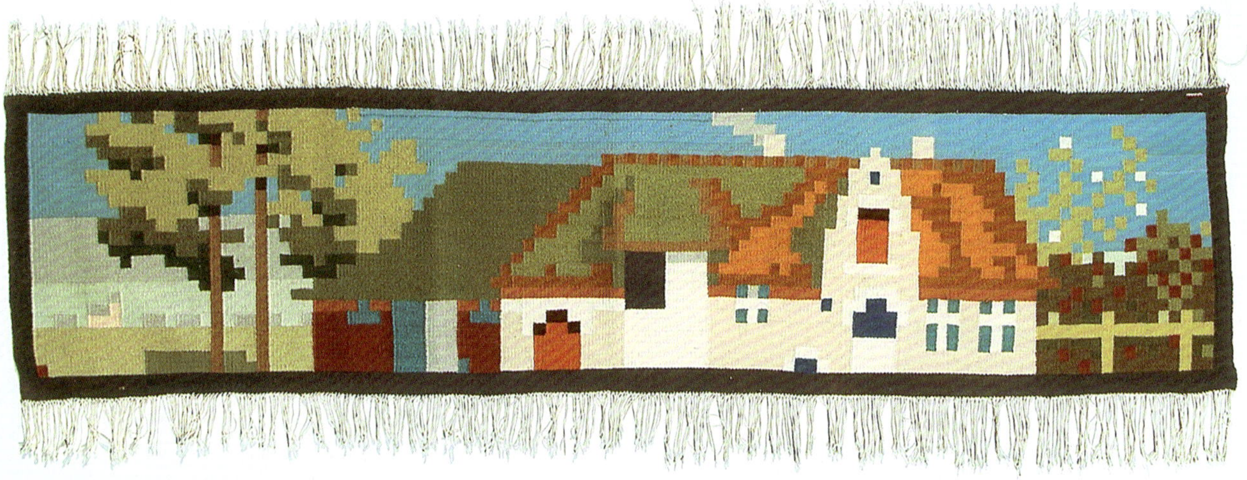

Friesenhaus | *Wandfries, spätestens 1898, 39 x 160 cm, Museumsberg Flensburg, Inv. Nr. 12588 (2 Exemplare), Schlee 1984, Nr. 85*

Bruno Paul

Architekt, Kunstgewerbler, Maler und Graphiker.
Geb. am 19.1.1874 in Seifhennersdorf/Sachsen, gest. am 17.8.1968 in Berlin.

1886 - 1894 Studium an der Kunstgewerbeschule in Dresden, von 1894 - 1896 an der Akademie München bei Paul Höcker und Wilhelm von Diez. Karikaturenzeichner für den „Simplizissimus" und die „Jugend". 1898 Mitbegründer und Leiter der „Vereinigten Werkstätten für Kunst im Handwerk". 1907 Mitinitiator des Deutschen Werkbundes. 1907 von Wilhelm von Bode nach Berlin berufen als Leiter der Unterrichtsanstalt des Kunstgewerbemuseums. 1924 - 1932 Direktor der Vereinigten Staatsschule für freie und angewandte Kunst und der Hochschule für Bildende Künste in Berlin. 1933 Leiter eines Malateliers an der Preußischen Akademie der Künste, auf Veranlassung des Ministers für Wissenschaft, Kunst und Volksbildung im November 1933 in den Ruhestand versetzt, danach Arbeit als Privatarchitekt. Nach 1945 Beteiligung an Wiederaufbauprojekten. Bruno Pauls Beziehung zu Scherrebek begann vermutlich erst nach dem Zusammenbruch der Webschule 1903. Vermutlich im Zusammenhang einer Raumausstattung führte Marie Luebke 1906 Pauls Entwürfe unter Verwendung des Scherrebeker Webzeichens aus.

Literatur : Thieme-Becker, Bd. 26, 1932, S. 307 (mit umfangreichen Literaturangaben) - Vollmer, Bd. 3, 1956, S. 554 - Schlee 1984, S. 250 - Günther 1992 - Kat. Jugendstil in Dresden, Dresden 1999, S. 437.

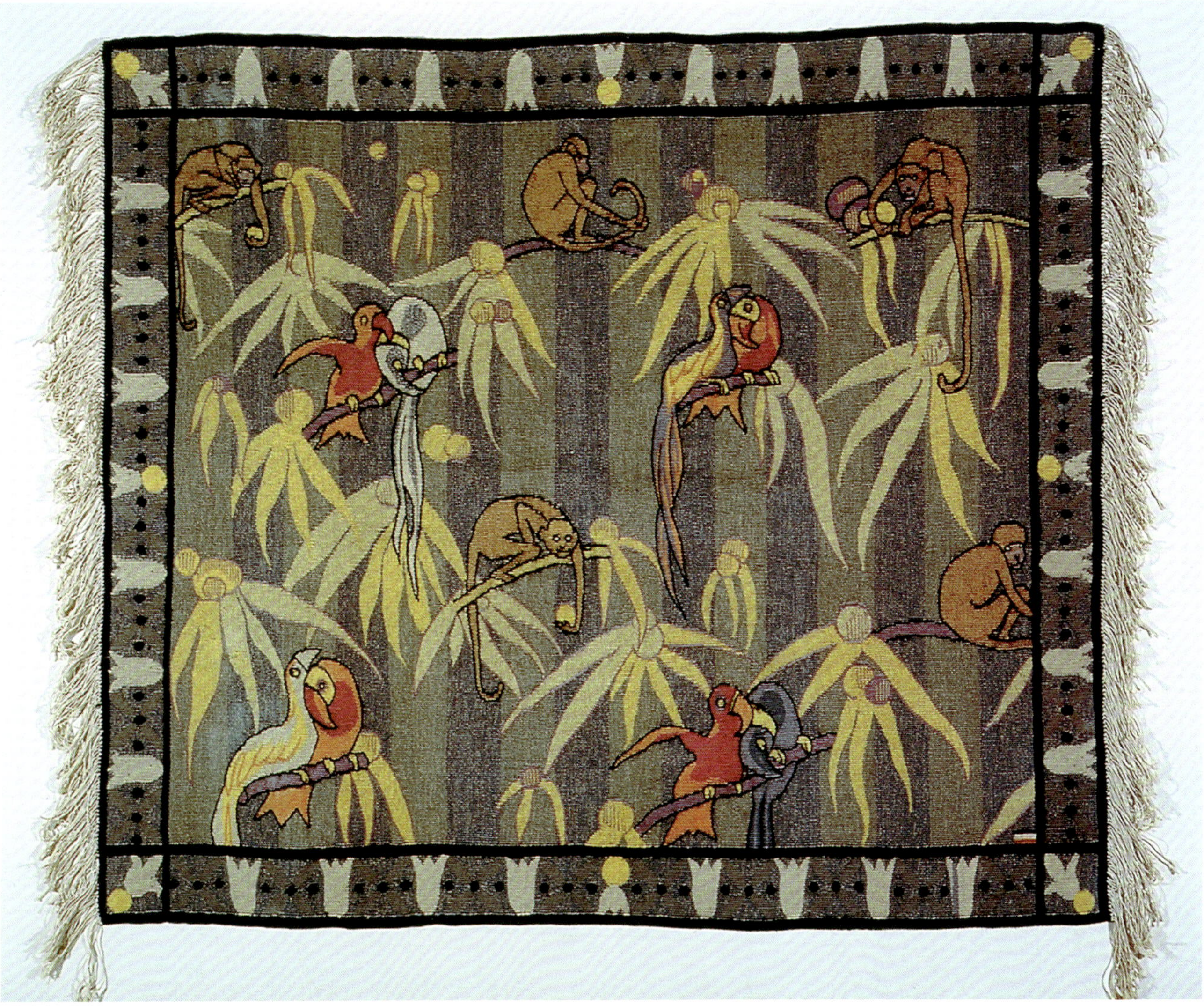

Papageien und Affen | *Wandbehang, ca. 1906/1907, 89 x 102 cm, Museumsberg Flensburg, Inv. Nr. 21480, Schlee 1984, Nr. 86*

Emil Proch

Maler, Kunstgewerbler.
Geb. in Tuchel/Westpreußen, Lebensdaten unbekannt.

Besuchte eine Kunstschule und von 1885 bis 1889 die Kunstgewerbeschule Berlin. Lebte von etwa 1900 bis um 1905/1906 in Worpswede und soll bald danach gestorben sein. Er war als Glasmaler ausgebildet und fertigte offenbar vor allem Kunstverglasungen, mit denen er z. B. 1902 auf der Deutschen Glasmalerei-Ausstellung in Karlsruhe vertreten war.

Literatur : Schlee 1984, S. 251 f.

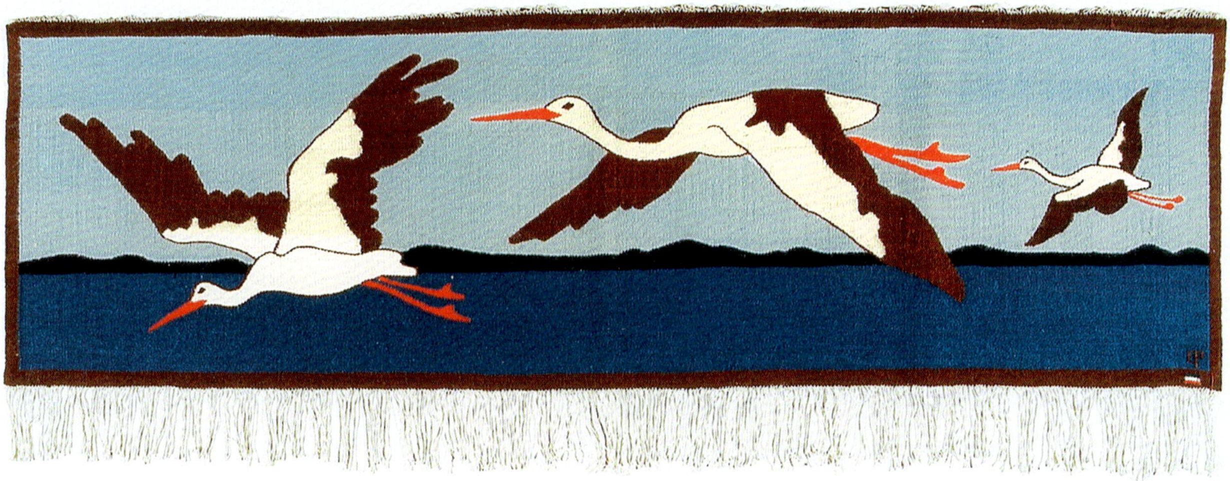

FLIEGENDE STÖRCHE | *Wandfries, ca. 1901, 43 x 148 cm, Museumsberg Flensburg, Inv. Nr. 12599, Schlee 1984, Nr. 89*

Heinrich Sauermann

Möbelfabrikant, Fachschulleiter, Museumsdirektor.
Geb. am 12.3.1842 in Flensburg, gest. dort am 3.10.1904.

1858 -1862 Sattler- und Tapeziererlehre in Hamburg, Beendigung seiner Lehrzeit in der väterlichen Sattlerfirma P. E. Sauermann in Flensburg. Nach der Gesellenprüfung arbeitete er 1864 - 1865 in einer renommierten Wagenbauwerkstatt in Stuttgart. 1866 in Paris. Ende 1866 Rückkehr nach Flensburg und Eintritt in die väterliche Firma. Meisterprüfung. 1872 richtete er in Flensburg am Holm eine eigene Tischlerwerkstatt ein und spezialisierte sich auf die Herstellung „altdeutscher" Möbel. Im selben Jahr gründete er eine Fortbildungsschule für Handwerker und Kaufleute, in der er ab 1877 die Fachklasse für Tischler, Drechsler, Tapezierer und Stuhlmacher leitete. Gleichzeitig trug Sauermann eine umfangreiche Sammlung von Möbeln und kunstvollem Hausrat zusammen, die er 1876 der Stadt Flensburg verkaufte. Sie bildete die Grundlage des 1903 unter Sauermanns Leitung eröffneten Kunstgewerbemuseums. 1889 hatte Sauermann nach einem Streik seine Möbelfabrik in eine „Staatlich unterstützte Fachschule für Kunsttischler und Bildschnitzer" umgewandelt (eröffnet am 1.10.1890 als erste deutsche Werkstattschule). Regelmäßige Beteiligung an Weltausstellungen (Wien 1873, Chicago 1893, Wien 1900) und (Kunst-) Gewerbe- und Industrieausstellungen, auf denen er ganze Stubeneinrichtungen präsentierte.

Literatur : Thieme-Becker, Bd. 29, 1925, S. 491 - Kat. Heinrich Sauermann, Flensburg 1979 - Schlee 1984, S. 253 ff. - Kat. 100 Jahre Werkkunstschule Flensburg, Flensburg 1990 - Biographisches Lexikon für Schleswig-Holstein und Lübeck, Bd. 10, 1994, S. 336-339.

Im Auftrag des Deutschen Reiches entwarf Heinrich Sauermann für die Weltausstellung in Paris 1900 ein „Niederdeutsches Wohnzimmer" im Stil der Neorenaissance, das mit drei Goldmedaillen ausgezeichnet wurde. Es ist als einzig erhaltenes Prunkzimmer Sauermanns auf dem Museumsberg ausgestellt. Der Raumeindruck wird durch die in verschiedenen Schnitztechniken verzierten Wände und die üppige Ausstattung im Geiste des Historismus bestimmt.
Die hohen Wände oberhalb der Paneele versah Sauermann mit umlaufenden Beiderwandbahnen, die er bei einem Weber in Dollerup/Angeln ausführen ließ. Die Sitz- und Lehnenbezüge vier repräsentativer Armlehnstühle ließ er ebenso wie sechs verschiedene Kissenbezüge in Scherrebek weben. Die Entwürfe Sauermanns unterscheiden sich deutlich von dem modernen Geist, der die Produkte aus Scherrebek bestimmte. Die variierenden Bandknotenmotive mit geometrischen Mustern greifen im Sinne des Historismus auf die Formensprache der Renaissance zurück - „altdeutsch" lautete die Devise Sauermanns. Ernst Schlee vermutet, dass einige der Kissenentwürfe von Gadso Weiland (s. dort) stammen könnten, da dessen Frau als Weberin für Sauermann tätig war und der Scherrebeker Prospekt von 1901 altdeutsche Stühle von Gadso Weiland anbot (Schlee 1984, S. 253 f.). Wahrscheinlicher ist jedoch, dass alle Stuhlbezüge und Kissen für das „Pariser Zimmer" von der Hand Sauermanns stammen, zumal sich seine Entwurfszeichnungen im Flensburger Museum erhalten haben.

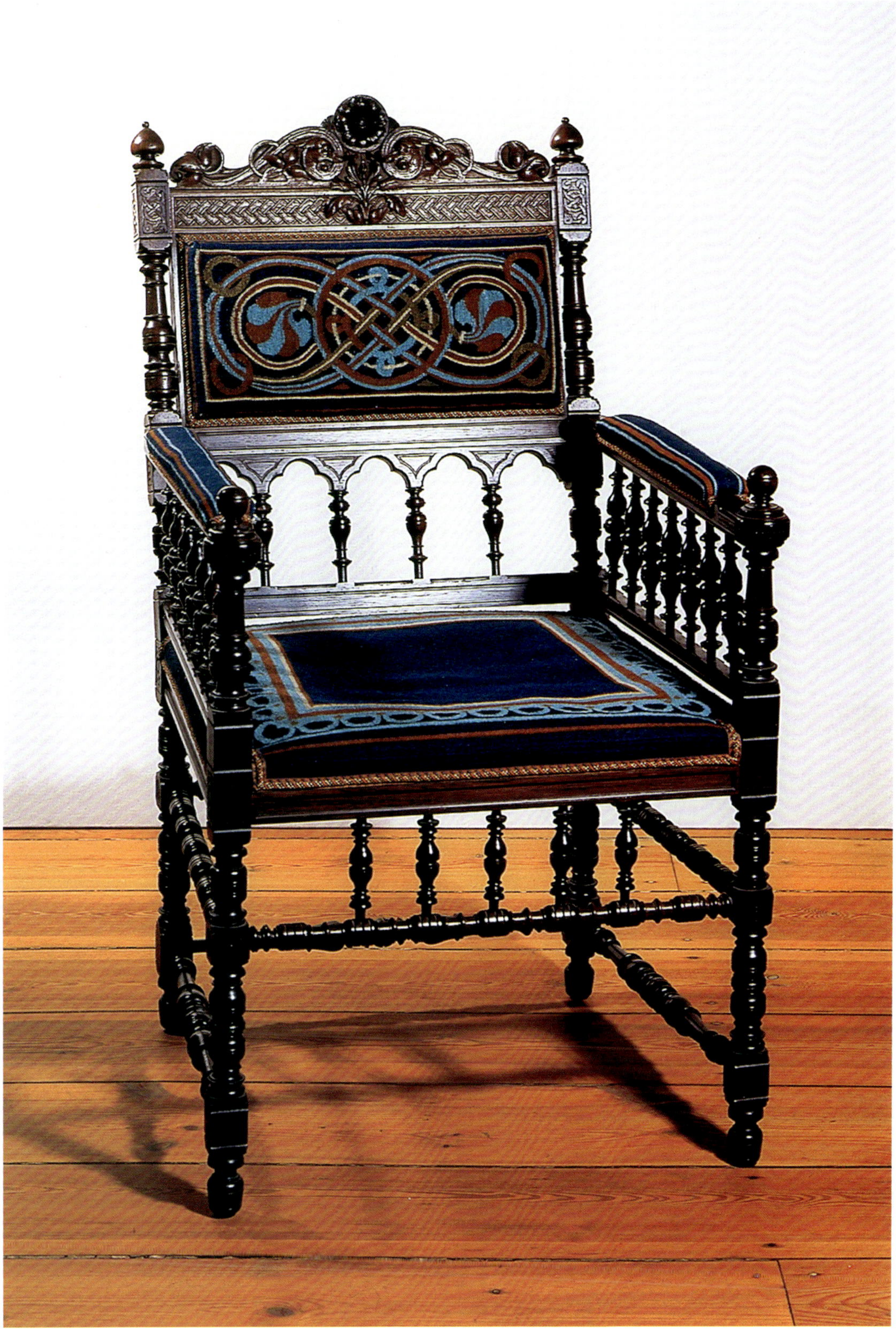

Stuhl für das „PARISER ZIMMER“ | *Stuhllehnen- und Sitzbezug, 1898, Museumsberg Flensburg, Schlee 1984, Nr. 92*

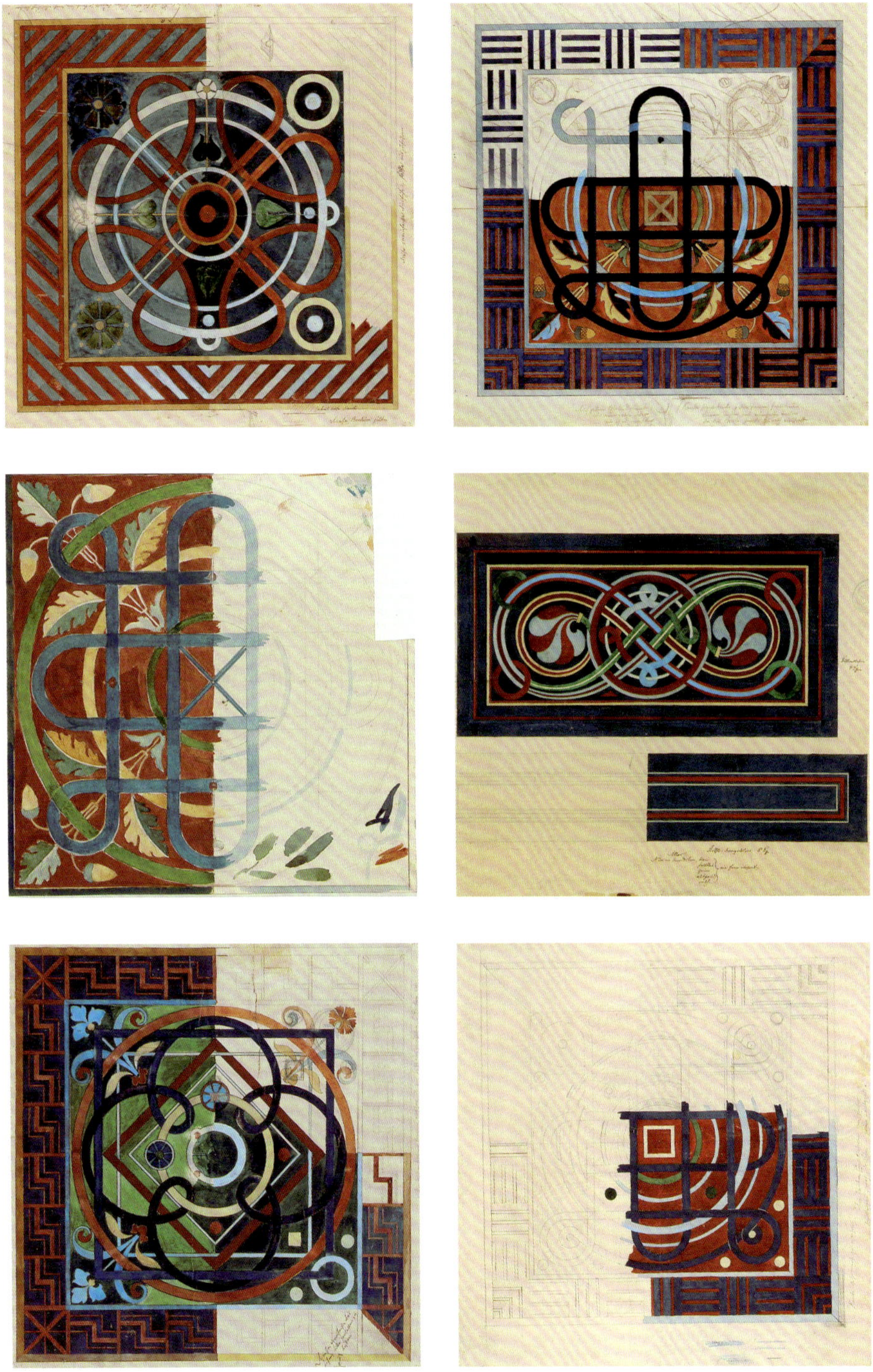

ENTWÜRFE FÜR STUHLKISSEN UND -BEZÜGE FÜR DAS „PARISER ZIMMER“,
Wasserfarben über Tinte und Bleistift, 1898 - 1900, Museumsberg Flensburg

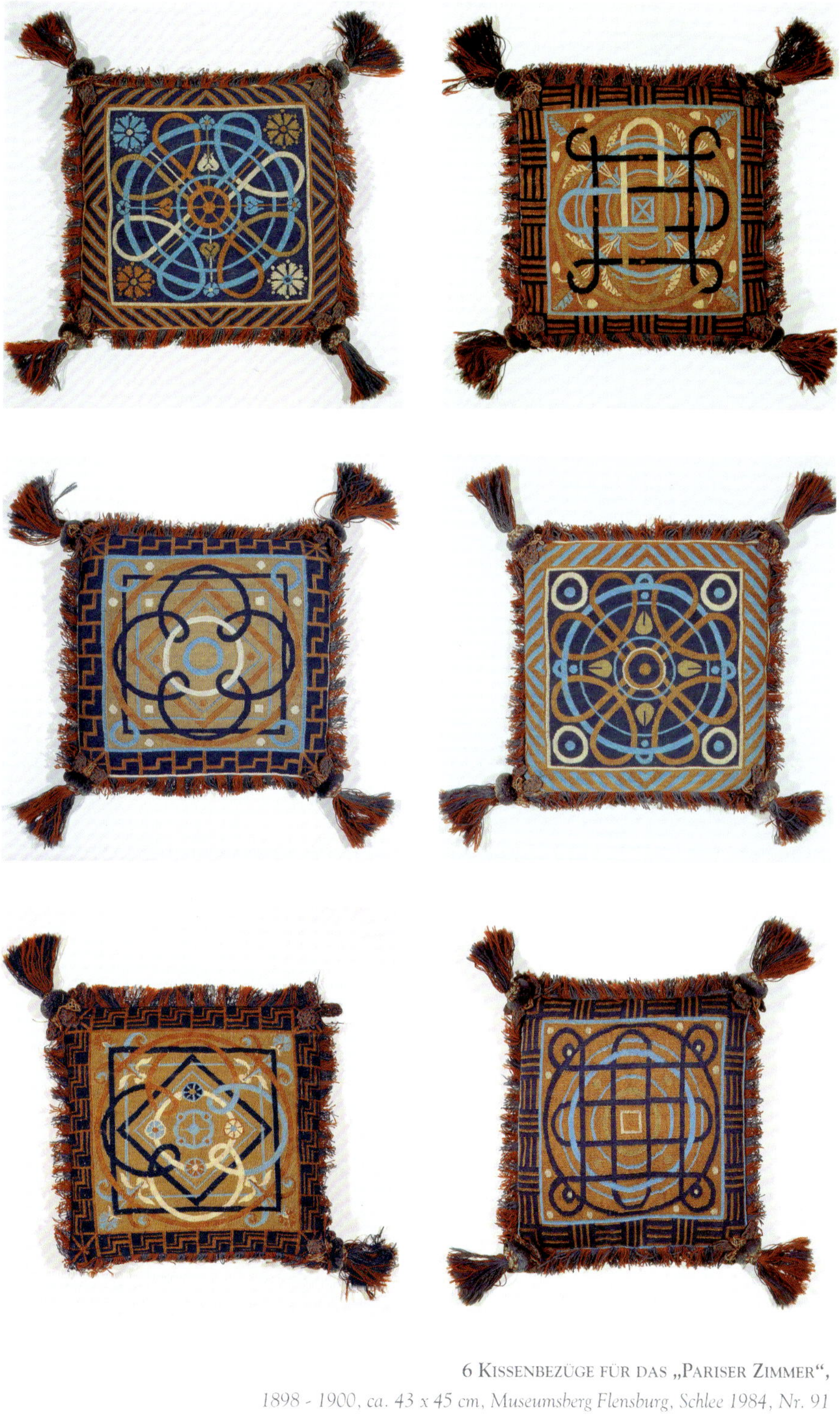

6 Kissenbezüge für das „Pariser Zimmer“,
1898 - 1900, ca. 43 x 45 cm, Museumsberg Flensburg, Schlee 1984, Nr. 91

Max Seliger

Maler und Kunstgewerbler.
Geb. am 12.5.1865 in Bublitz/Pommern, gest. am 10.5.1920 in Leipzig.

Literatur : Thieme-Becker, Bd. 30, 1936, S. 477 - Schlee 1984, S. 257 f.

Schüler von Max Koch und Emil Doepler d. J. an der Unterrichtsanstalt des Kunstgewerbemuseums in Berlin. 1893 malte er das Deutsche Haus der Weltausstellung in Chicago aus. 1894 - 1901 Lehrer der Fachklasse für figürliche und dekorative Malerei der Königlichen Kunstgewerbeschule in Berlin. 1901 - 1920 Direktor der Kunstgewerbeschule zu Leipzig, die er in eine Akademie für graphische Künste und Buchgewerbe umwandelte.

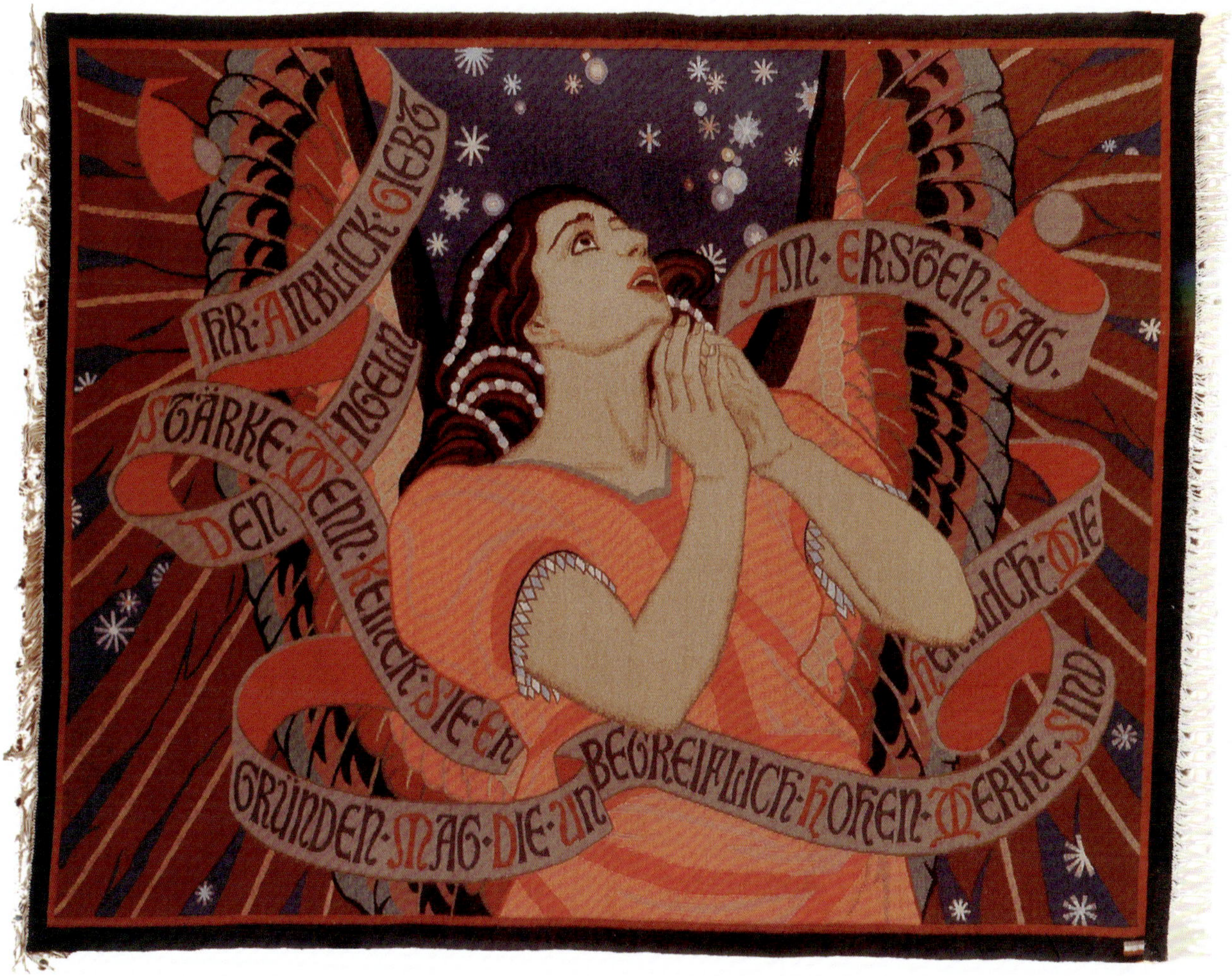

ENGEL | *Wandbehang, ca. 1897, 113 x 143 cm,*
Altonaer Museum in Hamburg, Inv. Nr. Psi 224, 1964/76, Schlee 1984, Nr. 93

Heinrich Sperling

Maler.
Geb. am 23.4.1844 in Warnkenhagen/Mecklenburg-Schwerin, gest. am 20.6.1924 in Berlin.

Literatur : Thieme-Becker, Bd. 21, 1937, S. 363 - Schlee 1984, S. 259.

Studium in Dresden und Berlin bei Carl Steffeck und Paul Meyerheim. Ab 1893 Professor an der Unterrichtsanstalt des Kunstgewerbemuseums in Berlin. Arbeitete vor allem auf dem Gebiet der Tier - und Jagdmalerei, Hunde waren ein bevorzugtes Motiv. Sperling blieb in seinem Schaffen einer weitgehend naturgetreuen Auffassung verhaftet. Die Scherrebeker Wandbehänge, für die er Vorlagen lieferte, betrachtete er als gewebte Bilder.

1899 entwarf Heinrich Sperling einen „Möpseteppich", auf dem drei Möpse und zwei Spitze einen Waldweg entlang laufen. Der Teppich ist als Parodie auf Otto Eckmanns Pfeilerbehang „Fünf Schwäne" zu verstehen. Ein Exemplar des Schwanenteppichs hing in der Villa Hügel des Stahlfabrikanten Friedrich Alfred Krupp in Essen, in der Heinrich Sperling häufiger Gast war. Bei einem Besuch im Jahr 1899 war der Hausherr offenbar nicht zugegen, wohl aber die damals etwa dreizehn Jahre alte Tochter Barbara. Mit ihr kam der Künstler auf die Idee, ein Pendant zum Schwanenteppich zu entwerfen. Sperling schenkte Krupp eine Pastellskizze, die vier weglaufende Hunde auf einem gewundenen Waldweg zeigt. Auf die positive Resonanz Krupps antwortete Sperling im Juli 1899: „Auf das Freudigste bin ich berührt durch die große Liebenswürdigkeit, mit der Sie meines harmlosen kleinen Scherzes mit dem Hunde-Bild gedenken, ich danke aufrichtig für das Telegramm. Übrigens hat Barbara einen geistigen Antheil an der Urheberschaft - wir haben nur noch eine Bulldogge vergessen, [...] es wäre damit noch mehr Pendant zu den Schwänen geworden, deren ja auch fünf daherschwimmen." (zitiert nach Schlee 1984, S. 167).

Ob Mops oder Bulldogge - für jeden Zeitgenossen war die Anspielung auf das Satireblatt „Simplicissimus" unübersehbar. Eine von Thomas Theodor Heine gezeichnete Bulldogge war das Wappentier dieser Zeitschrift. Das Tier symolisierte die Aggressivität, mit der das Blatt von 1896 bis 1914 gegen den preußischen Obrigkeitsstaat, gegen Militarismus, Bürokratie, Standesdünkel und Doppelmoral ankämpfte. Als Reichstagsabgeordneter und Rüstungsfabrikant war Alfred Krupp geradezu eine Personifikation des attackierten Systems. Es spricht also für eine gute Portion Selbstironie, dass Krupp zehn Exemplare des Möpseteppichs für private Zwecke in Scherrebek in Auftrag gab. Weitere Exemplare wurden nicht hergestellt, da bis zum Tode Krupps im November 1902 und dem bald darauf folgenden Konkurs der Webschule die rechtliche Frage der weiteren Vervielfältigung nicht geklärt werden konnte.

Ein weiteres Mal lehnte sich Heinrich Sperling an die Gestaltung des erfolgreichen Kollegen Eckmann an, als er einen Pfeilerbehang mit dem Titel „Fünf Störche" entwarf, der im Prospekt der Webschule von 1901 zum Verkauf angeboten wurde. Die Frage, ob Sperling auch diesen Teppich als Persiflage auf den überaus gefragten Schwanenteppich entwarf oder ob er lediglich auf dessen Erfolgswelle mitschwimmen wollte, wird unbeantwortet bleiben müssen.

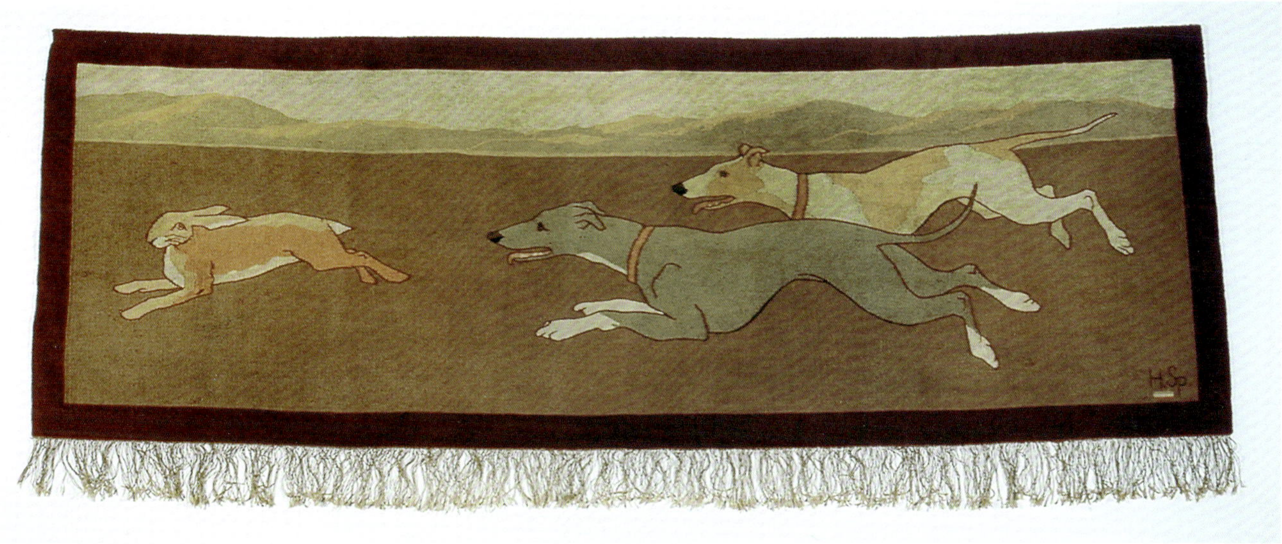

Hasenhetze | *Wandbehang, um 1907, 58,5 x 167,5 cm, Museumsberg Flensburg, Inv. Nr. 24890, Schlee 1984, Nr. 95*

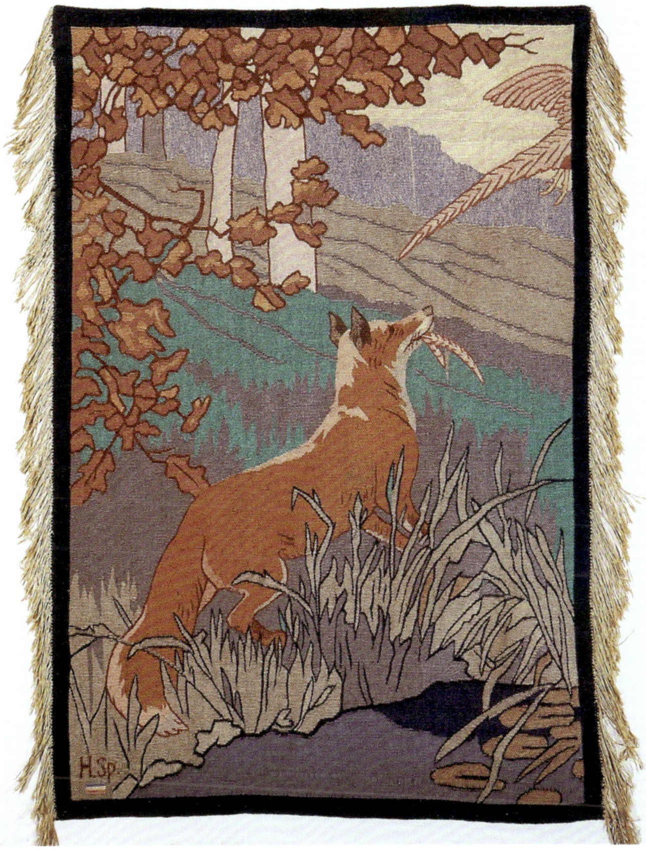

Fuchs und Fasan | *Wandbehang, 1901, 100 x 68 cm, Museumsberg Flensburg, Inv. Nr. 21460, weitere nachweisbare Exemplare: Museum für Kunst und Gewerbe Hamburg, Hessisches Landesmuseum Darmstadt, Schlee 1984, Nr. 97*

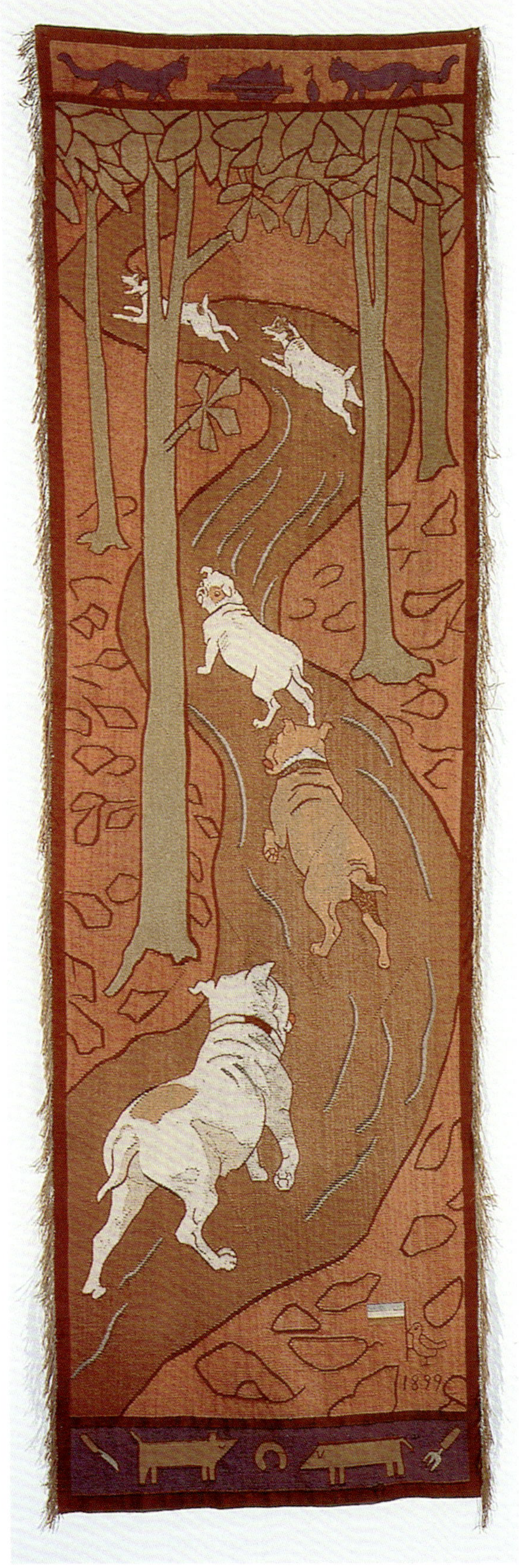

MOPSETEPPICH
(auch „Fünf Möpse“)
Pfeilerbehang,
1899, 238 x 71 cm,
Museumsberg Flensburg,
Inv. Nr. 24896,
weiteres nachweisbares Exemplar: Museum für Kunst und Gewerbe Hamburg,
Schlee 1984, Nr. 96

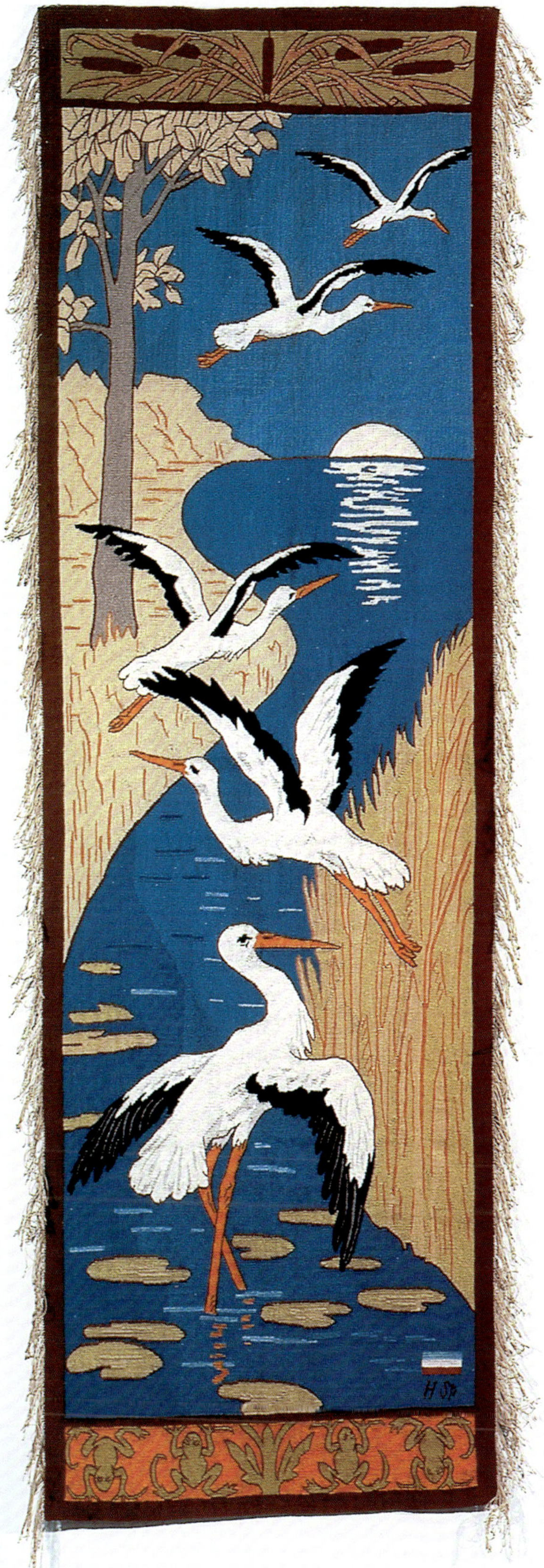

Fünf Störche

Pfeilerbehang, vor 1901,
236 x 74 cm,
Museumsberg Flensburg,
Inv. Nr. 12603,
weitere nachweisbare
Exemplare: Nordfriesisches
Museum, Ludwig-Nissen-Haus
Husum, Württembergisches
Landesmuseum Stuttgart,
Schlee 1984, Nr. 94

Fernand Thibaut

Maler und Graphiker.
Lebensdaten unbekannt.

Der französische Maler Fernand Thibaut war während der Weltausstellung in Paris 1900 auf die Scherrebeker Bildteppiche aufmerksam geworden und in Kontakt zu Pastor Jacobsen getreten. Im Winter 1900/1901 verbrachte er einige Monate in Scherrebek und anschließend in Lakolk auf der Insel Röm. Der weitgehend unbekannte Thibaut legte mehrere Entwürfe für Wandbehänge vor und arbeitete an der Gestaltung des Webschulprospektes von 1901 mit.

Literatur : Schlee 1984, S. 262.

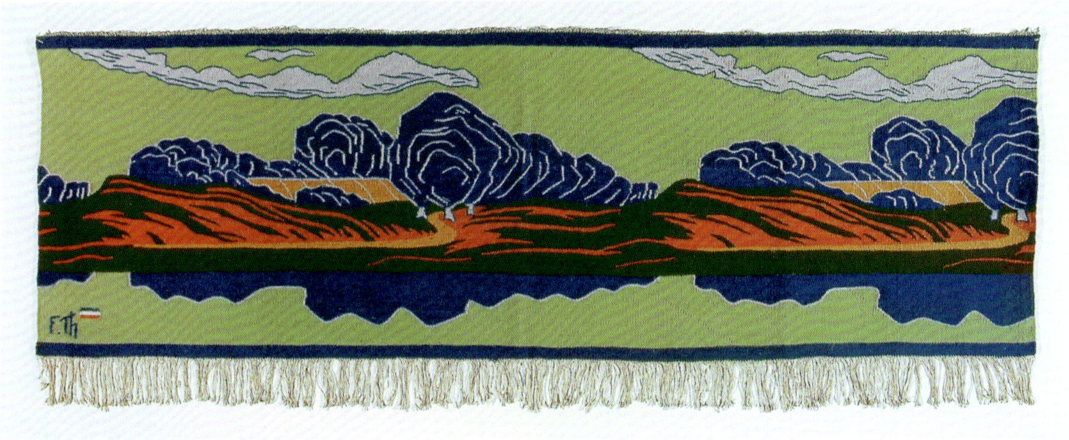

Abendlandschaft | *Wandfries, 1900, 48 x 152 cm, Museumsberg Flensburg, Inv. Nr. 12605, Schlee 1984, Nr. 100*

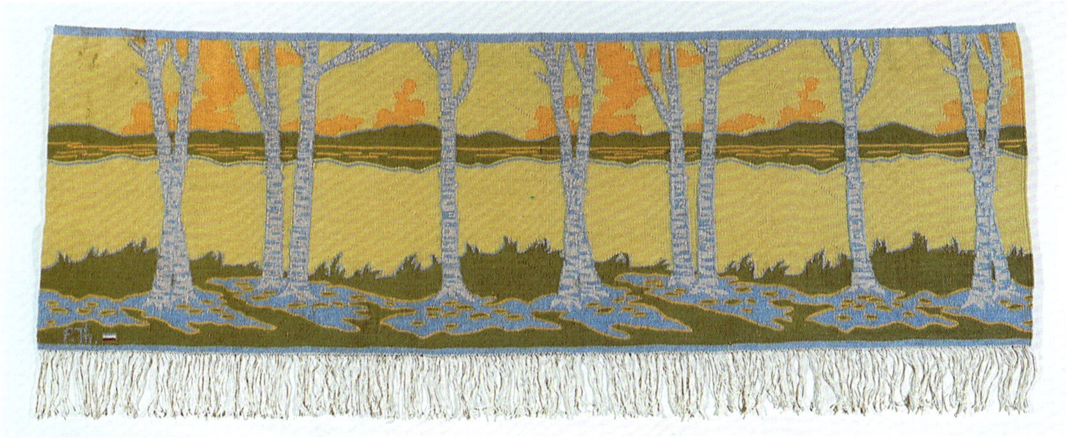

Birken | *Wandfries, 1901, 47 x 147 cm, Museumsberg Flensburg, Inv. Nr. 12606, Schlee 1984, Nr. 109*

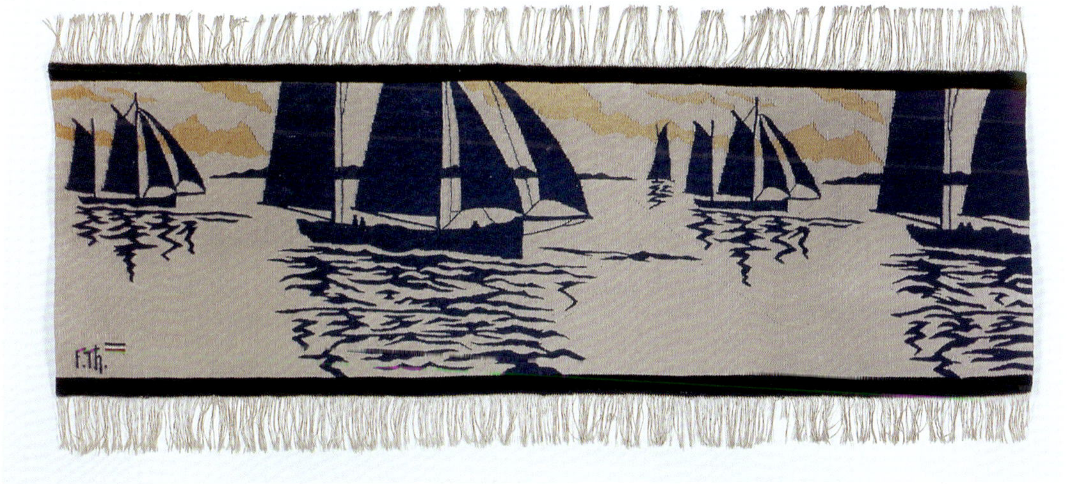

Hochseefischer | *Wandfries, 1900, 50 x 145 cm,*
Stiftung Schleswig-Holsteinische Landesmuseen Schloß Gottorf, Inv. Nr. 1959/936, Schlee 1984, Nr. 99

Otto Ubbelohde

Maler und Graphiker.
Geb. am 5.1.1867 in Marburg/Lahn, gest. am 8.5.1922 in Goßfelden bei Marburg.

Studierte von 1884 - 1890 an der Akademie München (u.a. bei Wilhelm von Dietz, Ludwig Herterich und Ludwig Löfftz). Schloss sich 1892 vorübergehend der Münchener Secession und später der "Luitpoldgruppe" an und beteiligte sich an der Gründung der "Vereinigten Werkstätten für Kunst im Handwerk". Lebte 1894 -1895 in Worpswede, wo er bereits 1889, im Gründungsjahr der Künstlerkolonie, zusammen mit seinem Landsmann Erich Otto Engel gewesen war. 1898 erwarb Ubbelohde ein Grundstück in Goßfelden und begann mit dem Bau eines Hauses, das er zu Ostern 1900 bezog. Ubbelohde wurde vor allem als Graphiker bekannt und war schon früh Mitarbeiter der "Jugend". Für das Kunstgewerbe arbeitete er lediglich in den Jahren um 1900. Entwürfe für Stickereien und Knüpfarbeiten führte seine Frau Hannah, geb. Unger, aus. Für Scherrebek entwarf Ubbelohde seit 1899. Für die von 1907 bis 1909 erschienene dreibändige Jubiläumsausgabe der Grimmschen Märchen, besorgt von Robert Riemann, lieferte Ubbelohde 446 Illustrationen.

Literatur : Thieme-Becker Bd. 33, 1939, S. 519 f. - Schlee 1984, S. 267 - Schlee 1987 - Kat. Otto Ubbelohde 2001.

Auf der Deutschen Kunstausstellung in Dresden 1899 präsentierten die Vereinigten Werkstätten ein Kinderzimmer, das von Karl Bertsch entworfen worden war. Den oberen Abschluss eines umlaufenden Paneels bildete ein von Otto Ubbelohde gemalter Fries. In siebzehn längsrechteckigen Feldern mit abgerundeten Ecken wechselten sich Tiergruppen, wie z. B. tanzende Mäuse oder Hahn und Hennen, mit Märchenmotiven ab. Sechs dieser Märchenmotive übertrug Ubbelohde in ein größeres Format und ließ sie in Scherrebek weben: „Die Prinzessin und der Froschkönig", „Die Gänsemagd", „Die sieben Raben", „Die drei Königstöchter unterm Apfelbaum" (ein schwer beschädigtes Exemplar befindet sich im Textilmuseum Neumünster), „Aschenputtel" und „Die Heimkehr des Königssohnes". Im Scherrebeker Prospekt von 1901 werden die ersten vier Teppiche bereits als „Märchen-Cyklus" angeboten.
Ubbelohde schwebte vor, einen Raum vollständig zu gestalten. In einem Brief an die Malerin Hedwig Weiß schrieb er 1902: „Ich möchte wohl mal einen Raum ausschmücken, vollständig, mit allem, was vom Boden bis zur Decke darinnen ist, die Bilder nur als schmückende Zuthaten." (zitiert nach Rinn 2001, S. 60). Seine Idee, ein Kinderzimmer mit den friesartig nebeneinander aufgehängten Wandbehängen auszustatten, ist wahrscheinlich nie verwirklicht worden, denn die Webschule hat offenbar nur einzelne Stücke, selten einmal zwei zusammen verkauft (Schlee 1987, S. 56 f.). Der Gedanke, Märchenteppiche als Ausstattung für Kinderzimmer zu entwerfen, hängt mit der Wiederentdeckung der Grimm'schen Märchen im ausgehenden 19. Jahrhundert und mit der Entdeckung des Kindes als Persönlichkeit verbunden mit der Forderung nach einem eigenen Raum für das Kind zusammen. Märchenbilder, wie sie Ubbelohde beispielhaft für die Scherrebeker Webschule entwarf, richteten sich jedoch nicht nur an ein jugendliches Publikum. Sie waren um 1900 ein allseits beliebtes Motiv.

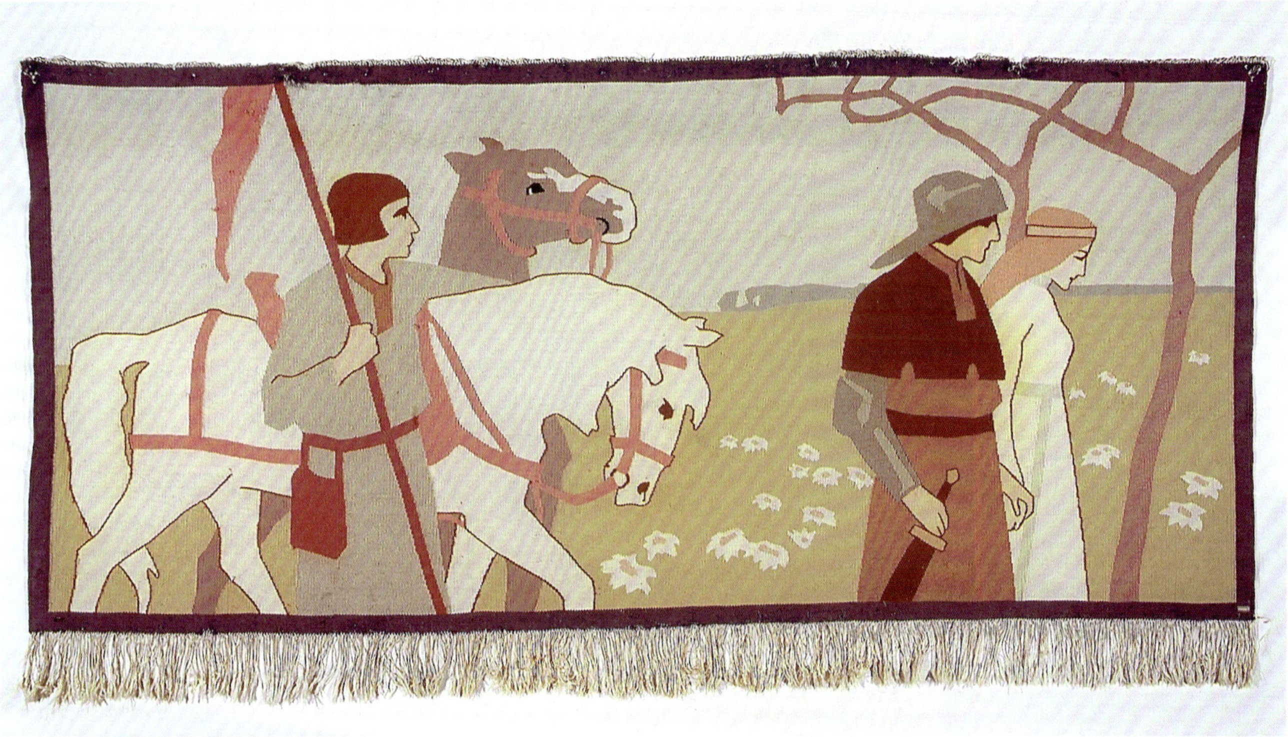

DIE HEIMKEHR DES KÖNIGSSOHNES | *Wandbehang, um 1901, 73 x 166 cm, Museumsberg Flensburg, Inv. Nr. 26879, weiteres nachweisbares Exemplar: Stiftung Schleswig-Holsteinische Landesmuseen Schloß Gottorf, Schlee 1984, Nr. 122*

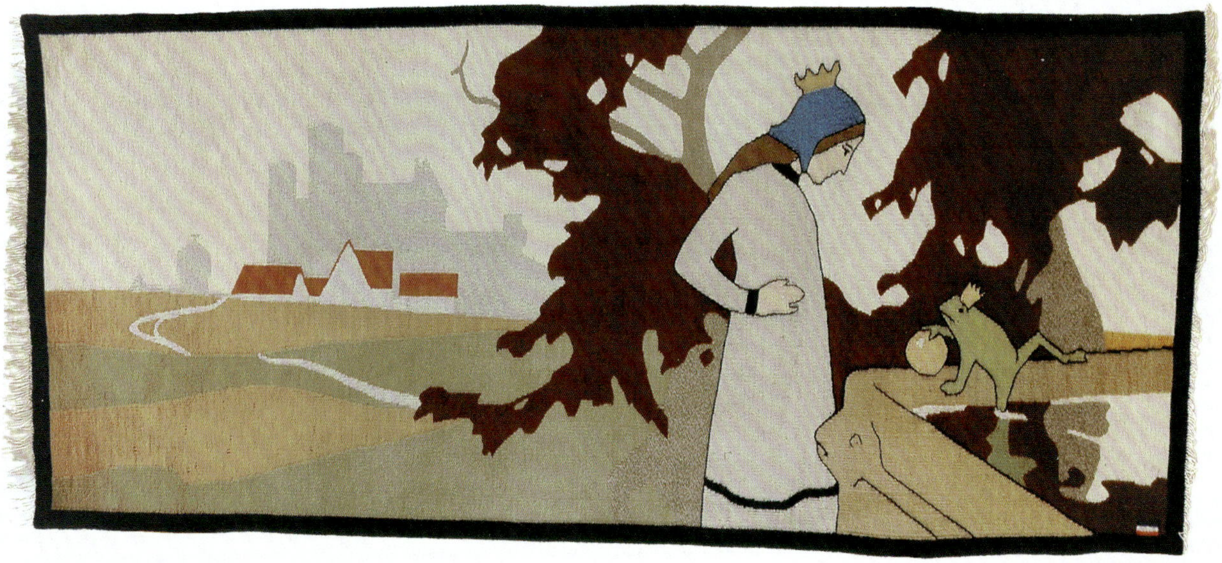

Die Prinzessin und der Froschkönig | *Wandbehang, 1899, 72 x 162 cm, Altonaer Museum in Hamburg, Inv. Nr. Psi 92, weitere nachweisbare Exemplare: Museumsberg Flensburg, Inv. Nr. 20489, Museum für Kunst und Gewerbe Hamburg, Schlee 1984, Nr. 113*

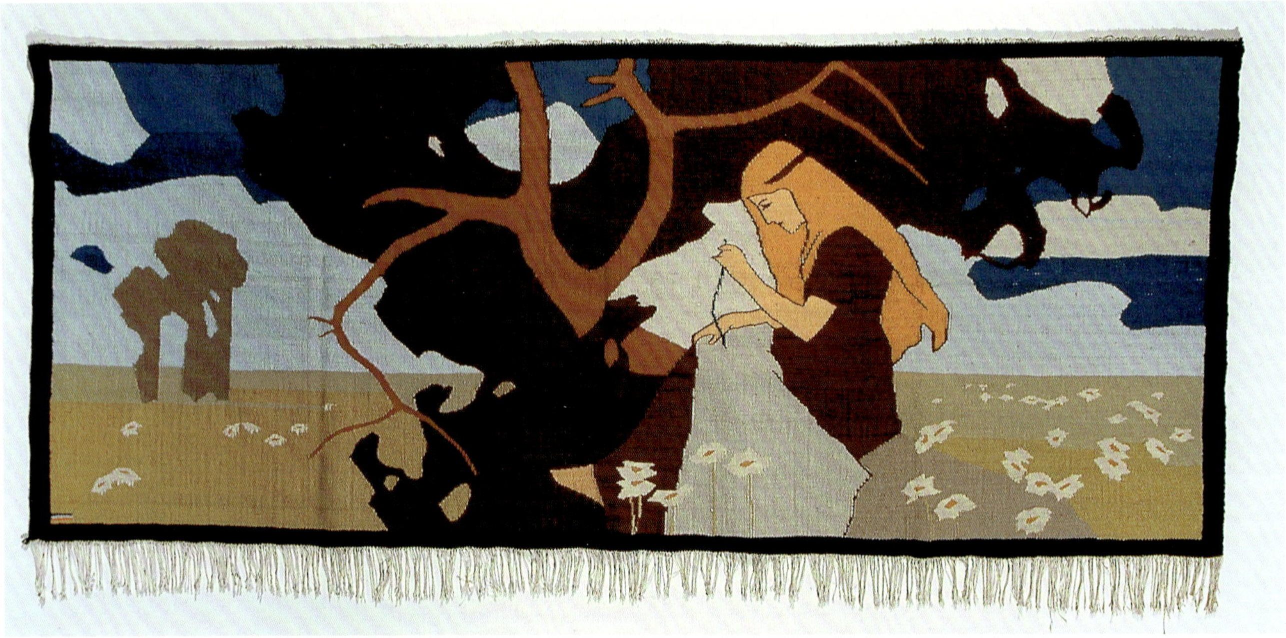

Die sieben Raben | *Wandbehang, 1900, 71 x 174 cm, Museumsberg Flensburg, Inv. Nr. 12596, Schlee 1984, Nr. 118*

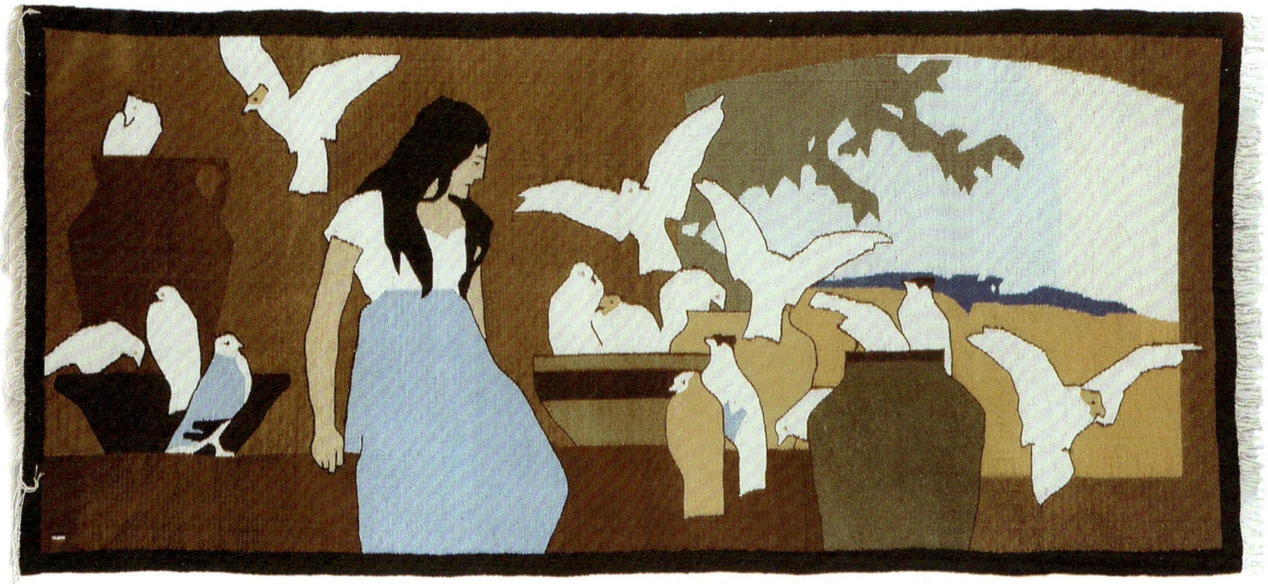

ASCHENPUTTEL | *Wandbehang, 1900 oder später, 74 x 167,5 cm, Altonaer Museum in Hamburg, Inv. Nr. Psi 91, Schlee 1984, Nr. 116*

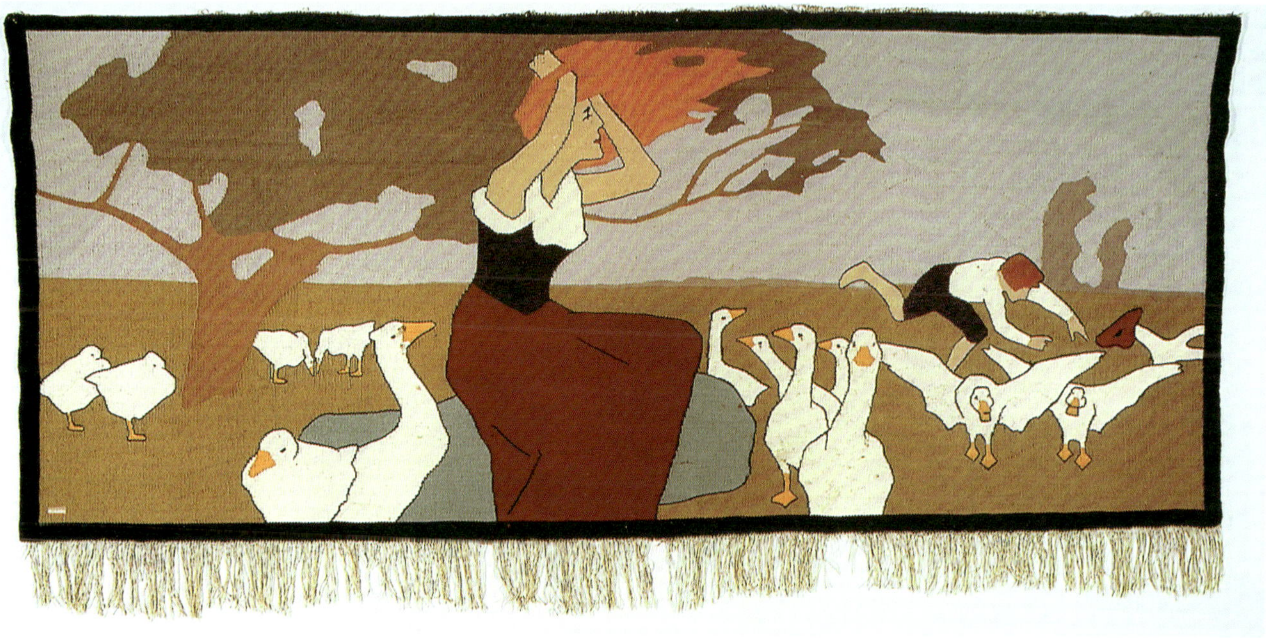

DIE GÄNSEMAGD | *Wandbehang, um 1899, 66 x 159 cm, Museumsberg Flensburg, Inv. Nr. 26085, weitere nachweisbare Exemplare: Museum für Kunst und Gewerbe Hamburg, Stiftung Schleswig-Holsteinische Landesmuseen Schloß Gottorf, Staatliche Kunstsammlungen Kassel, Museum für Angewandte Kunst Köln, Schlee 1984, Nr. 115*

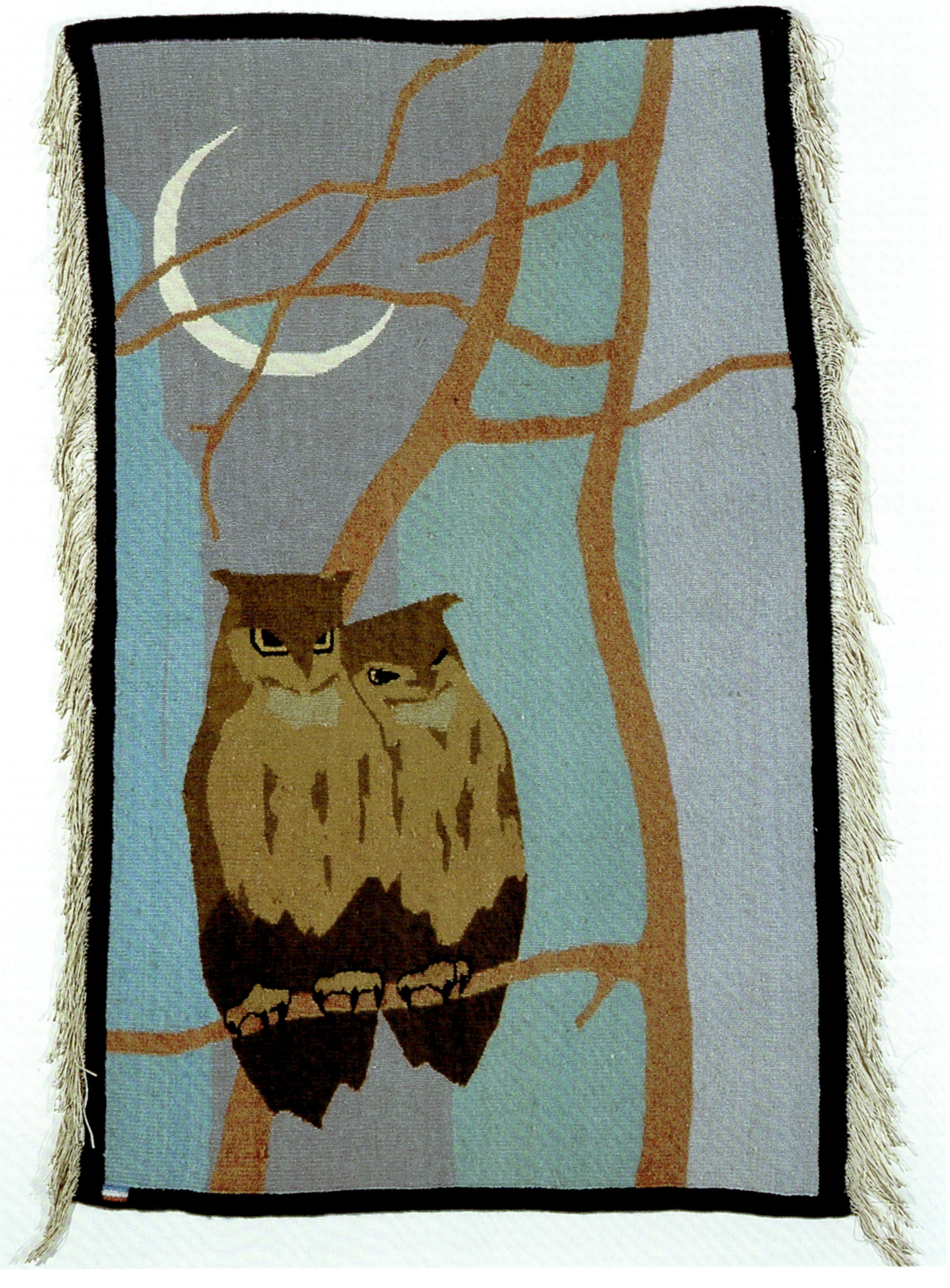

Eulenpaar | *Wandbehang, um 1899, 100 x 64 cm, Museumsberg Flensburg, Inv. Nr. 12612, weitere nachweisbare Exemplare: Stiftung Schleswig-Holsteinische Landesmuseen Schloß Gottorf, Museum für Kunst und Gewerbe Hamburg, Hessisches Landesmuseum Darmstadt, Schlee 1984, Nr. 114*

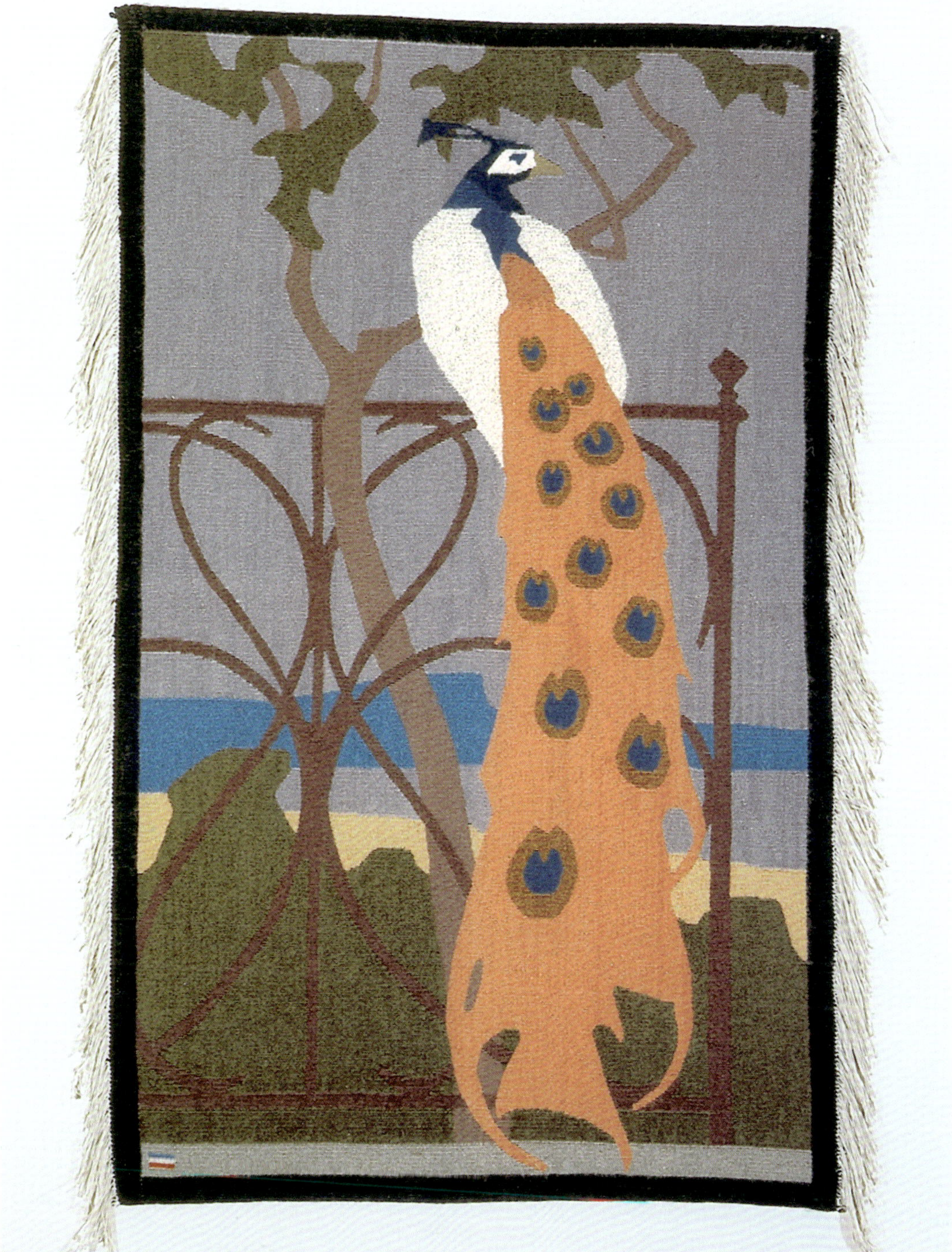

PFAU | *Wandbehang, vor 1901, 103 x 64 cm, Museumsberg Flensburg, Inv. Nr. 12598, Schlee 1984, Nr. 119*

Henry Van de Velde

Architekt, Innenarchitekt, Maler, Kunstgewerbler, Schriftsteller. Geb. am 3.4.1863 in Antwerpen, gest. am 25.10.1957 in Zürich.

1880 - 1883 Studium der Malerei an der Académie des Beaux Arts in Antwerpen, ab 1883 Fortsetzung seines Studiums im Privatatelier des Akademiedirektors Charles Verlat. Schloss sich van Gogh und den Neoimpressionisten an. 1884 - 1885 in Paris. Wurde 1888 in Brüssel Mitglied der Gruppe „Les Vingts". Ging um 1890 zum Studium der Architektur und der dekorativen Kunst über, Entwürfe für Möbel und Einrichtungen. 1895 Kontakt zu Julius Meier-Graefe und Siegfried Bing und Ausstellung in dessen „Maison de l'Art Nouveau" in Paris. Seine Beteiligung an der Dresdener Kunstausstellung 1897 machte ihn in Deutschland bekannt und verschaffte ihm Aufträge. 1899 in Berlin tätig. Ende 1901 wurde er vom Großherzog Wilhelm-Ernst von Sachsen-Weimar als künstlerischer Berater für Industrie und Kunsthandwerk nach Weimar berufen, wo er die Kunstgewerblichen Lehranstalten errichtete, die er bis 1914 leitete. 1917 Auswanderung in die Schweiz, 1921 nach Holland, 1926 nach Brüssel, wo er bis 1943 das Institut des Arts Décoratives leitete. Lebte ab 1947 wieder in der Schweiz. Bereits in den frühen 1890er Jahren hatte van de Velde Bildgewebe entworfen. 1900 in Berlin ging er eine Verbindung mit dem „Hohenzollern-Kunstgewerbehaus" von Wilhelm Hirschwald ein, der eine Vertretung der Scherrebeker Webschule übernommen hatte. Vorher bestanden außerdem bereits Kontakte zu Friedrich Deneken in Krefeld, mit dem er sich für die Reformierung der Krefelder Textilindustrie einsetzte.

Literatur : Thieme-Becker Bd. 34, 1940, S. 201 - Vollmer Bd. 5, 1961, S. 19 f. - Schlee 1984, S. 281 f. - Kat. Henry van de Velde 1992.

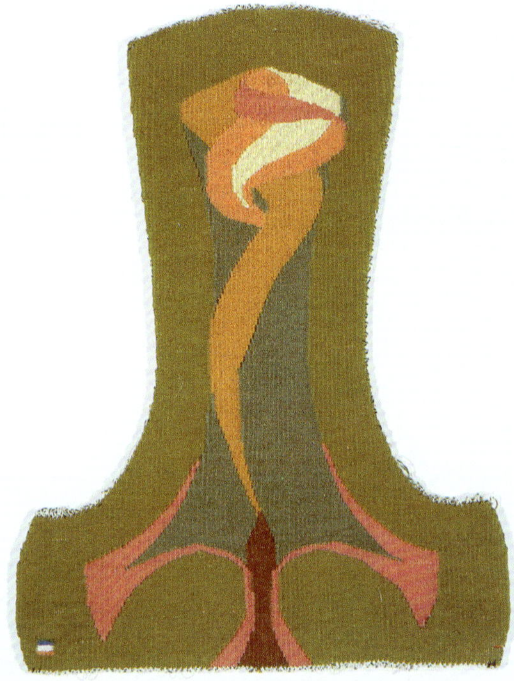

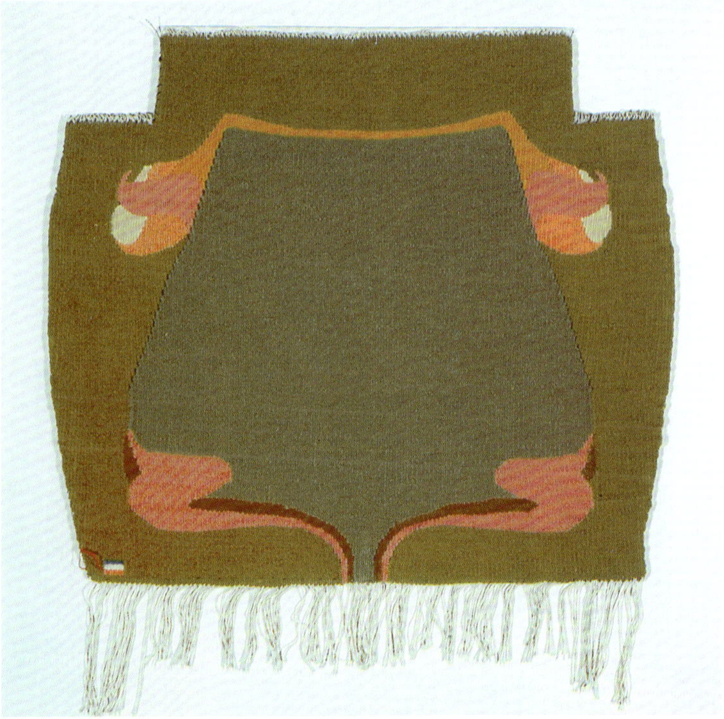

HOLLANDISCHER STUHL | *Stuhllehnen- und Sitzbezug, vor 1899, ca. 51 x 39 cm und 44 x 52 cm, Museumsberg Flensburg, Inv. Nr. 12586 a, b und 12587 a, b, weitere nachweisbare Exemplare: Museum für Kunst und Gewerbe Hamburg, Schlee 1984, Nr. 124*

Heinrich Vogeler

Maler, Graphiker, Kunstgewerbler.
Geb. am 12.12.1872 in Bremen, gest. am 14.6.1942 in Karaganda/Sibirien.

1890 - 1891 Studium an der Düsseldorfer Kunstakademie (bei Adolf Schill, Peter Janssen und Arthur Kampf). Reisen in die Eifel, nach Holland, Brügge, Italien und Paris. 1892 wieder an der Düsseldorfer Akademie. Kam 1894 nach Worpswede und schloss sich, zunächst als Schüler von Fritz Mackensen und Hans am Ende, der Künstlerkolonie an. Mit dem Erwerb des Bauernhauses „Barkenhoff" und der Bekanntschaft mit der Worpswederin Martha Schröder, seiner späteren Frau, die als Weberin kunstgewerblich tätig wurde, ließ sich Vogeler in Worpswede nieder. Martha Schröder führte bereits um 1898 - 1898 erste Bildteppichentwürfe Vogelers in Applikationstechnik aus. Im Sommer 1899 unternahm Vogeler mit den Malerinnen Clara Rilke-Westhoff und Marie Bock eine Fahrradtour durch Schleswig-Holstein nach der Insel Röm, die ihn nach Scherrebek führte. Vermutlich arbeitete Vogeler bereits zu dieser Zeit an dem Teppich „Dornröschen" für die Weltausstellung in Paris 1900. Im Juni 1900 Besuch der Weltausstellung in Paris. Von Worpswede aus zahlreiche Reisen (u. a. Italien, wiederholt Paris, Brüssel, Schweiz), oft in Verbindung mit Aufträgen. 1907 Mitbegründer des Deutschen Werkbundes in München. Nach dem Ersten Weltkrieg politisches Engagement für den Kommunismus und Gründung einer sozialistischen Arbeitsschule auf künstlerischer Grundlage in Worpswede. Seit 1923 wiederholte Aufenthalte in Russland, 1931 endgültige Übersiedlung nach Russland.

Literatur : Thieme-Becker Bd. 34, 1940, S. 489 f. - Vollmer Bd. 5, 1961, S. 47 - Schlee 1984, S. 283 f. - Vogeler 1989.

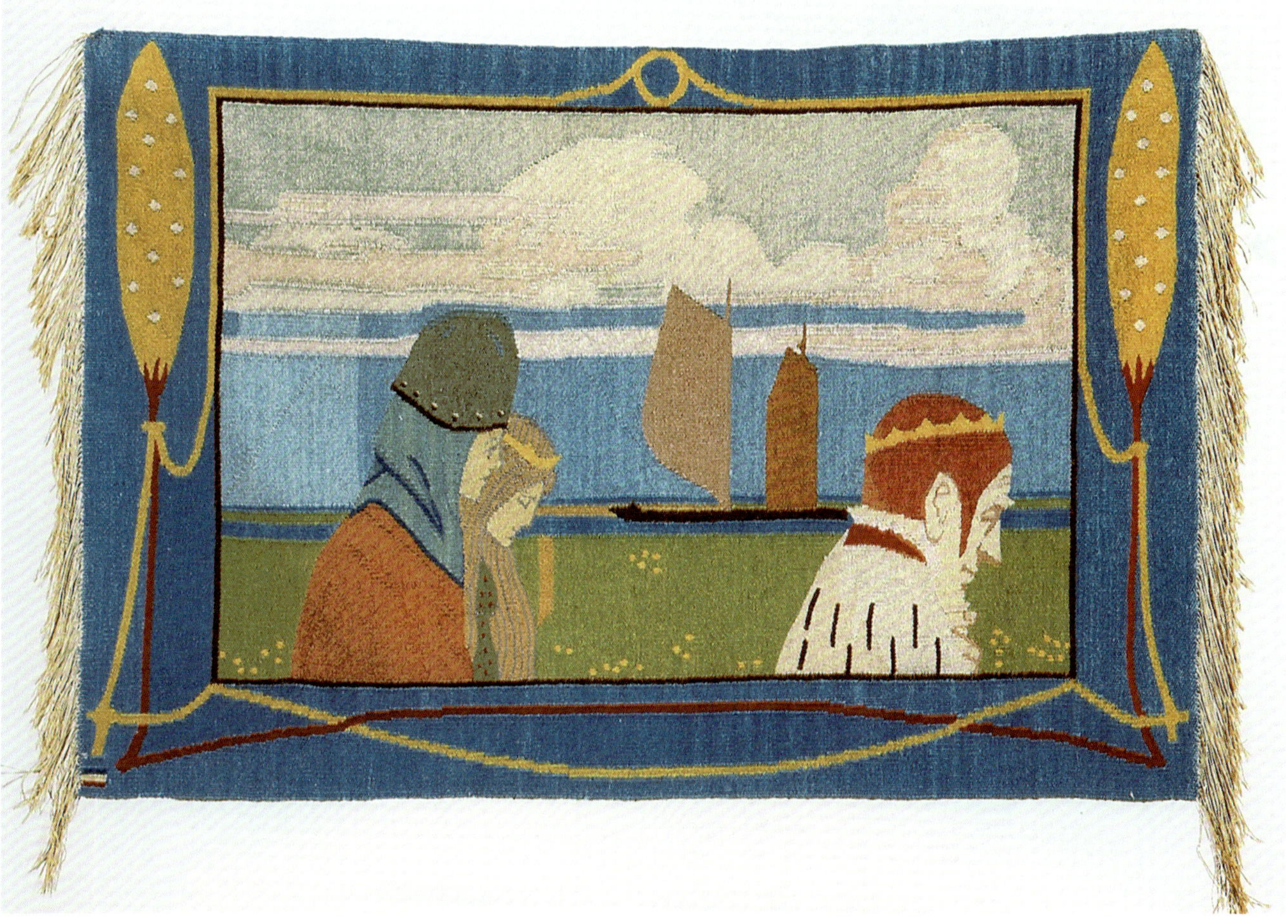

SPAZIERGANG | *Wandbehang, 1898/1899, 62 x 93 cm, Museumsberg Flensburg, Inv. Nr. 25733, Schlee 1984, Nr. 125*

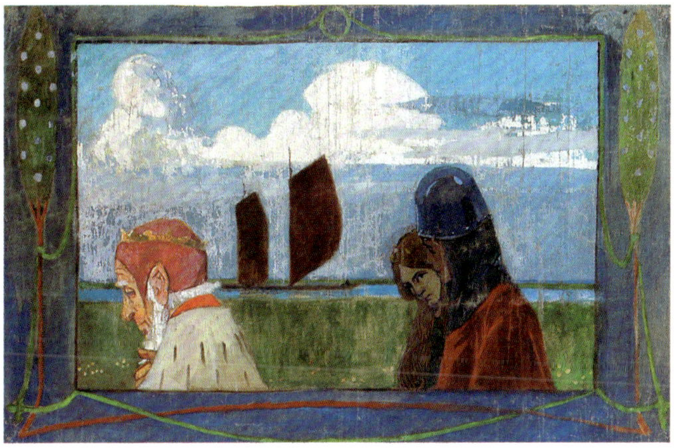

ENTWURF FÜR DEN WANDTEPPICH „SPAZIERGANG“,
Öl auf Leinwand, 1898/1899, 61 x 96 cm,
Museum für Kunst und Gewerbe Hamburg

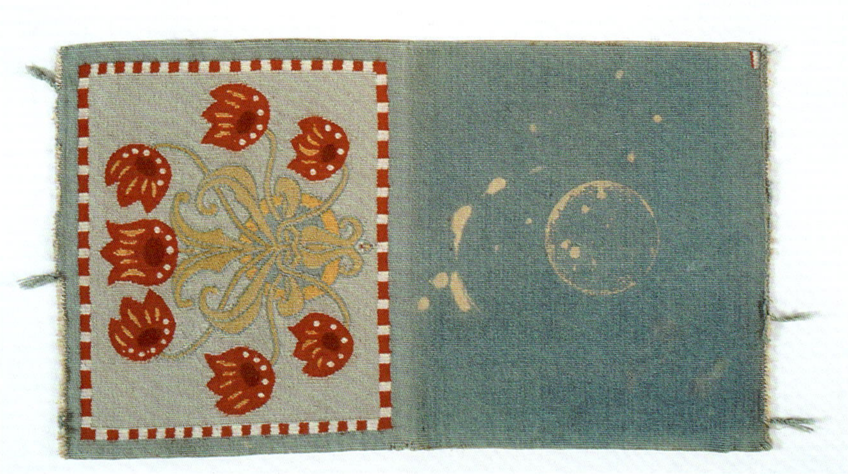

Tulpenstrauss | *Kissenbezug, um 1900, 39,5 x 69 cm, Haus im Schluh, Worpswede (Leihgabe aus Privatbesitz), nicht bei Schlee*

Heinrich Vogelers Bildteppiche „Spaziergang" und „Dornröschen" führen wie Otto Ubbelohdes friesartige Wandbehänge in die Welt der Märchen. Der in leuchtenden Farben gewebte Wandbehang „Spaziergang" stellt in einer ungewöhnlichen Komposition die Oberkörper eines als Prinz und Prinzessin zu lesenden Paares und eines „Königs" dar, die durch das von einem ornamentalen Rahmen umgebene Bildfeld zu schreiten scheinen. Zwischen ihnen öffnet sich der Blick auf eine Landschaft mit einem Kanal, auf dem ein Schiff mit dunklen Segeln fährt - Vogeler siedelte seinen „Spaziergang" ganz offensichtlich in der Worpsweder Landschaft an. Während es für diesen Märchenteppich keine geschriebene Vorlage gibt, bezog sich Vogeler mit seinem „Dornröschen"-Teppich auf ein Märchen der Gebrüder Grimm. Hier kniet der Prinz, der eine helmartige Kopfbedeckung trägt, vor der schlafend in einem hochlehnigen Stuhl zusammengesunkenen Prinzessin, zwischen ihnen taucht aus den Rosenbüschen im Hintergrund die schwarz gekleidete Zauberin auf. Das Bildfeld ist von einem breiten Rahmen umgeben, der zwei blühende Rosenbäumchen mit ineinander verschlungenen Wurzeln zeigt. Beide Wandbehänge wurden auf der Weltausstellung in Paris ausgestellt.

Wie Otto Eckmanns Wandbehang „Das Märchen" ist auch der „Dornröschen"-Teppich durch eine differenzierte Farbigkeit und Zeichnung gekennzeichnet, die sich deutlich von Otto Ubbelohdes plakativen Märchenteppichen abhebt. Die Wandbehänge Vogelers richteten sich, ebenso wie Eckmanns Bildteppich, auch nicht allein an ein jugendliches Publikum, sondern waren dazu gedacht, Stimmungswerte zu vermitteln, die um 1900 in der Welt der Märchen, Mythen und Sagen gesucht wurden (Howaldt 1964, S. 111). Beiden Motiven Vogelers gingen Applikationsstickereien voraus, die von seiner Frau ausgeführt worden waren. Von den gewebten Umsetzungen unterschieden sie sich durch einen großen Detailreichtum, der der technisch bedingten Flächigkeit der Handweberei geopfert werden musste.

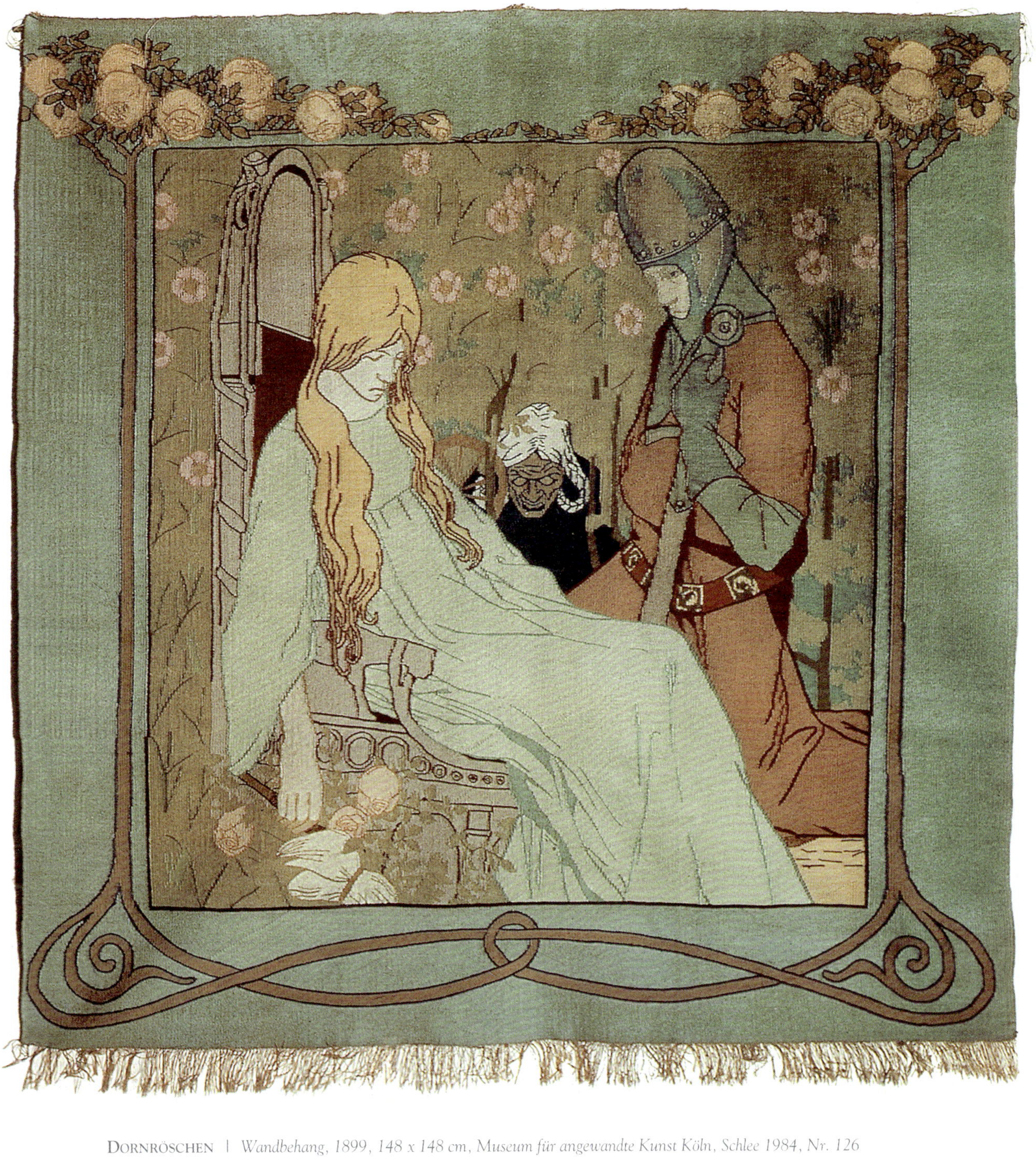

DORNRÖSCHEN | *Wandbehang, 1899, 148 x 148 cm, Museum für angewandte Kunst Köln, Schlee 1984, Nr. 126*

Ernst Vollbehr

Maler, Lithograph.
Geb. am 25.3.1876 in Kiel, gest. am 20.5.1960 in Krumpendorf am Wörthsee.

Malerlehre in Schwerin und Wismar, tätig als Dekorationsmaler, Theatermaler und Restaurator. Studium an der Unterrichtsanstalt des Kunstgewerbemuseums in Berlin (bei Max Seliger), Weiterbildung 1898 in Dresden, 1901 - 1902 in Rom. Nach Aufenthalt in Kiel Fortsetzung des Studiums in Paris (bei Ménard) und in München. Studienreisen durch Albanien, Brasilien und die deutschen Kolonien in Afrika, von denen er farbenfreudige Studien und Bilder nach Landschaften und den dort lebenden Menschen mitbrachte. Im Ersten und Zweiten Weltkrieg als „Kriegsmaler" tätig. Danach als Bildberichterstatter („Kolonialmaler") tätig. Während der Berliner Studienzeit lernte Vollbehr das Werk Otto Eckmanns kennen, dessen Einfluss sich in floralem Buchschmuck der „Jugend" 1902 - 1906 zeigt. Kurz nach 1900 ließ das Bayerische Landesgewerbemusem in Nürnberg mehrere Entwürfe Vollbehrs in Scherrebek ausführen.1903 oder 1904 übernahm Vollbehr die künstlerische Leitung einer Tochtergründung von Scherrebek in Laibach (Ljubljana). In seinem Kieler Atelier zeigte er 1904 dreizehn Webarbeiten, die auch in Laibach ausgeführt sein könnten.

Literatur : Thieme-Becker Bd. 34, 1940, S. 524 f. - Volmer Bd. 5, 1961, S. 50 - Schlee 1984, S. 266 f.

ORANGEN | *Wandbehang, nach 1901, 67 x 133 cm, Museumsberg Flensburg, Inv. Nr. 20912, Schlee 1984, Nr. 134*

Gadso Weiland

Maler, Graphiker, Kunstgewerbler.
Geb. am 21.2.1869 auf dem Hof Pageroe an der Schlei, gest. am 23.2.1915 in Schleswig.

1887 - 1890 Malerlehre in Eckernförde, anschließend Studium an der Kunstakademie in Düsseldorf, unterbrochen durch Militärdienst 1891 - 1893. Danach abwechselnd in Kiel und auf Pageroe ansässig, zeitweilig als Malergeselle tätig. 1895 - 1896 Fortsetzung des Studiums in Düsseldorf. Gadso Weiland wurde ab 1899 für Scherrebek tätig. 1897 hatte er die aus Atzbüll in Angeln stammende Lehrerin Agnes Cordsen geheiratet. Sie erlernte in der seit 1899 bestehenden Scherrebeker Tochtergründung von Henriette Seelig in Kiel das Weben und führte Entwürfe ihres Mannes aus. Neben Webarbeiten entwarf Weiland Stickereien, Metallarbeiten, Bucheinbände, Illustrationen, Exlibris etc. 1902 Umzug nach Schleswig.

Literatur : Thieme-Becker Bd. 35, 1942, S. 284 - Schlee 1984, S. 292 (dort weitere Literaturangaben).

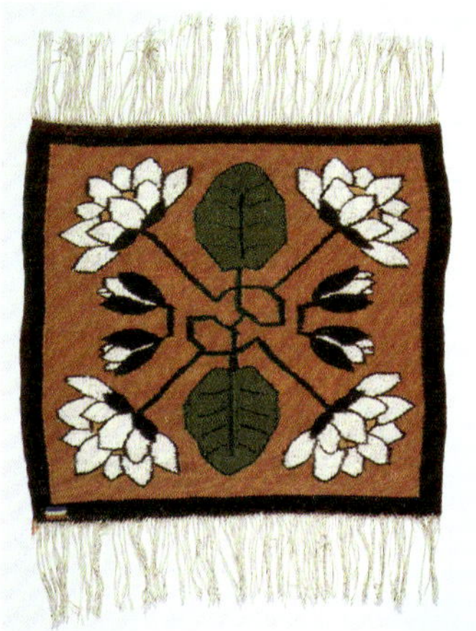

WASSERLILIEN | *Kissenplatte, vor 1899, ca. 38 x 42 cm, Museumsberg Flensburg, Inv. Nr. 12573 und 12574, Schlee 1984, Nr. 140*

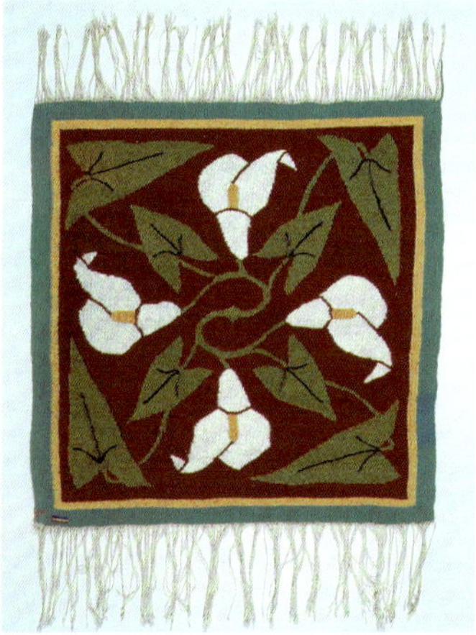

KALLA | *Kissenplatte, 1899/1901, 50 x 50 cm, Museumsberg Flensburg, Inv. Nr. 12570, Schlee 1984, Nr. 154*

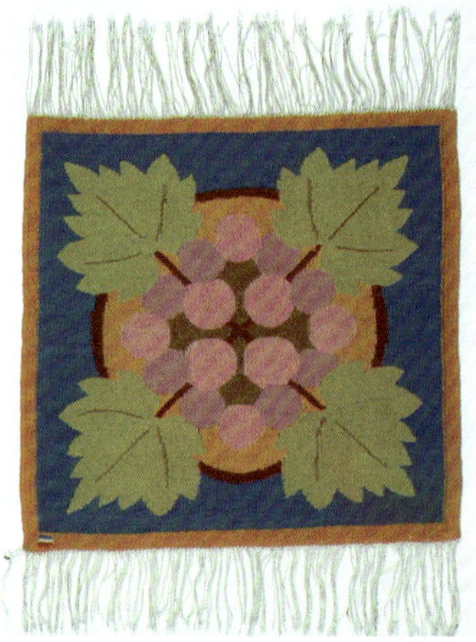

WEINTRAUBEN *(auch: „Weinranke")* | *Kissenplatte, 1899/1901, 44 x 45 cm, Museumsberg Flensburg, Inv. Nr. 12583, Schlee 1984, Nr. 157*

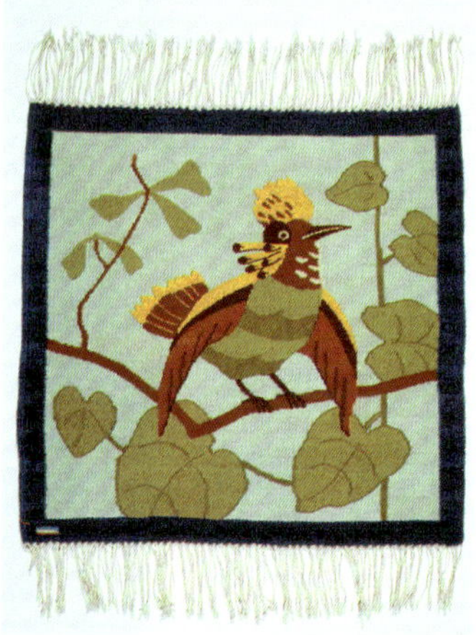

SCHMUCKVOGEL | *Kissenplatte, 1899/1900, 44 x 46 cm, Museumsberg Flensburg, Inv. Nr. 12576, Schlee 1984, Nr. 163*

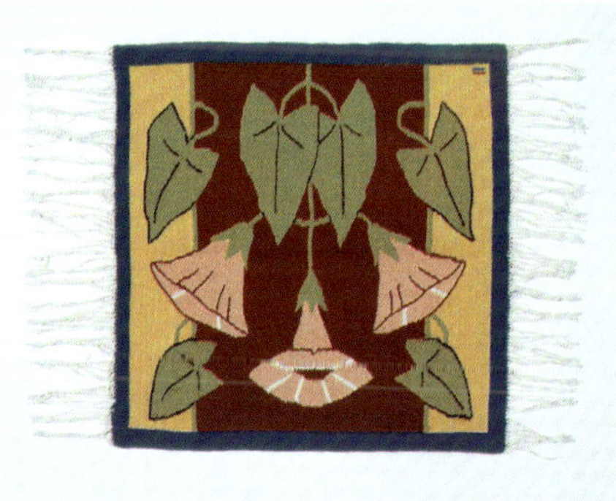

WINDEN | *Kissenplatte, 1899/1901, 44 x 44 cm, Museumsberg Flensburg, Inv. Nr. 12571, Schlee 1984, Nr. 156*

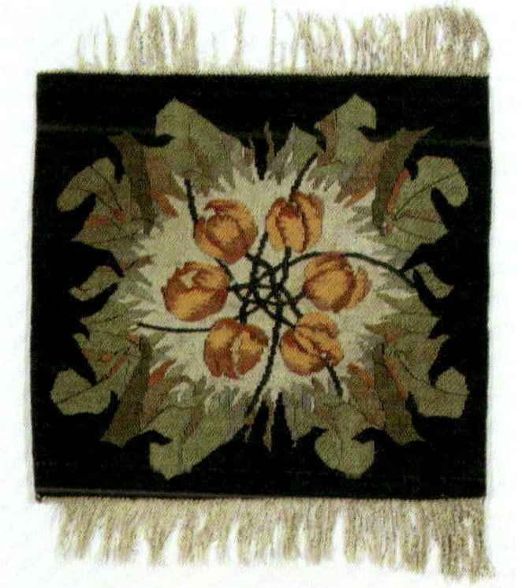

TULPE | *Kissenplatte, 1899/1900, 43 x 49 cm, Museum für Kunst und Gewerbe Hamburg, Inv. Nr. MKG 1966.74, Schlee 1984, Nr. 151*

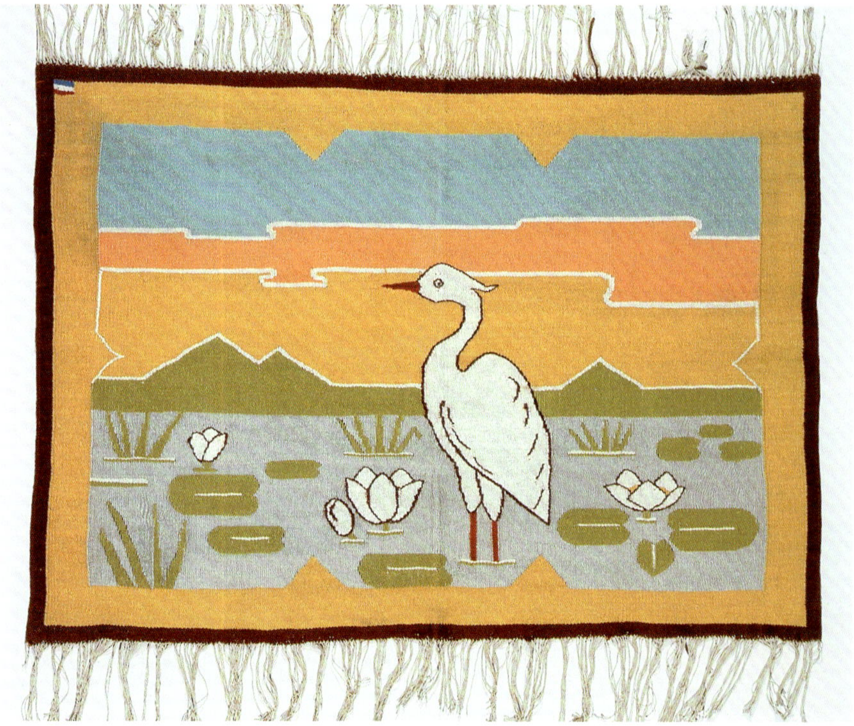

VOGEL IM TEICH | *Wandbehang, 1899/1901, 67 x 96 cm, Museumsberg Flensburg, Inv. Nr. 12607, Schlee 1984, Nr. 141*

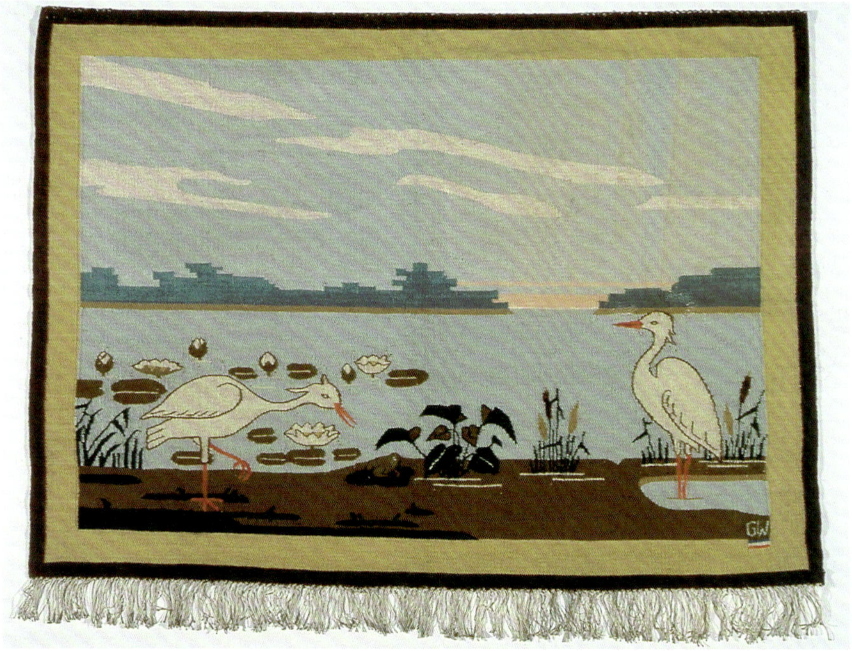

FISCHREIHER | *Wandbehang, 1899/1901, 71 x 99,5 cm, Museumsberg Flensburg, Inv. Nr. 12595, Schlee 1984, Nr. 148*

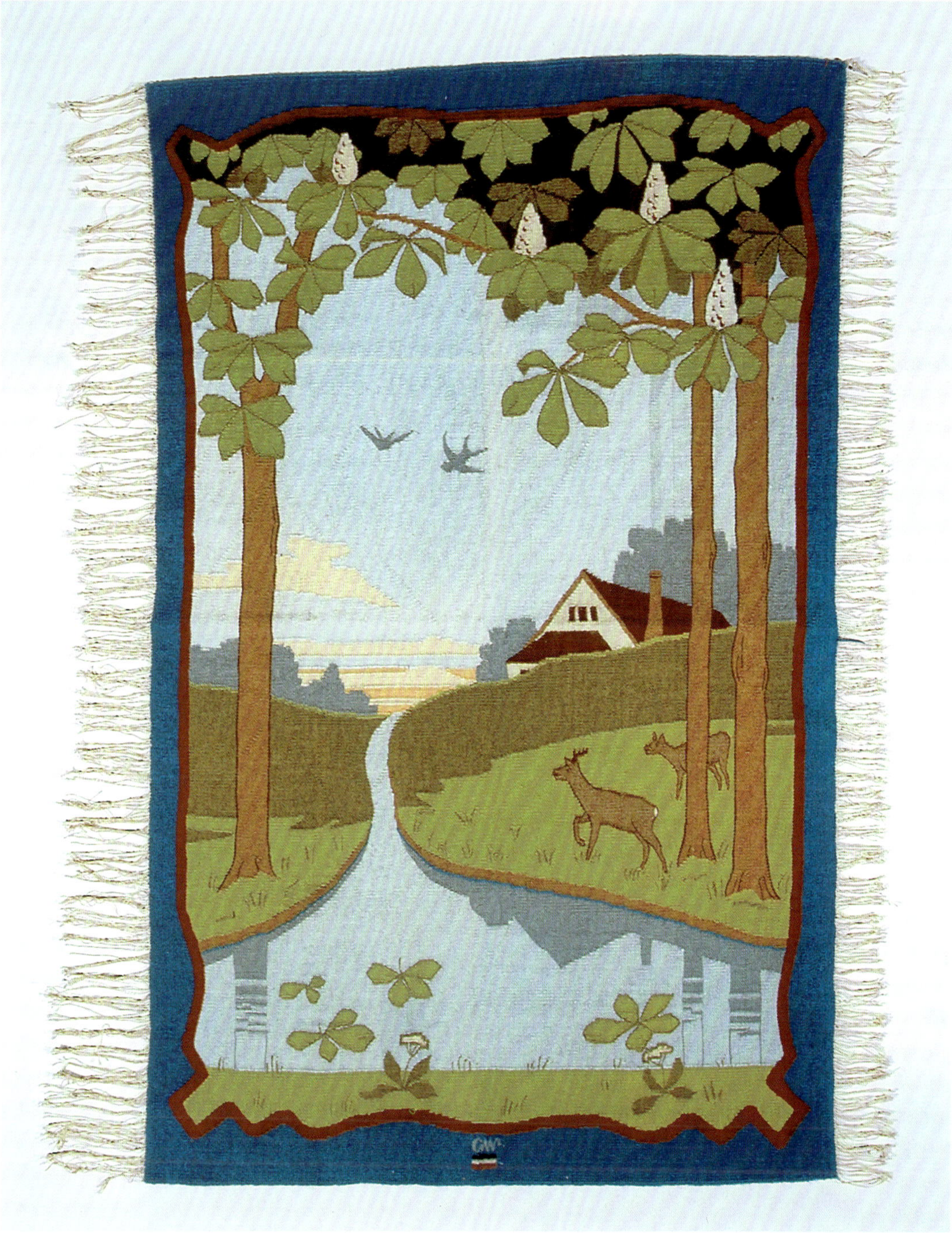

IDYLL | *Wandbehang, 1899/1901, 140 x 89 cm, Museumsberg Flensburg, Inv. Nr. 12594, weiteres nachweisbares Exemplar: Museum für Kunst und Gewerbe Hamburg, Schlee 1984, Nr. 158*

OTTO WESTPHAL

Maler, Graphiker, Kunstgewerbler.
Geb. am 17.4.1878 in Leipzig, gest. am 5.9.1975 in Dresden.

1894 - 1896 Studium an der Kunstgewerbeschule in Kassel. 1896 an der Höheren Fachschule für Textil-Industrie in Krefeld, 1899 in den Ateliers von Eugen Hanetzog an der Unterrichtsanstalt des Kunstgewerbemuseums und von Arthur Lewin-Funcke in Berlin, 1904 - 1907 Studium an der Akademie in Dresden (bei Richard Müller und Carl Bantzer). 1914 - 1916 als Soldat im Ersten Weltkrieg. Studienaufenthalte in Danzig, mit Bantzer in Hessen, wiederholte Aufenthalte in der Schweiz und in Italien. Malte Wandbilder und Stadtansichten, die er in lithographischen Mappen herausgab. Während seiner Krefelder Zeit kam vermutlich über Friedrich Deneken der Kontakt zu der Scherrebeker Webschule zustande. Westphal gehörte zusammen mit E. Nicolay einer Gruppe von Künstlern an, die sich mit Entwürfen für die Krefelder Textilindustrie befassten.

Literatur : Thieme-Becker Bd. 35, 1942, S. 456 - Vollmer Bd. 5, 1961, S. 120 - Schlee 1984, S. 300 - Kat. Gemäldegalerie Dresden 1987, S. 409.

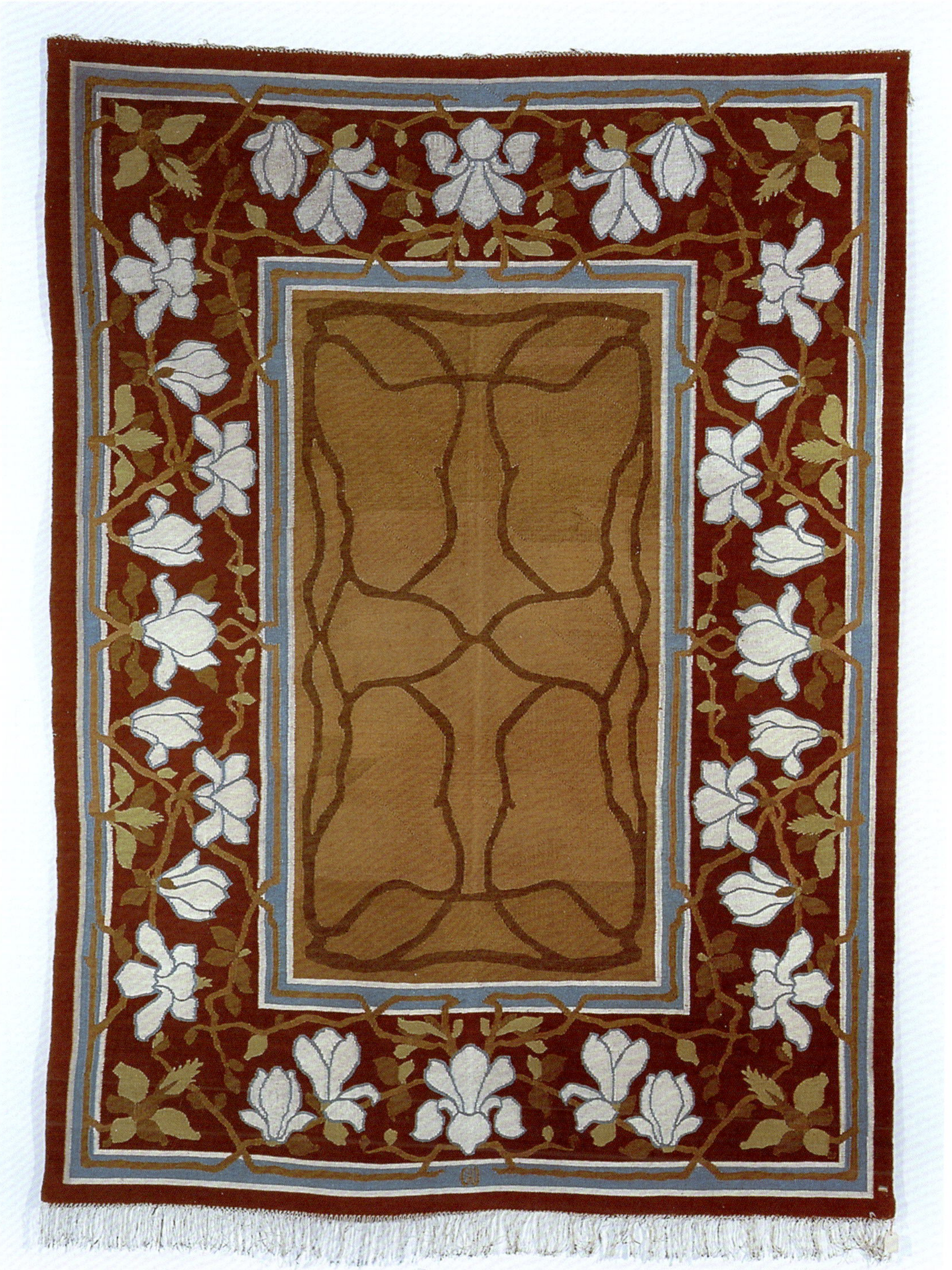

MAGNOLIEN | *Teppich, vor 1899, 205 x 153 cm, Museumsberg Flensburg, Inv. Nr. 12601, weiteres nachweisbares Exemplar: Museum für Kunst und Gewerbe Hamburg, Schlee 1984, Nr. 165*

August Wilckens

Maler, Restaurator.
Geb. am 25.6.1870 in Kabdrup bei Hadersleben, gest. am 3.8.1939 in Sønderho auf Fanö.

Nach einer Malerlehre 1888 Besuch der Kunstgewerbeschule München, 1889 - 1891 an der Kunstgewerbeschule Nürnberg, anschließend als Zeichner in einer lithographischen Anstalt tätig. 1894 - 1897 Besuch der Kunstakademie Dresden (bei Leon Pohle und Gotthardt Kuehl). 1899 Studienreise nach Frankreich und Oberitalien. Die Sommermonate verbrachte Wilckens ab 1903 auf Fanö, wo er 1909 ein Haus erwarb und ein Atelier einrichtete. 1908 Studienreise nach Rom, 1913 und 1924 nach Sizilien. Er malte vor allem Figurenkompositionen und Interieurs, seine Motive fand er überwiegend auf Fanö. Seit 1895 beschäftigte er sich außerdem mit Wandmalereien und malte Kirchen vor allem in Nordschleswig aus. Wie Pastor Jacobsen und Friedrich Deneken hatte Wilckens Schulljahre auf dem Haderslebener Gymnasium verbracht und wie diese eine Vorliebe für germanische Mythen entwickelt. Mit Deneken hatte er noch Kontakt, nachdem dieser bereits nach Krefeld gegangen war, Deneken erwarb für das Kaiser Wilhelm Museum ein Gemälde des Künstlers. Noch 1907 stand Wilckens in Kontakt mit Marie Luebke, die ihn bei der Ausmalung der Kirche in Bröns besuchte.

Literatur : Thieme-Becker Bd. 35, 1942, S. 556 - Martius 1956, S. 396 f. - Schlee 1984, S. 301 - Schulte-Wülwer 1989, S. 319

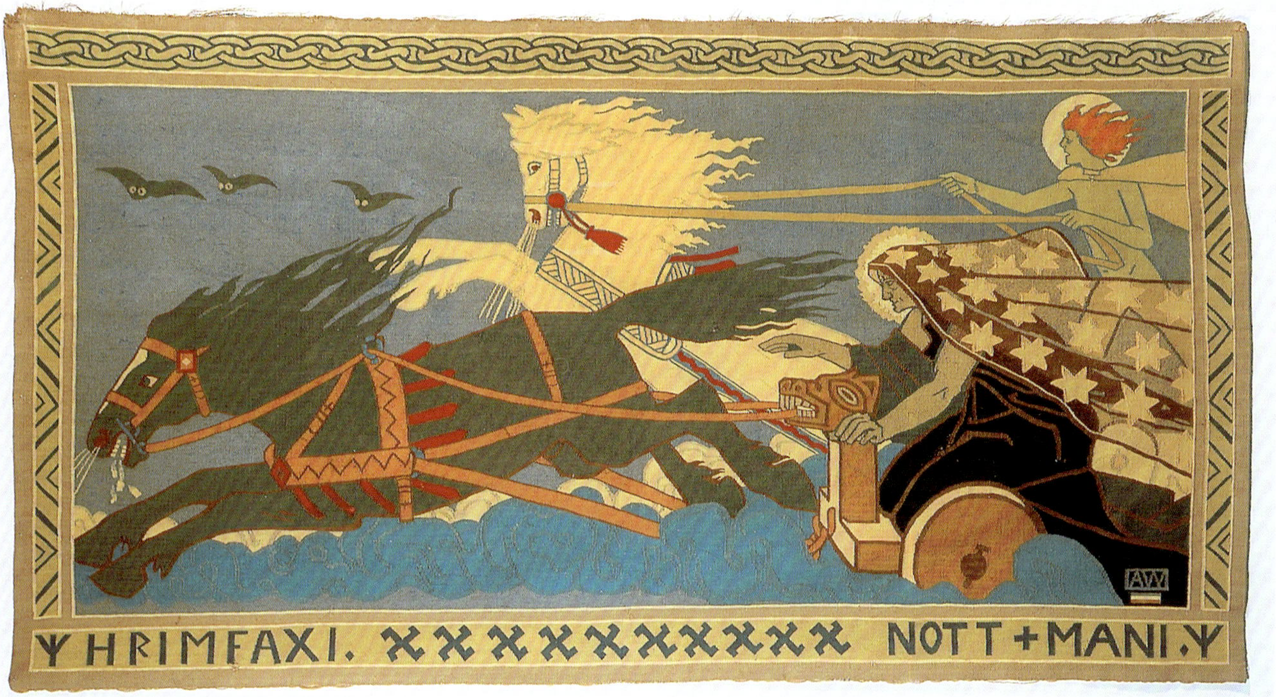

Nott und Mani *(„Nacht und Morgen")* | *Wandbehang, 1901, 127 x 245 cm, Museumsberg Flensburg, Inv. Nr. 26613 (Dauerleihgabe aus Privatbesitz), Schlee 1984, Nr. 167*

August Wilckens entnahm seine Themen vor allem der nordischen Mythologie. Er war von der Vorgeschichte seiner Heimat fasziniert und entsprach mit den Entwürfen seiner großformatigen Wandbehänge „Ygdrasil" und „Nott und Mani" den Vorstellungen Pastor Jacobsens. Jacobsens Tochter schrieb 1959 in einem Brief an das Schleswig-Holsteinische Landesmuseum: „Mein Vater war ein großer Idealist und hatte für alles, was nordische Mythologie anbetrifft, eine besondere Vorliebe. Diese war erweckt worden durch den Unterricht eines Hauslehrers seiner Jugendzeit, eines jungen Dänen [...] Daher stammt auch seine Begeisterung für die Weltesche Ygdrasil und die Nornen und alles, was damit zusammenhängt. Als später der Maler August Wilckens dieses Thema für die Entwürfe seiner Wandteppiche aufgriff, konnte ihn dies besonders begeistern." (zitiert nach: Kat. Kunsthandwerk in Schleswig-Holstein 1974, S. 43). Vor dem breiten Stamm des heiligen, immergrünen Baums „Ygdrasil" im Weltmittelpunkt, in dessen Krone ein Flammenkranz lodert, sitzen die nordischen Schicksalsgöttinnen Urd, Verdandi und Skud, die der germanischen Mythologie zufolge dem Menschen bei seiner Geburt Schicksal und Lebensende bestimmen. In dem ornamentalen Bildfeld unter der Gruppe nagt der Unterweltdrache Nidhögg an den Wurzeln der Weltesche. In „Nott und Mani" (Nacht und Morgen) visualisierte Wilckens den germanischen Mythos der Riesentochter Nott, die mit ihrem schwarzen Hengst Hrimfaxi ihrem Sohn Dagr (Tag), mit weißem Pferd Skinfaxi, jeweils zwölf Stunden voraus über den Himmel jagt.

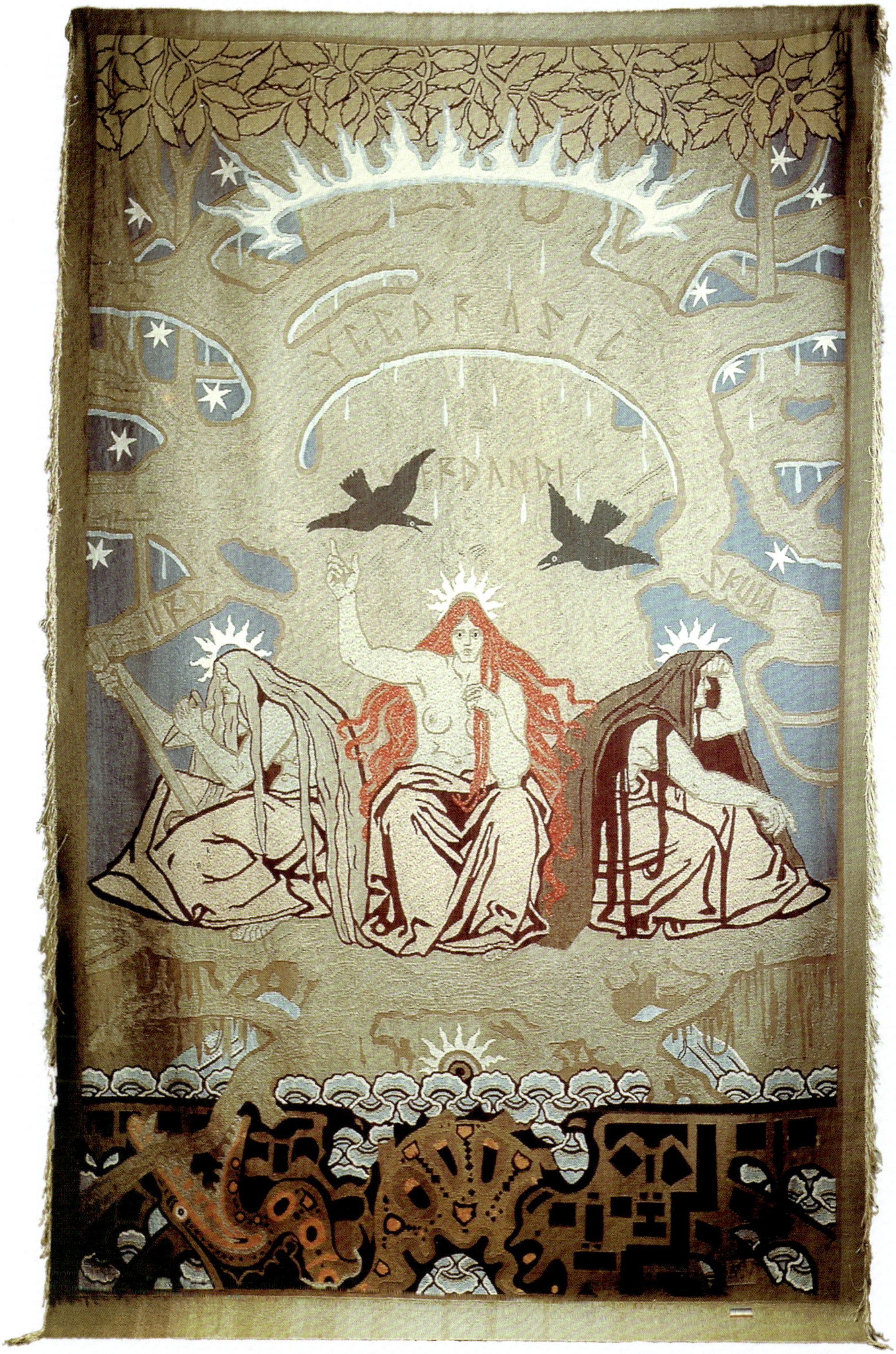

Ygdrasil | *Wandbehang, 1900, 280 x 163 cm, Stiftung Schleswig-Holsteinische Landesmuseen Schloß Gottorf, Inv. Nr. 1963/283, Schlee 1984, Nr. 166*

Julius Wohlers

Maler, Graphiker.
Geb. am 31.10.1867 in Hamburg, gest. am 4.9.1953 in Königreich bei Stade.

Literatur : Rump 1912, S. 153 - Thieme-Becker Bd. 36, 1947 - Vollmer Bd. 5, 1961 - Schlee 1984, S. 304 - Meyer-Tönnesmann 1985, S. 73 ff.

1886 - 1889 Studium an der Berliner Akademie, danach Schüler von Peter Alfred Schou in Kopenhagen. Seit 1892 als selbständiger Künstler in Hamburg tätig, suchte seine Motive vor allem im alten Land. 1901- 1931 Lehrer (ab 1926 Professor) an der 1896 eröffneten Staatlichen Kunstgewerbeschule am Steintorplatz in Hamburg. 1915 -1917 Zeichenlehrer an der „Gewerbeschule für Mädchen“. Gründungsmitglied des „Hamburgischen Künstlerclubs“, dadurch Kontakt mit Alfred Mohrbutter. Mit Otto Eckmann und Mohrbutter gehörte Wohlers zu den ersten Künstlern, die Entwürfe für Scherrebek lieferten.

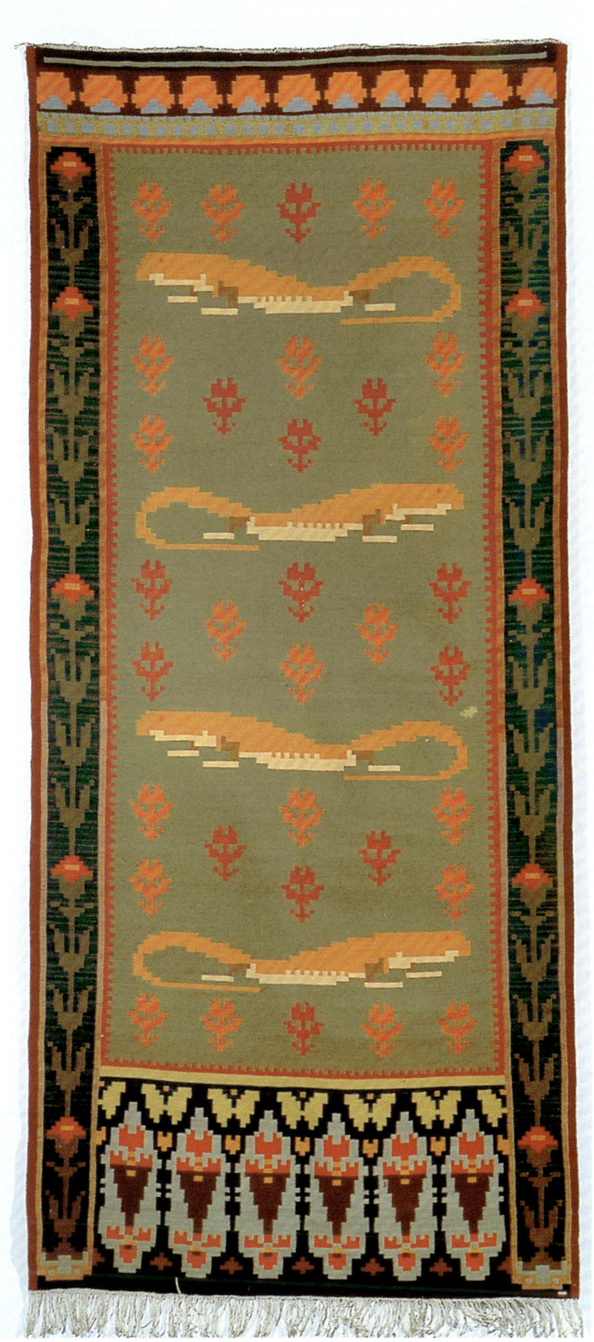

EIDECHSEN | *Wandbehang, vor 1898, 268 x 122 cm, Museumsberg Flensburg, Inv. Nr. 12610, Schlee 1984, Nr. 171*

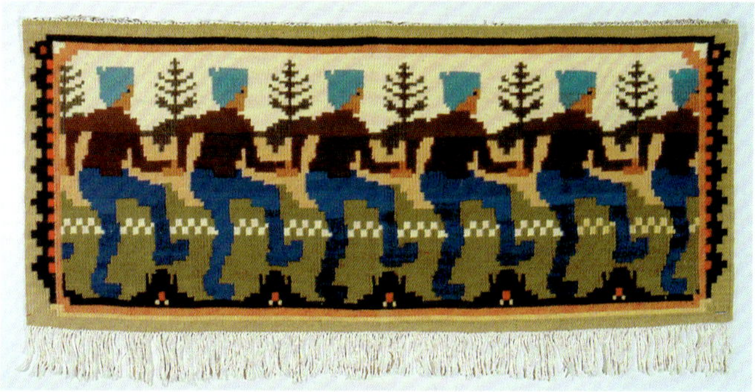

KNABENREIGEN | *Wandfries, vor 1898, 51 x 124 cm, Museumsberg Flensburg, Inv. Nr. 12604, Schlee 1984, Nr. 170*

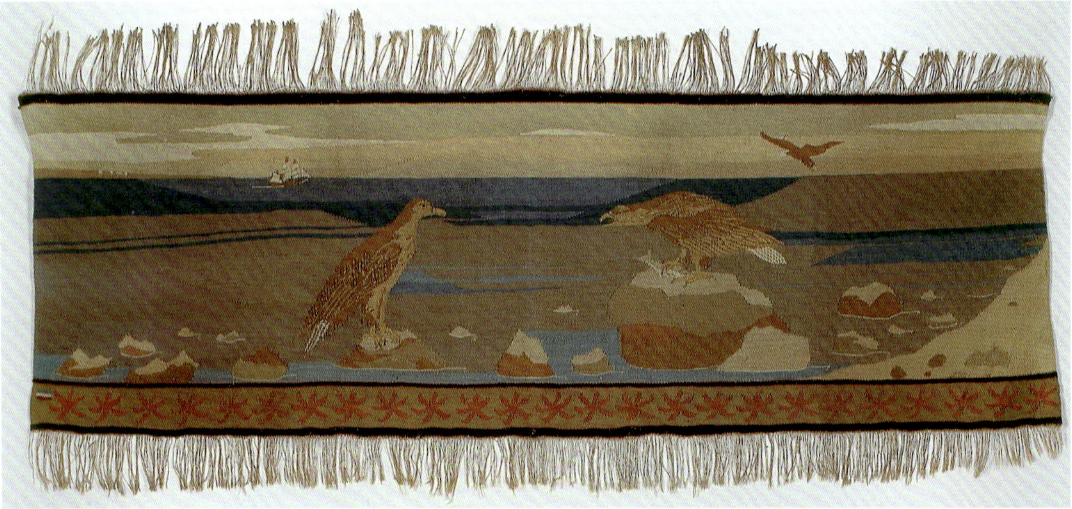

SEEADLER AM MEERESUFER | *Wandfries, 1900 - 1910, 45 x 142 cm, Stiftung Schleswig-Holsteinische Landesmuseen Schloß Gottorf, Inv. Nr. 1959/813, Schlee 1984, Nr. 179*

Nicht für alle in Scherrebek gewebten Wandbehänge und Kissen lassen sich heute noch die Entwerfer nachweisen. In den ersten Jahren des Webbetriebes wurden in Anlehnung an den norwegischen Geschmack mehrere Kissenplatten mit geometrischen Mustern ausgeführt. Das sogenannte „Hamburger Kissen" wurde in den Prospekten der Webschule von 1899 und 1901 mit dem Zusatz „altes schleswig-holsteinisches Bauernmuster" angeboten. Das Muster geht auf ein norwegisches Gewebe zurück, das sich in der Volkskunst-Sammlung Justus Brinckmanns im Hamburger Museum für Kunst und Gewerbe befand. Die Ausführung der geometrischen Muster in dem relativ kleinen Format der Kissenplatten eignete sich besonders für Schülerinnen, die die Arbeit am Hochwebstuhl erst erlernen sollten. Sie wurden in unterschiedlichen Farbzusammenstellungen hergestellt.

Der Kissenplatte „Margeriten" und dem friesartigen Wandbehang „Seeadler am Meeresufer", beide mit dem Webzeichen Scherrebeks versehen, gehen sicherlich Künstlerentwürfe voraus, sie lassen sich jedoch nicht eindeutig zuordnen und sind in den Preislisten der Webschule nicht festzumachen. Ernst Schlee nimmt für beide Webarbeiten Gadso Weiland als Entwerfer an. Für den Wandbehang kommen seiner Meinung nach aber ebenso Fernand Thibaut oder der Maler und Graphiker Hans Thoma (1839-1924) in Frage (Schlee 1984, S. 308 f.).

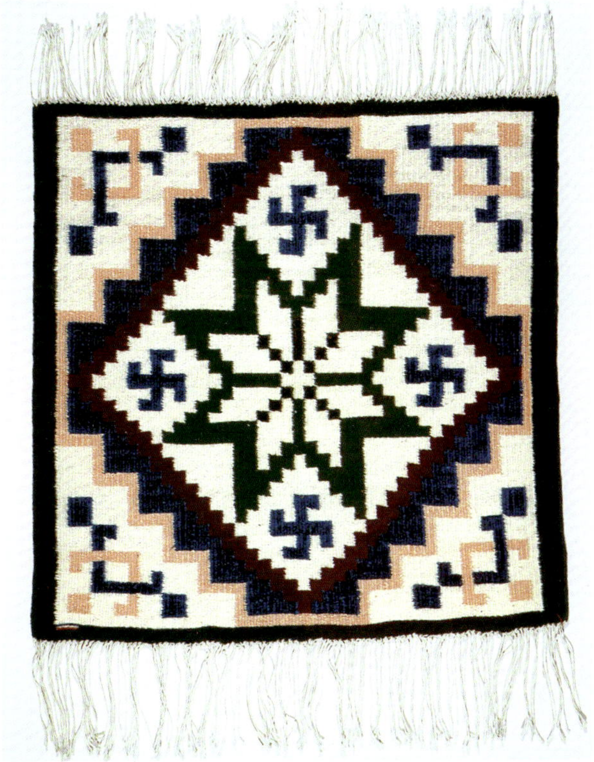

GEOMETRISCHES MUSTER MIT HAKENKREUZEN
Kissenplatte, 1896 - 1901, ca. 57 x 57 cm, Museumsberg Flensburg, Inv. Nr. 12584 und 21179, weiteres nachweisbares Exemplar: Museum für Kunst und Gewerbe Hamburg, Schlee 1984, Nr. 177

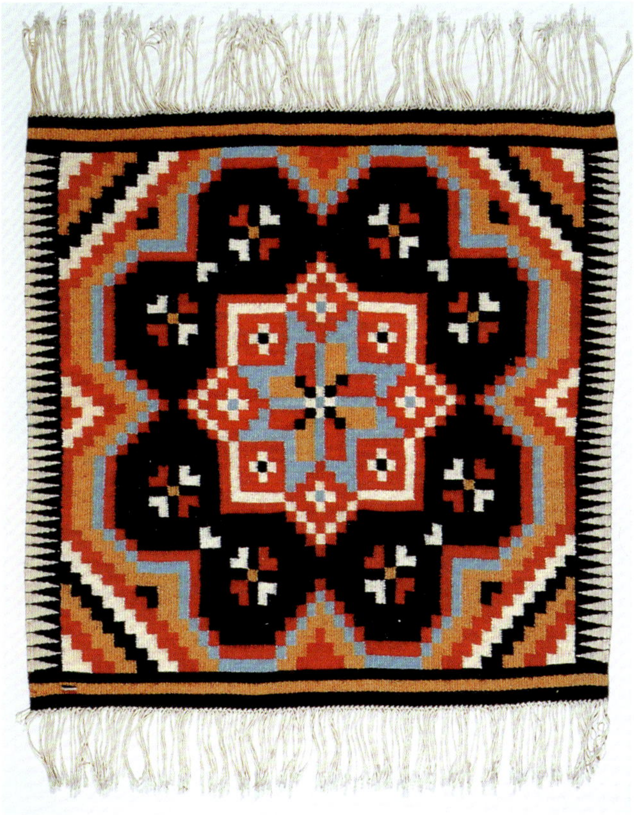

HAMBURGER KISSEN | *Kissenplatte, 1896, 63 x 64 cm, Museumsberg Flensburg, Inv. Nr. 12581, weiteres nachweisbares Exemplar: Museum für Kunst und Gewerbe Hamburg, Schlee 1984, Nr. 176*

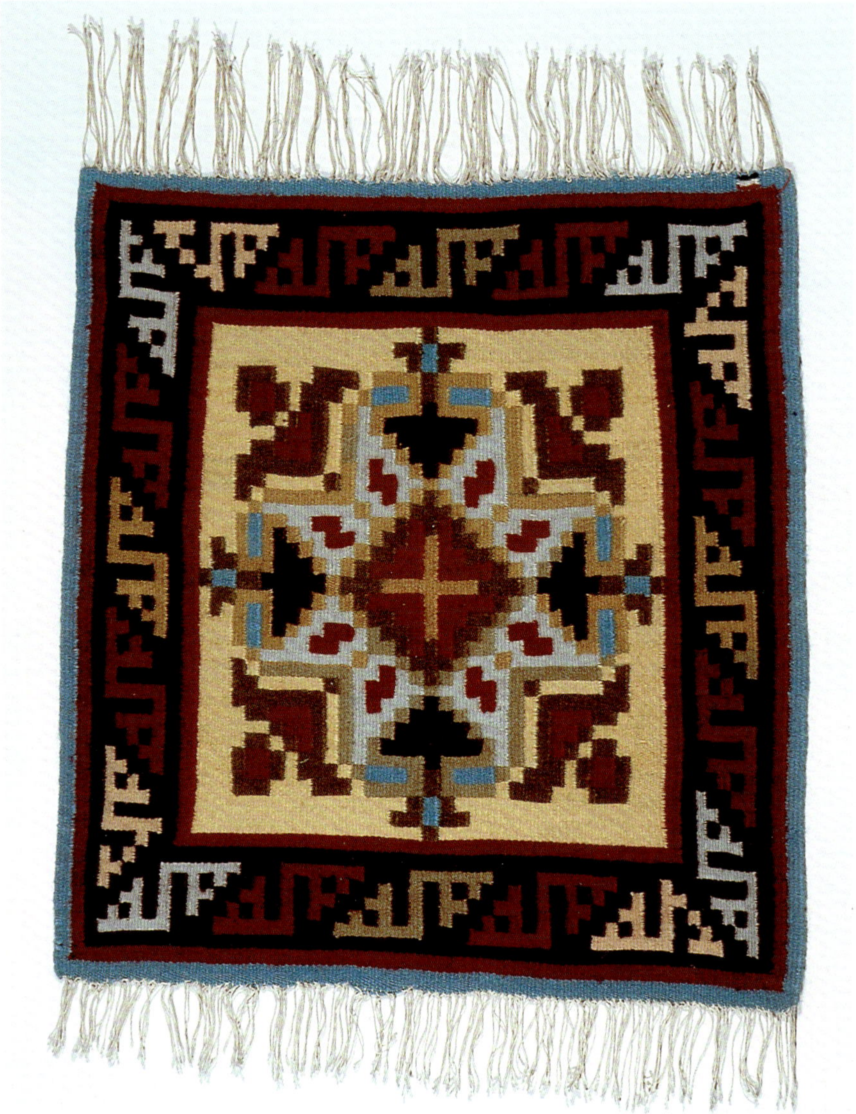

Geometrisches Muster *(„Damenfreude")* | *Kissenplatte, 1896 - 1899, 55 x 50 cm, Museumsberg Flensburg, Inv. Nr. 12579, weitere nachweisbare Exemplare: Stiftung Schleswig-Holsteinische Landesmuseen Schloß Gottorf, Museum für Kunst und Gewerbe Hamburg, Schlee 1984, Nr. 175*

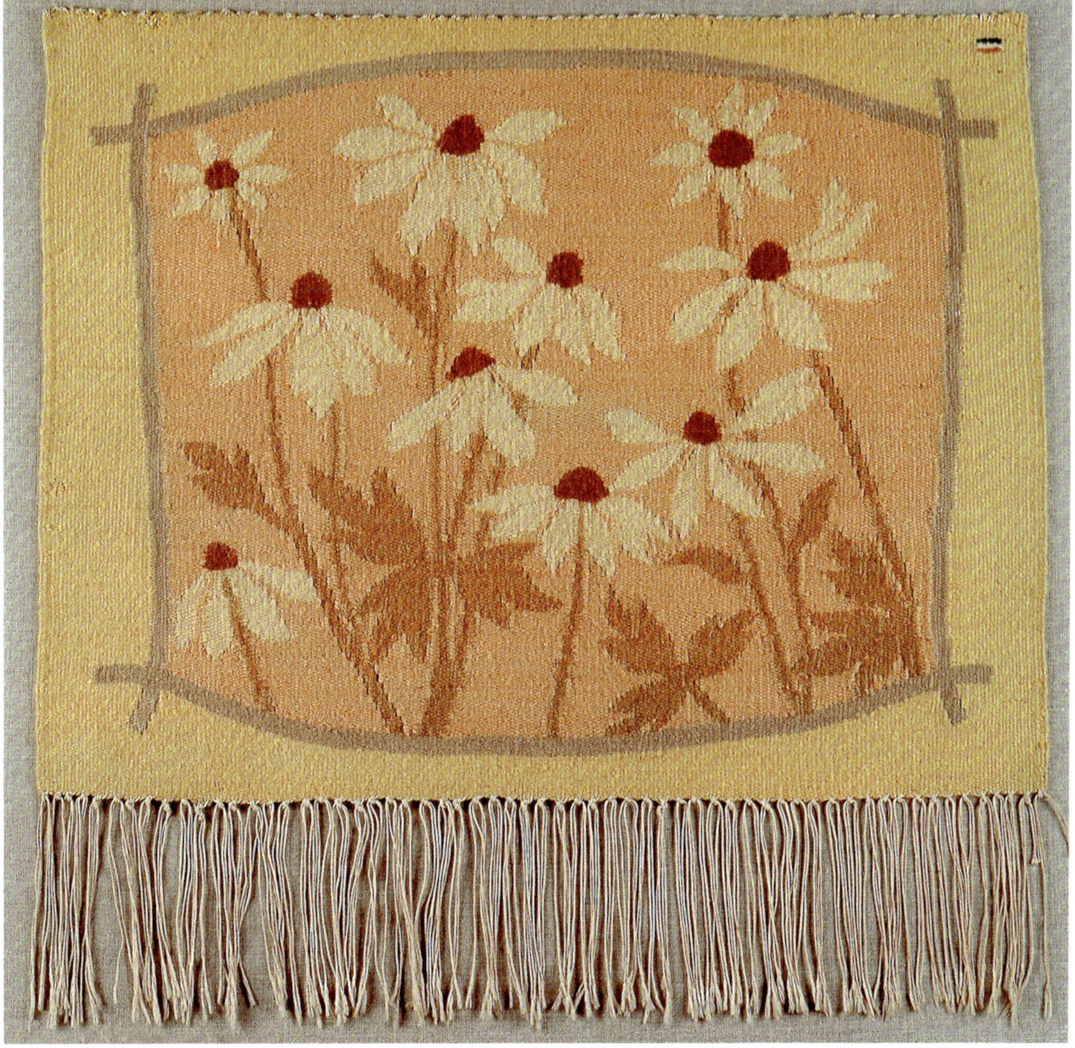

MARGERITEN | *Kissenplatte, 1900 - 1910, 35 x 46 cm, Altonaer Museum in Hamburg, Inv. Nr. Psi 217, 1958/211, Schlee 1984, Nr. 178*

Literaturverzeichnis

Allgemeines Künstlerlexikon. Die bildenden Künstler aller Zeiten und Völker, Leipzig seit 1983.

Biographisches Lexikon für Schleswig-Holstein und Lübeck, hrsg. im Auftrag der Gesellschaft für Schleswig-Holsteinische Geschichte und des Vereins für Lübeckische Geschichte und Altertumskunde, Bd. 9, Neumünster 1991, Bd. 10, Neumünster 1994.

Feddersen, Berend Harke, Schleswig-Holsteinisches Künstler-Lexikon, Bredstedt 1984.

Lexikon der Kunst in fünf Bänden, hrsg. von Ludger Alscher u. a., Berlin 1981 (Nachdruck der 1968 bis 1978 in der DDR erschienenen Ausgabe).

Nagel, Gert K., Schwäbisches Künstlerlexikon vom Barock bis zur Gegenwart, München 1986.

Rump, Ernst, Lexikon der bildenden Künstler Hamburgs, Altonas und der näheren Umgebung, Hamburg 1912.

Thieme, Ulrich/Becker, Felix (Hrsg.), Allgemeines Lexikon der bildenden Künstler von der Antike bis zur Gegenwart, Bd. 1-37, Leipzig 1907-1950.

Vollmer, Hans (Hrsg.), Allgemeines Lexikon der bildenden Künstler des 20. Jahrhunderts, Bd. 1-6, Leipzig 1953-1962.

Wolff-Thomsen, Ulrike, Lexikon schleswig-holsteinischer Künstlerinnen, hrsg. vom Städtischen Museum Flensburg, Heide, 1994.

Ahlers-Hestermann, Stilwende. Aufbruch der Jugend um 1900, Berlin 1941.

Bott, Gerhard, Von Morris zum Bauhaus. Eine Kunst gegründet auf Einfachheit, Hanau 1977.

Brinckmann, Justus, Museum für Kunst und Gewerbe Hamburg. Bericht für das Jahr 1897, Hamburg 1898.

Brinckmann, Maria, Die Geschichte der neuzeitlichen Handweberei in Schleswig-Holstein, in: Schleswig-Holsteinisches Jahrbuch, 19. Jahrgang, 1930/1931, S. 105-122.

Bröhan, Margret, Walter Leistikow (1865-1908). Maler der Berliner Landschaft, Berlin 1988.

Bussler, Peter, Friedrich Missfeldt. Ein Maler der norddeutschen Landschaft, Itzehoe 1989.

Corinth, Lovis, Das Leben Walter Leistikows. Ein Stück Berliner Kulturgeschichte, Berlin 1910.

Corinth, Lovis, Das Leben Walter Leistikows. Ein Stück Berliner Kulturgeschichte. Neu herausgegeben, kommentiert und mit einem Nachwort versehen von Reimar F. Lacher, Berlin 2000.

Danielsen, Wilhelm, Prof. Dr. Friedrich Deneken, ein schleswig-holsteinischer Kunsthistoriker, in: Schleswig-Holstein. Monatshefte für Heimat und Volkstum, Heft 11, November 1962, S. 306-308.

Günther, Sonja, Bruno Paul 1874-1968, Berlin 1992.

Heydorn, Volker Detlev, Maler in Hamburg, Bd. 1, 1886-1945, Hamburg 1974.

Horn, Peter, Scherrebek. Die Schule für Kunstweberei, 1896-1903. Ein Neubeginn für die Bildweberei in Deutschland, in: Textilforum, Heft 2, 1993, S. 20-23.

Howaldt, Gabriele, Scherrebek. Bildweberei des Jugendstils, in: Kunst in Schleswig-Holstein 1960, S. 9-22.

Howaldt, Gabriele, Bildteppiche der Stilbewegung. Schriften der Hessischen Museen = Kunst in Hessen und am Mittelrhein, Bd. 4, Darmstadt 1964.

Hünlich, Richard, Textil-Fachwörterbuch, Berlin 1970.

Illustriertes Verzeichnis von Originalmustern der Schule für Kunstweberei in Scherrebek (Nordschleswig), Tondern 1899.
Japsen, G., Pastor Jacoben fra Skærbæk og hans foretagender. Bidragtil det tyske mindretals historie efter 1864, Skrifter, udgivne af Historisk Samfund for Sønderjylland, Nr. 52, Åbenrå 1980.

Jessen, Peter, Scherrebek, in: Berliner Kunstgewerbeblatt 1897-1898, S. 153-156.

Jugendstil. Der Weg ins 20. Jahrhundert, hrsg. von Helmut Seling, eingeleitet von Kurt Bauch, Heidelberg/München 1959.

Kat. Alte und neue Bildwirkereien in Schleswig-Holstein, Katalog zur Ausstellung im Städtischen Museum Flensburg vom 22.5.-2.7.1955.

Kat. Art Nouveau. Textil-Dekor um 1900, Katalog zur Ausstellung des Württembergischen Landesmuseums Stuttgart 10.7.-31.8.1980.

Kat. Bildteppiche der Webschule in Scherrebek 1896-1902, Katalog zur Ausstellung des Schleswig-Holsteinischen Landesmuseums, Schloss Gottorf, Schleswig, vom 7.7.-26.7.1959.

Kat. Gemäldegalerie Dresden. Neue Meister. 19. und 20. Jahrhundert, Bestandskatalog, Dresden 1987.

Kat. Hans Fuglsang 1889-1917, Katalog zur Ausstellung im Schleswig-Holsteinischen Landesmuseum, Schloss Gottorf, Schleswig, vom 7.5.-18.6.1967.

Kat. Heinrich Sauermann (1842-1904). Ein Flensburger Möbelfabrikant des Historismus, Begleitheft zur Ausstellung im Städtischen Museum Flensburg vom 1.7.-2.9.1979, hrsg. von Rudolf Zöllner und Ulrich Schulte-Wülwer.

Kat. Henry van de Velde - Ein europäischer Künstler seiner Zeit, Katalog zur Ausstellung in Hagen/Weimar/Berlin/Gent/Zürich/Nürnberg 1992/1993.

Kat. 100 Jahre Werkkunstschule Flensburg. Arbeiten von 1890-1990, Katalog zur Ausstellung im Städtischen Museum Flensburg vom 7.10-25.11.1990, hrsg. von Ulrich Schulte-Wülwer und Jens Reuß.

Kat. Jugendstil in Dresden. Aufbruch in die Moderne, Katalog der Staatlichen Kunstsammlungen Dresden zur Ausstellung im Kunstgewerbemuseum Dresden vom 18.9.-15.12.1999, Dresden 1999.

Kat. Kunsthandwerk in Schleswig-Holstein. Bildteppiche seit 1900. Gold- und Silberschmiedearbeiten, Bucheinbände und Keramiken von heute, Katalog zur Ausstellung im Schleswig-Holsteinischen Landesmuseum, Schleswig vom 6.10.-17.11.1974, hrsg. von Ernst Schlee, Schleswig 1974.

Kat. Otto Ubbelohde. Kunst und Lebensreform um 1900. Katalog zur Ausstellung Kunsthalle Darmstadt/Landesmuseum Oldenburg/Universitätsmuseum Marburg 2001-2003, Darmstadt 2001.

Kat. Weltausstellung in Paris 1900. Amtlicher Katalog der Ausstellung des Deutschen Reiches, Berlin 1900.

Martius, Lilli, Die schleswig-holsteinische Malerei im 19. Jahrhundert (Studien zur schleswig-holsteinischen Kunstgeschichte, hrsg. vom Landesamt für Denkmalpflege und der Gesellschaft für Schleswig-Holsteinische Geschichte, Bd. 6), Neumünster 1956.

Meyer-Tönnesmann, Carsten, Der Hamburgische Künstlerclub von 1897, Hamburg 1985.

Osborn, Max, Otto Eckmann's kunstgewerbliche Thätigkeit, in: Deutsche Kunst und Dekoration, Bd. VI, April-September 1900, S. 313-332.

Literaturverzeichnis

Peters, H., Die Kunstwebeschule in Scherrebek, in: Berliner Kunstgewerbeblatt, Bd. XIV, 1903, S. 225-227.

Prospekt der Scherrebeker Kunstwebschule in Scherrebek (Schleswig-Holstein), Deutschland, gegründet und geleitet von Johannes Jacobsen, Scherrebek (Nordschleswig), Tondern 1901.

Redlefsen, Ellen, Alte und neue Bildwirkereien in Schleswig-Holstein. Zur Ausstellung im Städtischen Museum Flensburg vom 22. Mai bis 3. Juli 1955, in: Schleswig-Holstein, 1955, S. 219-221.

Redlefsen, Ellen, Hans Christiansen und die Scherrebeker Webschule, in: Kunst in Schleswig Holstein, 1960, S. 24-34.

Reising, Gert, Bildteppiche, in: Ein Dokument Deutscher Kunst 1901-1976, Ausstellungskatalog Darmstadt 1976, Bd. 2, S. 65-85.

Rinn, Ludwig, Erneuung aus dem Fernsten. Zu den Gemälden Ubbelohdes, in: Kat. Otto Ubbelohde 2001 (s. o.), S. 54-63.

B. Rüttenauer, Hans Christiansen und sein Haus, in: Deutsche Kunst und Dekoration, Bd. IX, Okt. 1901-März 1902, S. 49-72, Abb. S. 49-84.

Savigny, Brigitte von, Otto Eckmann (1865-1902). Graphiker und Kunsthandwerker, Diss. Freiburg 1993.

Schlee, Ernst, „Möwenschwarm"-Bildteppiche des Jugendstils, in: Schleswig-Holstein, 1974, S. 206-208.

Schlee, Ernst, Norddeutsche Bildteppiche seit 1900, in: Schleswig-Holstein, 1974, S. 316-318.

Schlee, Ernst, Scherrebeker Bildteppiche, Neumünster 1984.

Schlee, Ernst, Scherrebeker Bildteppiche nach Entwürfen von Otto Ubbelohde, Sonderdruck aus der Reihe Kunst in Hessen und am Mittelrhein, Heft 27, 1987, S. 51- 65.

Schmutzler, Robert, Art Nouveau - Jugendstil, Stuttgart 1977 (revidierte Fassung des 1962 erschienenen Buches).

Schulte-Wülwer, Ulrich, Malerei in Schleswig-Holstein. Katalog der Gemäldesammlung des Städtischen Museums Flensburg, Heide 1989.

Sørensen, H. E., Fire billedtæpper fra Skærbæk Væveskole 1898, in: Nordslesvigske Museer. Årbog for museerne i Sønderjyllands Amt, Bd. 22, 1977, S. 41-67.

Sørensen, H. E., Svanetæppet, in: Sønderjyske Museer 2000. Udgivet af Museumsområdet fo Sønderjyllans Amt, 2001, S. 33-44.

Sørensen, H. E., Skærbæktæpper, Frau Skærbækegnens Fortid Nr. 16, 2002.

Spielmann, Heinz, Die Jugendstil-Sammlung, Bd. 1: Künstler A-F, Kataloge des Museums für Kunst und Gewerbe Hamburg V, Hamburg 1979.

Spielmann, Heinz (Hrsg.), Schloß Gottorf und seine Sammlungen. Neue Bilderhefte: Jugendstil, bearb. von Hildegard Buschmann, Schleswig-Holsteinisches Landesmuseum, Schleswig 1998.

Vogeler, Heinrich, Werden. Erinnerungen. Mit Lebenszeugnissen aus den Jahren 1923-1942, Berlin 1989.

Zimmermann, Ernst, Scherrebeker Kunstwebereien, in: Kunst und Handwerk, Bd. 47, 1897-1898, S. 79-85.

Zimmermann-Degen, Margret, Hans Christiansen. Leben und Werk eines Jugendstilkünstlers, Königstein im Taunus 1985.

Fotonachweis

Ina Steinhusen, Glücksburg
S. 53, 57, 59, 61, 63, 64, 65, 66, 67, 68, 71, 75, 76, 77, 79, 85, 89, 91, 95, 99, 107, 109, 111, 113, 115, 116, 117, 121, 122, 123, 125, 127, 128, 129, 130, 131, 133, 135, 139, 141, 142, 143, 145, 147, 151, 153, 154

Gerd Remmer, Flensburg
S. 83

Museumsberg Flensburg
S. 8, 10, 12, 16

Altonaer Museum in Hamburg
S. 87, 97, 100, 101, 102, 103, 119, 128, 129, 155

Deutsches Textilmuseum Krefeld
S. 25, 27

Museum Künstlerkolonie Darmstadt
S. 69

Museum für Kunst und Gewerbe Hamburg
S. 11, 66, 70, 80, 135, 141

Stiftung Schleswig-Holsteinische
Landesmuseen Schloß Gottorf, Schleswig
S. 41, 42, 55, 73, 81, 93, 104, 105, 125, 149, 152

Museum für angewandte Kunst Köln
S. 137

Skærbæk Museum
S. 33

Haus im Schluh, Worpswede
S. 136

Impressum

ISBN
3-8042-1108-9

Herausgeber:
Dorothee Bieske
im Auftrag des Museumsberges Flensburg

Ausstellung und Katalog:
Dorothee Bieske

Katalogredaktion:
Dorothee Bieske, Ulrich Schulte-Wülwer

Kataloggestaltung und Satz:
Katja Lübke, Maasbüll

Lithographie:
Horst-Werner Jankowski, Flensburg

Verlag und Vertrieb:
Verlag Boyens & Co., Heide

Druck:
Boyens Offset, Heide

Mit freundlicher Unterstützung
der Kulturstiftung der
Sparkasse Schleswig-Flensburg

Umschlag:
Otto Ubbelohde, Pfau, vor 1901,
Museumsberg Flensburg